W0374974

Liebe Fahrradfreunde!

200 Jahre sind verstrichen, seit Karl Freiherr von Drais mit »der neuesten Gattung« der von ihm erfundenen »**Fahrmaschinen ohne Pferd**« von Mannheim ins sieben Kilometer entfernte Schwetzingen fuhr. Und wieder zurück – »also 4 Poststunden Wegs in einer Stunde Zeit«, wie eine Wochenzeitung schwärmte.

Mit den Nachfolgern seiner Draisine fährt es sich heute um einiges komfortabler, schneller und entspannter. Ein Grund, sich auf den Weg zu machen. Wir haben Ihnen dafür **die 30 besten Touren** durch Berlin, Potsdam, Brandenburg und Umgebung zusammengestellt. Tagesspiegel-Redakteure, Autoren und Leser haben sich auf den Weg gemacht und ihre Lieblingstouren aufgeschrieben: Sie sind gemächlich auf den Spuren der Popkultur durch das alte West-Berlin geradelt und mit dem Rennrad nach Stettin gerast. Sie haben im Lausitzer Seenland erste Erfahrungen mit dem E-Bike gesammelt. Sie waren mit der ganzen Familie in Oranienburg unterwegs und sind mit dem Trekkingbike ehemalige Bahntrassen abgefahren.

Jahr für Jahr überrascht uns der Einfallsreichtum der **Berliner Fahrradszene** aufs Neue: In einer Fotostrecke zeigen wir Berliner Originale, die sich ihre Traumräder selbst zusammengebastelt haben. Unsere Autorin Laura Stresing hat ein Berliner Fahrrad in einer Kreuzberger Manufaktur vom ersten Entwurf bis zum serienreifen Modell begleitet. Und auch der junge Fahrradnachwuchs kann es kaum erwarten, endlich vom Laufrad aufs eigene Fahrrad umzusteigen, wie unsere Autorin Daniela Martens berichtet.

Für unsere Titelgeschichte hat Tagesspiegel-Redakteur Stefan Jacobs einen **Selbstversuch** gewagt. Er ist quer durch die Innenstadt gefahren, vom Ostkreuz zum Westkreuz, und hat sich fest vorgenommen, dabei auf keinen Fall gegen die Verkehrsregeln zu verstoßen – daraus wurde eine regelrechte Spießrutenfahrt! Doch es besteht Anlass zur Hoffnung: Mit der neuen Regierung, so lautet sein Fazit, sind die Chancen auf einen Klimawandel im Berliner Verkehr endlich gestiegen.

Ihr **Lars Laute**,
Redaktionsleitung »Tagesspiegel Radfahren«

E-MOUNTAINBIKE
Hätten Sie auch gerne so ein schickes E-Bike, haben aber gerade keine 2600 Euro locker? Dann nehmen Sie an unserem Gewinnspiel teil! Falls Sie sich das »BH emotion EVO Cross« vorab anschauen möchten: Es steht im Hugendubel-Schaufenster bei Karstadt am Hermannplatz. Einsendeschluss ist der 31. Mai 2017.
Details auf Seite 67

COVER Fotolia FOTOS Kai-Uwe Heinrich, Promo

41 | ACCESSOIRES
GUT AUSGESTATTET IN DIE NEUE FAHRRADSAISON

INHALT

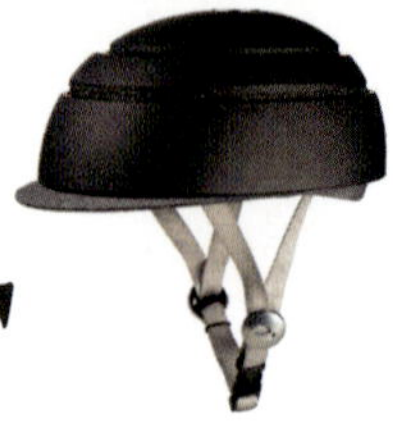

60 | HELME
WAS BRINGT DER KOPFSCHUTZ FÜR RADLER?

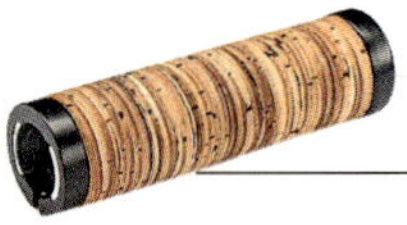

TAGESSPIEGEL RADFAHREN 2017 | 2018

MAGAZIN

33 | SOLIDER FLITZER
RIEMENANTRIEB UND KANTIGE ALUROHRE

22 | **RADKREATIONEN** BOOMBOX UND BAMBUSRAD – BERLINER ZEIGEN IHRE RADKREATIONEN

36 | **HANDGEMACHT** VON DER IDEE BIS ZUR SERIE: WIE IN EINER KREUZBERGER MANUFAKTUR EIN RAD ENTSTEHT

FOTOS Doris Spiekermann-Klaas, Mike Wolff, Jörn Hasselmann, iStock, Promo (4)

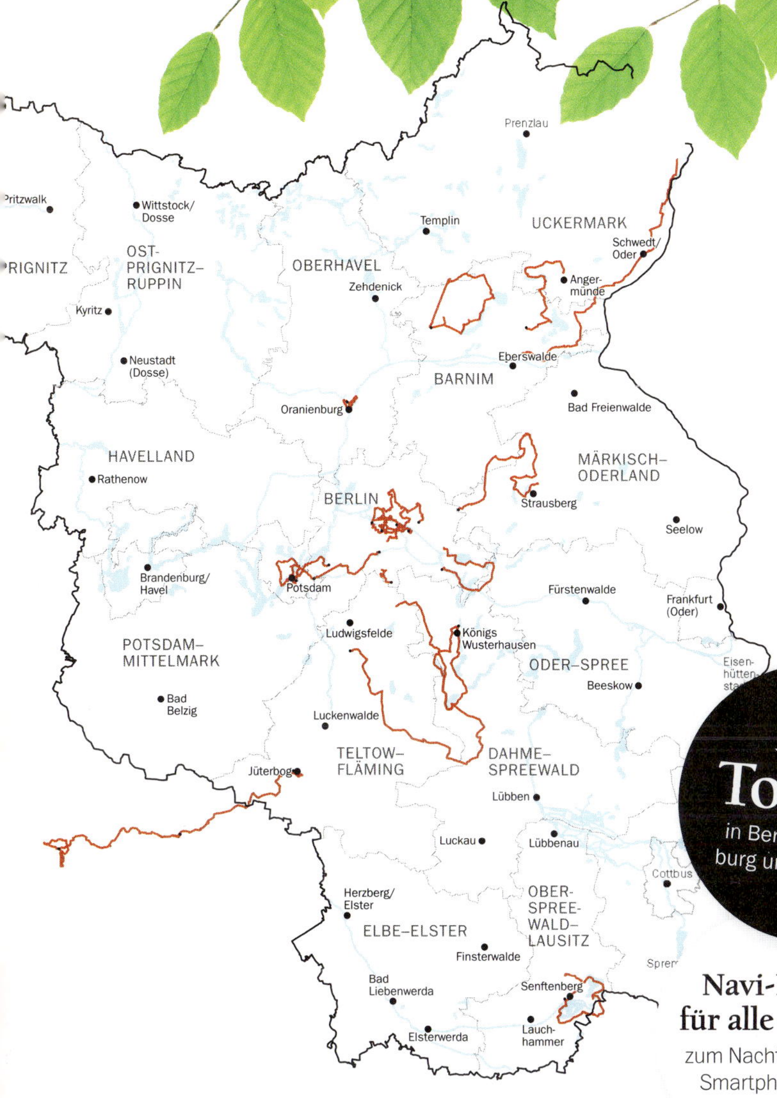

30 Touren in Berlin, Brandenburg und Umgebung

Navi-Daten für alle Touren zum Nachfahren mit Smartphone und GPS-Gerät

TOUREN

RAD UND TAT

Immer wenn man denkt, der Vorrat an **FAHRRAD-IDEEN** müsste doch langsam mal erschöpft sein, hat wieder jemand einen Einfall: ein halbes Rad, ein Paketbike, eine Börse für Mitradgelegenheiten. Hier sind unsere Highlights

Was bin ich?

Ein bisschen Mitleid kommt schon auf, wenn man die Erfindung des Berliners Felix Kruschardt anschaut. Ein Einrad mit Stützrad, könnte man denken. Doch in seinem »Halbrad« steckt fast ein ganzes Fahrrad, auch wenn das Hauptdreieck des Rahmens fehlt und das Steuerrohr mit der Lenkung an eine unerwartete Stelle gerutscht ist: hinter den Sattel. Statt nach vorne gebeugt in die Pedalen zu treten, sitzt man auf dem »Halbrad« aufrecht und hat die Hände unterm eigenen Gesäß am Lenker. »Man sollte dem Gehirn am besten keine Zeit lassen, über die Art der Steuerung nachzudenken«, sagt Kruschardt. »Nach zwei Minuten hat man's raus.« Vor 20 Jahren machte sich der gelernte Orthopädie-Techniker und Fahrrad-Nerd aus Spaß daran, die Radgabel eines Rollstuhls an den Hinterbau eines Fahrrads zu schweißen. Durch die rückseitige Lenkvorrichtung wurde das Hauptdreieck obsolet. Es entstand ein sehr kompaktes Gefährt. Das Halbrad war geboren.

Zunächst wusste niemand etwas mit Kruschardts Erfindung anzufangen, der Prototyp verschwand für 17 Jahre in seinem Keller. Doch dann ermunterten Freunde ihn, den Entwurf zu vermarkten. Nach einer gescheiterten Crowdfunding-Kampagne brachte die Messe »Spezialrad« 2016 im rheinland-pfälzischen Germersheim den Durchbruch: Die Radmanufaktur Portus aus Pforzheim fertigte zunächst 20 Halbräder nach Kruschardts Entwürfen und bietet sie ab 1000 Euro an. Einen Gewichtsvorteil kauft man sich damit gegenüber einem konventionellen Rad kaum ein: Das »Halbrad« wiegt ganze zehn Kilo. Doch Kruschardt ist überzeugt: »Es ist so handlich und immer einsatzbereit, dass man jede kleine Strecke damit zurücklegen kann.« Und eines ist es auf jeden Fall: ein Hingucker. Probe fahren kann man das »Halbrad« in Kruschardts Laden »Futurebags« in Friedrichshain (Finowstraße 15, Tel. 0179 132 41 55). **halbrad.de**

FOTOS Promo (2), Tania Schnitzler TEXTE Laura Stresing, Janine Ziemann, Klaus Kurpjuweit, Susanne Grautmann, Martin Kaluza, Erik Wenk

Selbstvertrauen auf zwei Rädern

Glaub an Dich! Das ist die simple Botschaft von #BIKEYGEES. Der Berliner Verein organisiert einmal im Monat Kurse, um Frauen und Mädchen ab 14 Jahren das Fahrradfahren beizubringen. Auch Verkehrsregeln und kleine Reparaturhandgriffe stehen auf dem Programm. Etwa 90 Prozent der Teilnehmerinnen sind Geflüchtete und neu in der Stadt. Für sie ist das Training eine erfreuliche Abwechslung vom oft monotonen Alltag in den Not- und Gemeinschaftsunterkünften – und ein Schritt in die Unabhängigkeit in der Fremde.

Schon nach den ersten 45 Minuten drehen die meisten eigene Runden auf dem Rad – und stärken damit auch ihr Selbstvertrauen. »Das Glücksgefühl ist fast noch wichtiger als das Training selbst. Denn die meisten haben einen weiten Weg hinter sich, viel Schlimmes erlebt und viel verloren«, sagt Annette Krüger, die zusammen mit ihrer Freundin Anne Seebach das Projekt im September 2015 ins Leben gerufen hat. Was als kleines Bildungs- und Integrationsprojekt in einer Moabiter Flüchtlingsunterkunft begann, ist heute zu einem anerkannten Verein mit gemeinnützigem Status geworden.

Dank des Engagements der beiden Gründerinnen haben bereits 282 Frauen das Radfahren gelernt, 43 davon konnten sogar mit Fahrradsets ausgestattet werden. Dazu gehört ein eigenes Damenrad und Zubehör wie Helm, Schloss, Licht, Fahrradkorb und eine »Berlin by Bike«-Karte. Rund 200 ehrenamtliche Helfer hat der Verein mittlerweile in Berlin, auch darauf sind die Initiatorinnen stolz.

Ihr nächstes Ziel ist es, mehr Spenden zu sammeln, um öfter Kurse anbieten und mehr Räder verschenken zu können. Und sie hoffen, dass überall in Deutschland #BIKEYGEES-Ableger entstehen, die geflüchteten Frauen neuen Mut machen. **bikeygees-berlin.org**

Radverleih: Karten neu gemischt

Der Berliner Markt für Fahrradverleiher kommt in Bewegung: Nachdem das Leipziger Unternehmen Nextbike den Platzhirsch Call-a-Bike in der Ausschreibung des öffentlichen Verleihsystems ausgestochen hatte, gibt es jetzt zwei Großanbieter in der Hauptstadt. Um im Rennen zu bleiben, hat sich die unterlegene Deutsche Bahn den Discounter Lidl als Werbepartner geangelt. Statt Call-a-Bike nennt sie ihr Angebot jetzt Lidl-Bike.

Die Kunden haben so mehr Auswahl. Nextbike setzt – wie zuletzt die Bahn – auf feste Stationen, an denen die Leihräder abgeholt und zurückgegeben werden. Anders als bisher bei der Bahn sind die Räder aber nicht an Betonklötzen abgestellt, sondern an einfachen Stahlbügeln – einer der Gründe, warum die Leipziger den Vorzug bekamen. An den Start gehen will Nextbike in Berlin ab März oder April, Ziel sind mehr als 700 Stationen mit insgesamt 5500 fabrikneuen Rädern bis 2018.

Die Bahn kehrt mit Lidl-Bike zu ihrem Ursprungskonzept der Spontanvermietung zurück und lässt das Abholen und Zurückgeben von 3500 Rädern an beliebigen Stellen innerhalb des S-Bahn-Rings zu. Wer sein Rad allerdings zu einer der vorgegebenen »Rückgabezonen« bringt, erhält jedoch einen Rabatt in Höhe von 50 Cent. **nextbike.de**

Helles Köpfchen

Diesen Helm muss man einschalten, wenn man sehen will, was er kann. Nämlich: leuchten. Die Designer Eu-wen Ding und Jeff Chen haben 60 weiße und rote LEDs in der Oberfläche ihres Fahrradhelms »Lumos« versteckt. Den Designern schwebte vor, dass die blinkenden LEDs Anstecklichter ersetzen, die ständig verloren gehen. Und die Lichtorgel des »Lumos« kann noch mehr: Bremst der Helmträger, leuchtet hinten automatisch ein rotes Dreieck auf, aktiviert durch einen im Helm eingebauten Beschleunigungsmesser. Außerdem blinkt der Helm beim Abbiegen, wenn der Fahrer auf die entsprechenden Knöpfe drückt, die am Lenker angebracht werden. Auf der Rückseite des Helms leuchten dann LEDs in Form eines Pfeils auf.

Das alles ist so elegant gelöst, dass der Helm 2016 den Beazley-Designpreis gewann, der jedes Jahr vom Design Museum in London verliehen wird. Der eingebaute Akku wird übrigens über einen USB-Anschluss geladen. Der Hersteller meint, wenn man den Helm täglich eine halbe Stunde nutze, sei das einmal die Woche nötig. **lumoshelmet.co**

Kaffee und Bratwurst, frisch vom Fahrrad

Auf dem Tempelhofer Feld – machen wir uns nichts vor – kann es ganz schön zugig werden. Doch Coffee-Bikes bringen Besuchern eine Portion Wärme aufs Feld: Am Wochenende sind auf dem ehemaligen Flughafen bis zu drei der mobilen Kaffeehäuser unterwegs. Niemand muss fürchten, dass ihm dort ein lauwarmer Schluck aus der Thermoskanne serviert wird. Denn auf den Coffee-Bikes sind voll funktionsfähige Siebträgermaschinen installiert, die Fahrer sind leidenschaftliche Baristas und bereiten jede Tasse Kaffee oder Espresso frisch von Hand zu.

Die ersten Coffee-Bikes rollten 2010 durch Osnabrück und Hannover. Seitdem ist aus der Idee von zwei Studenten ein internationales Franchise-Unternehmen geworden. Auf der Website kann man jederzeit sehen, wo zwischen Neu-Delhi und Cardiff die insgesamt 170 Coffee-Bikes gerade im Einsatz sind.

Grundversorgung per Rad bietet auch Bernd Jakob. Er hat in sein »Grillrad« einen kompletten Grill und einen Kühlschrank eingebaut. Mit seinem Grillrad steuert er Märkte wie den »Flickenmarkt« in Kreuzberg oder den »Nowkölln Flowmarkt« an und brutzelt dort seine hausgemachten Würstchen über Buchenholz und Tannenzapfen. Jakob weiß, was er tut: Er ist gelernter Metzger. Und die Rezepte hat er zusammen mit Simon Ellery, dem »Sausage Man« aus der Markthalle 9, entwickelt. Auch die Fahrradkonstruktion hat Jakob selbst entworfen und gemeinsam mit Freunden an der Kunsthochschule in Kassel umgesetzt. Eine knifflige Aufgabe, denn das Rad sollte trotz Grill und Kühlung nicht zu schwer werden – knapp 200 Kilo wurden es am Ende. Wenn es um die Wurst geht, ist Jakob jedoch Purist: Er serviert sie im Brötchen, aber ohne Ketchup und Senf.

coffee-bike.com, radwurst.com

FOTOS Dave Lehl, Promo (3)

Spezialisierte Selbsthilfe

Das Frühjahr ist der Moment der Wahrheit. Plötzlich steht man nach vielen Wochen wieder seinem Fahrrad gegenüber und stellt fest, dass die Kette durchhängt, die Bremsen nicht mehr ordentlich greifen und das Rücklicht streikt. Zeit, den Drahtesel einmal gründlich durchzuchecken. Viele der üblichen Problemzonen lassen sich gut in einer der zahlreichen Berliner Selbsthilfewerkstätten beheben, die in der Regel jedem offenstehen.

Einige Selbsthilfewerkstätten bieten zudem Schraubertreffen an, die auf bestimmte Interessengruppen zugeschnitten sind. In der voll ausgestatteten Fahrrad-Selbsthilfe-Werkstatt der »Regenbogenfabrik« in Kreuzberg beispielsweise bleiben Frauen und Mädchen mittwochs unter sich. Freitags können Kinder unter Anleitung ihre Räder reparieren. Montag, Dienstag und Donnerstag ist die Werkstatt dann für alle Interessierten geöffnet. Ehrenamtliche Bastler betreuen die Reparaturen, eine Spende von drei Euro pro Arbeitsstunde ist erwünscht.

Auch der ADFC bietet mittlerweile neben seinen Angeboten für jedermann (etwa den kostenlosen Frühjahrs- und Herbstchecks) eine spezialisierte Selbsthilfe für Geflüchtete an. In der ADFC-Selbsthilfewerkstatt in Mitte können sie gemeinsam mit Helfern gespendete Fahrräder reparieren – und bekommen bei Bedarf auch Verkehrsregeln erklärt. Freuen können sich auch Studenten, denn für sie gibt es eigene Werkstätten: An der Humboldt-Uni die »HubSchrauber« und an der Technischen Universität das Pendant »unirad«.

regenbogenfabrik.de, adfc-berlin.de, refrat.de/hubschrauber, unirad.de

Freie Fahrt in Neukölln?

In Sachen Radverkehrspolitik bleibt Neukölln hinter anderen Bezirken zurück. So sieht es jedenfalls das Netzwerk Fahrradfreundliches Neukölln, das seit 2015 mit Unterschriftensammlungen, Demonstrationen und Aufklärungskampagnen Druck auf die Lokalpolitik macht. Die Initiative hat erreicht, dass 2016 endlich Neuköllns erste Fahrradstraße auf den Weg gebracht wurde: Am Weigandufer und in der Pflügerstraße, zwischen Teupitzer Brücke und Pannierstraße, soll der Radverkehr künftig Vorrang haben.

Höchste Zeit, findet Rad-Lobbyist Jonas Dohse. »Die großen Straßen in Neukölln sind stark befahren und haben keine Radinfrastruktur, die kleinen Straßen sind aus Kopfsteinpflaster und für Radfahrer schlecht zu befahren«, fasst er die Misere zusammen.

Zwar schmückt sich der Bezirk mit 40 Kilometern neuer oder instand gesetzter Radwege, doch ausgerechnet auf dem Weg ins Zentrum werden Fahrradfahrer im Stich gelassen: Auf keiner der großen Magistralen innerhalb des S-Bahn-Rings gibt es einen durchgehenden Radstreifen. Nach sechs Jahren Umbauzeit hat die südliche Karl-Marx-Straße jetzt endlich einen Radweg – doch sie ist noch nicht einmal zur Hälfte fertig saniert. Der Vorschlag der Aktivisten: die zweite Fahrspur zwischen Weichselstraße und Hermannplatz so bald wie möglich in einen drei Meter breiten provisorischen Radstreifen umzuwidmen.

fahrradfreundliches-neukoelln.de

Mitradgelegenheit: Gemeinsam sind wir stärker

»Wir wollen, dass das Fahrrad Verkehrsmittel Nummer Eins in Deutschland wird!«, heißt es auf der Webseite der Berliner Initiative Fahrrad-Bande. An Selbstbewusstsein mangelt es den sieben Aktivisten der BUND Jugend nicht, die sich selbst als »Fahrrad-Nerds« bezeichnen.

Regelmäßig rufen sie zur »Mitradgelegenheit« auf: Diese Fahrgemeinschaften von Radfahrern machen sich den Paragrafen 27 der Straßenverkehrsordnung zunutze. Der besagt, dass eine Gruppe von Radfahrern ab 16 Personen im Verband fahren darf, jeweils zu zweit nebeneinander. Der Verband gilt verkehrsrechtlich als ein Fahrzeug. Das bedeutet zum Beispiel: Wenn die ersten Fahrräder in eine Kreuzung eingefahren sind, dann müssen die anderen folgen, auch wenn zwischendurch die Ampel auf Rot springt. Radwege braucht ein Verband nicht zu benutzen – in den meisten Fälle würde der Platz dafür auch gar nicht reichen.

Der Vorteil der Aktion? »Man ist viel sichtbarer, die Autofahrer haben mehr Respekt und man wird nicht so schnell geschnitten oder angehupt«, sagt Kristoffer Schwetje von der Fahrrad-Bande. »Es bietet einfach mehr Spaß und Sicherheit beim Fahren.«

Im Sommer finden solche Mitradgelegenheiten häufig statt, etwa um gemeinsam zu einem Konzert oder zur Velomesse zu fahren. Bis zu 50 Personen haben bereits teilgenommen. Auf der Webseite der Fahrrad-Bande kann jeder, der will, zu eigenen Mitradgelegenheiten aufrufen.

Die Aktivisten vergeben außerdem diverse Preise: die »Goldene Klingel« für fahrradfreundliche Orte in Berlin und die »Rote Warnweste« für schlechte Rad-Infrastruktur. An Falschparker, die auf dem Radweg stehen, verteilen sie satirische »Bonus-Karten«, mit denen die Kfz-Besitzer einen »gratis Kaffee beim Ordnungsamt« bekämen. **mitradgelegenheit.org**

FOTOS Linda Reiners, Kristoffer Schwetje/Fahrrad Bande, Thilo Rückeis

»Umgekippt sind wir noch nie«

Vier Fragen an **Martin Seißler**, Gründer und Geschäftsführer des Kreuzberger Unternehmens Velogista. Er und seine 13 Fahrer liefern mit Lastenfahrrädern Pakete, Blumen und Büromaterial aus

Was ist die Idee eures Start-ups?

Unsere Idee ist, dass man Waren in der Innenstadt viel umweltfreundlicher und effizienter mit Fahrrädern transportieren kann als mit Kraftfahrzeugen. Wir machen das mit dreirädrigen Lastenrädern mit einem großen Container auf der Hinterachse, in den eine ganze Euro-Palette reinpasst. Damit können wir bis zu 250 Kilo transportieren und die Waren zu den Kunden bringen. Aktuell haben wir vor allem Kunden aus den Bereichen Spedition, Blumen, Zeitschriften oder Bürobedarf.

Ist es gefährlich, mit den Rädern in Bezirken wie Kreuzberg zu fahren?

Nein, es ist deutlich ungefährlicher als mit einem normalen Rad, weil die Autofahrer mehr Respekt vor Lastenrädern haben. Bei so einem Gefährt haben die meisten wohl eher Angst, ihr Auto zu beschädigen, wenn sie damit in Kontakt kämen. Wir hatten noch nie einen Unfall mit einem Auto und sind auch nie umgekippt. Meistens fahren wir auf der Straße, denn die Radwege sind meistens viel zu holperig, das würde auf Dauer unsere Räder zerstören.

Braucht man als Fahrer ein spezielles Training?

Mit Bewerbern machen wir zuerst ein Fahrtraining und dann eine technische Unterweisung: Wie funktioniert das mit den Batterien, wie werden die aufgeladen, wie führt man kleinere Reparaturen selber durch, wie benutzt man die Navigations-App? Unsere Fahrer müssen Fitness und Stadtkenntnisse mitbringen, das Fahren ist aber leicht zu lernen. Derzeit haben wir acht Räder und 13 Fahrer.

Was sind die Zukunftspläne von Velogista?

In diesem Jahr wollen wir in Berlin zwei weitere Hubs neben unseren bisherigen Standorten in Kreuzberg und Charlottenburg eröffnen, sodass wir den ganzen inneren S-Bahn-Ring abdecken können. Dazu wollen wir auch unsere Flotte verdoppeln. Und wir wollen bald auch Kühllogistik anbieten, also quasi Kühlcontainer auf die Räder bauen – das wäre eine Weltneuheit!

Spießrutenfahrt durch Berlin

Unser Autor fuhr mit dem Fahrrad vom **OSTKREUZ ZUM WESTKREUZ**. Seine Mission: Keine Verkehrsregeln brechen. Ein Wagnis!

TEXT Stefan Jacobs | FOTOS Doris Spiekermann-Klaas

»Als wäre Radfahren in der Stadt eine Randgruppenfolklore für Leute mit zu viel Zeit«

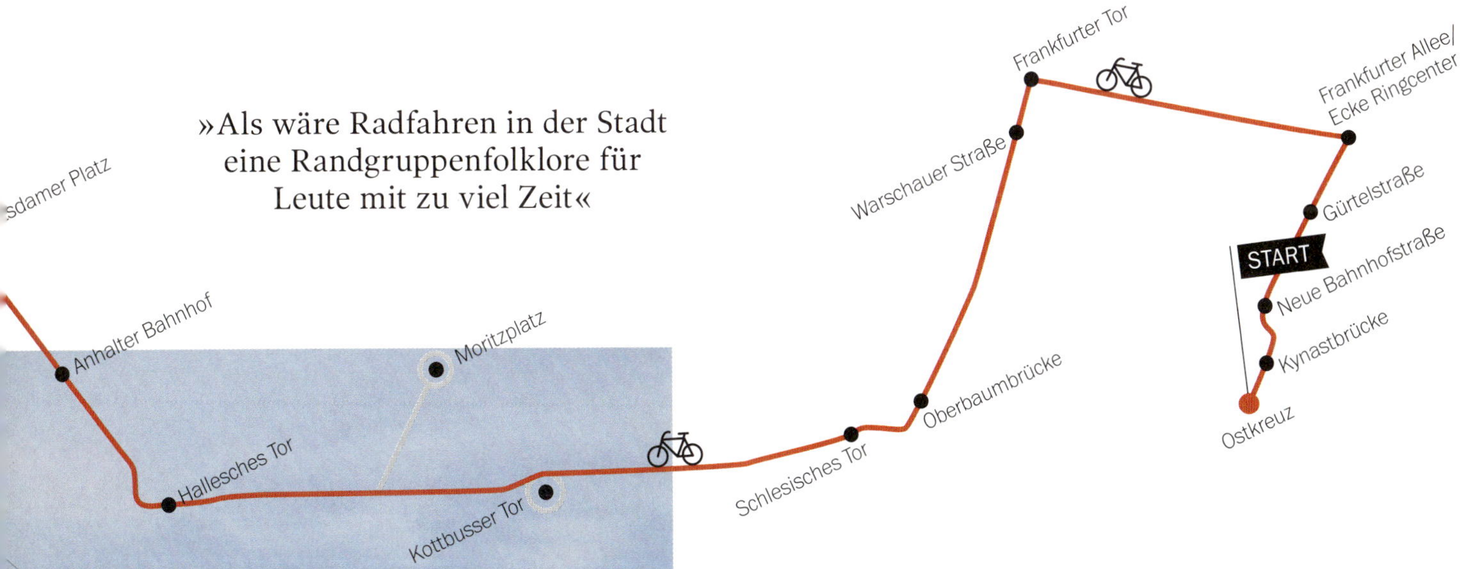

Die erste Gelegenheit für einen Crash ergibt sich nur einen Kilometer nach dem Start. Vor einem Bauzaun biegt die markierte Fahrradspur mit einem scharfen Knick in den Autoverkehr, kein Tempo-30-Schild, kein »Achtung, Radfahrer!«. So donnern die Lastwagen mit Tempo 50 an der Engstelle vorbei. Wer sich hier blind auf die Verkehrsführung verlässt, hat gute Chancen, bei der polizeilichen Unfallaufnahme in die Rubrik »Fehler beim Einfahren in den fließenden Verkehr« einsortiert zu werden. Das ist laut Statistik die zweithäufigste Ursache für jene Radverkehrsunfälle in Berlin, an denen Radler selbst schuld sind.

Kein guter Auftakt für eine Radtour, die eine Bestandsaufnahme der Radverkehrsinfrastruktur in Berlin sein soll. Ich werde vom Ostkreuz zum Westkreuz fahren, einmal durch die Mitte der Stadt, wo die meisten Menschen leben und der Radverkehrsanteil besonders hoch ist. Sind die Radfahrer hier die Gesetzlosen oder die Entrechteten?

Ich fahre regelmäßig mit dem Rad, immer zügig und pragmatisch, aber nie aggressiv. Heute soll konsequente Regeltreue vor Pragmatismus gehen: Wie sicher werde ich unter strikter Beachtung der Verkehrsregeln durch die Stadt kommen?

DIESER FRAGE BIN ICH vor sechs Jahren schon einmal nachgegangen. Bei einer ähnlichen Tour quer durch Berlin sind mir damals 15 massive Gefährdungen durch Autofahrer aufgefallen, sechs durch andere Radfahrer, vier durch Fußgänger und acht durch besonders grobe Bau- oder Planungsmängel. Mein Fazit damals: Wer offensiv bis aggressiv durch Berlin fährt, lebt gefährlich. Aber wer sich an die Regeln hält, leider auch. Seitdem hat sich zwar etwas getan in der ➤

Kottbusser Tor

»Wer dem Radweg am Kotti gedankenlos folgt, bringt sich in Lebensgefahr«

Radverkehrsplanung. Doch das war so wenig, dass die Initiative Volksentscheid Fahrrad letztes Jahr 105 000 Unterschriften für einen Gesetzentwurf sammeln konnte – in nicht einmal einem Monat. Dieser Vorschlag für ein Radgesetz, von der damaligen SPD-CDU-Koalition als unrealistisch und egoistisch abgelehnt, verlangt beispielsweise 100 Kilometer Radschnellwege und zwei Meter breite Radspuren an allen Hauptverkehrsstraßen. Zugespitzt formuliert lassen sich die Forderungen so auf den Punkt bringen: Infrastruktur darf keine Sterbehilfe sein, eine Gedankenlosigkeit für Radfahrer nicht tödlich enden. Der seit Ende 2016 regierende rot-rot-grüne Senat will viele Forderungen übernehmen: Brennpunkte entschärfen, Schnellwege bauen, Platz neu verteilen. Das Kapitel zum Radverkehr soll ein großes werden im geplanten »Mobilitätsgesetz«.

MEINE TOUR BEGINNT BEREITS mit einem Mahnmal vermurkster Planung: Bei der neu gebauten Kynastbrücke, die das Ostkreuz überspannt, wurde nur ein Radweg eingeplant. Das auf Jahrzehnte in Beton gegossene Resultat: Nervenstarke Radler lassen sich auf der schmalen Fahrbahn von Autos bedrängen, andere drängeln sich auf dem einspurigen Radweg als Geisterfahrer aneinander vorbei. Auf Polizeideutsch heißt das »Benutzung der falschen Fahrbahn« und ist die mit Abstand häufigste Ursache der von Radfahrern verschuldeten Unfälle. Ich rechne kurz nach: Wenn ich mit Tempo 20 die Rampe hochfahre und mir ein Radfahrer mit 30 entgegenkommt, ergibt das eine Begegnungsgeschwindigkeit von 50 Stundenkilometern. Zum Glück muss ich an diesem kalten Spätwintertag nur drei Geisterfahrern ausweichen, aber im Sommer ist die Brücke ein Slalom-Parcours.

Ich rolle weiter in die Neue Bahnhofstraße. Deren schmale Radspur auf der Fahrbahn ist gut befahrbar, verläuft aber direkt hinter parkenden Autos. Ich umklammere angespannt meine Bremsen und behalte die parkenden Lieferwagen im Auge. Deren Fahrer haben keine andere Chance, als beim Rückwärts-Ausparken blind in die Radspur zu stoßen.

Vor dem Ringcenter biege ich von der Gürtelstraße auf die Frankfurter Allee ein. Hier will die grün geleitete Senatsverkehrsverwaltung testweise zwei der insgesamt sechs Autospuren für den Radverkehr umwidmen. Doch noch ist die Lage so, dass der anfangs glatte und breite Radweg neben dem Fußgängerweg bald so schmal wird, dass man gefährlich nah an den Fußgängern vorbeimanövrieren muss. Außerdem münden die U-Bahn-Zugänge hier direkt in den Radweg, warum auch immer. Die Frankfurter Allee ist eine der unangenehmsten Strecken, wenn ich mit dem Rad durch Berlin fahre.

Am Frankfurter Tor, einem notorischen Unfallschwerpunkt, folge ich dem Radweg schnurgerade über die Kreuzung – und werde jäh von einem Taxi geschnitten, dessen Fahrer darauf konzentriert ist, sich beim Abbiegen möglichst schnell durch die drei Spuren Gegenverkehr zu mogeln. Eine separate Grünphase für Abbieger wäre hier die Lösung.

Ich biege in die kürzlich umgestaltete Warschauer Straße ein. Jahrelang habe ich die Buckelpiste zwischen parkenden Autos und Gehweg erduldet, jetzt genieße ich die Fahrt auf dem gut sichtbaren Radweg auf der Fahrbahn, wo früher geparkt werden durfte. So lässt es sich selbst auf Hauptstraßen entspannt fahren! Nur leider sind wir in Berlin: Radspuren werden hier allzu oft von Falschparkern blockiert. Heute habe ich jedoch freie Fahrt, die Oberbaumbrücke ist schnell und sicher erreicht.

● Gürtelstraße

● Potsdamer Platz

»Der Radweg vor dem Bahntower führt mitten durch eine Bushaltestelle«

HIER, AN DER GRENZE ZWISCHEN Kreuzberg und Friedrichshain, befindet sich eine von 17 Radverkehrszählstellen der Senatsverkehrsverwaltung in Berlin – und zwar die meistbefahrene. Dennoch leistet sich die Verkehrsplanung hier notorische Gefahrenstellen. Wer von Kreuzberg nach Friedrichshain radelt, schwimmt in einem endlosen Strom von Fahrradfahrern mit, die von rechts abbiegenden Autofahrern bedrängt werden. In Richtung Kreuzberg schwenkt der Radweg dafür jäh auf die Fahrbahn, zwar markiert, aber in der Kurve zum Schlesischen Tor kaum sichtbar für Autofahrer.

Auf teils rumpliger Piste geht es weiter in Richtung Kottbusser Tor, dessen Kreisverkehr durch den jüngsten Umbau zwar etwas von seinem Horror verloren hat, aber weiterhin reichlich Kollisionsmöglichkeiten bietet. Am – zugegebenermaßen geräumigeren – Moritzplatz ist das mit der Neumarkierung wesentlich besser gelöst worden. Hier freue ich mich jedes Mal über die klar markierten Spuren und die neue Rücksicht der Autofahrer.

Ein Reinfall ist hingegen die Radwegmarkierung, die auf der anderen Seite des Kottis direkt in die geparkten Autos führt. Hier schnellt mein Blutdruck beim Vorbeifahren regelmäßig in die Höhe. Wer dem Radweg gedankenlos folgt, bringt sich in Lebensgefahr. Das Bezirksamt verkündete Ende 2016, hier in eigener Regie eine Radspur anlegen zu wollen, nachdem es die zuständige Verkehrslenkung des Senats nach 13 Jahren Planung nicht geschafft hat. Der Nutzen wäre enorm, denn die exklusive »Radbahn« unter dem Viadukt der U1, die eine private Initiative ins Spiel gebracht hat, dürfte wohl leider an der Enge zwischen den Stützen und den vielen zu querenden Kreuzungen scheitern. ➤

»Nur wer sicher fährt und nach eigenem Ermessen gegen Verkehrsregeln verstößt, kommt passabel voran«

Kurz vor einer gefühlten Stickoxid-Vergiftung erreiche ich das Hallesche Tor und biege in die Stresemannstraße ab. Der von Baumwurzeln ramponierte Gehweg-Radweg ist hier offiziell nicht mehr benutzungspflichtig. Doch die Autofahrer, die mich auf der – zum Überholen zu schmalen – Fahrbahn bedrängen, wissen das offensichtlich nicht. Ein häufiges Problem. Abhilfe würde wohl nur eine Verlegung der Parkspur bringen, um mehr Platz auf der Straße zu schaffen – oder Tempo 30 für Autos.

Vorbei am Tagesspiegel-Verlag beim Anhalter Bahnhof geht es zum Potsdamer Platz, der bei Radfahrern vor allem wegen der wuselnden Touristenmassen gefürchtet ist. Ein Teil des Problems ist hausgemacht, weil auch hier der meiste Platz zugunsten der Autos vergeben wurde. Folglich führt der Radweg zum Beispiel vor dem Bahntower mitten durch eine Bushaltestelle. Alle paar Minuten sind hier also entweder die zum Warten verpflichteten Radler genervt oder die von Radlern bedrängten Fahrgäste.

WIE EINFACH DIE VIELERORTS lauernde Lebensgefahr für Radler zu beseitigen ist, illustriert ein mit dickem Betonfuß versehenes Schild, das neuerdings gut sichtbar am Fahrbahnrand der Tiergartenstraße hinter der Philharmonie steht: Es verschafft Radlern den entscheidenden Meter Platz, den sie beim Einfädeln des Radwegs auf die Fahrbahn brauchen. Diese Lösung ist so simpel und gut, dass sie längst Standard sein sollte.

Komfortabel rolle ich bald darauf über den Großen Stern, dessen Radweg vor Jahren für beide Richtungen markiert und freigegeben wurde. Das klappt prima und spart in meinem Fall drei Ampeln, da ich direkt nach links abbiegen darf, statt den Kreisel fast komplett zu umrunden. Auch die Straße des 17. Juni, auf der der Radweg mit Sicherheitsabstand neben den parkenden Autos verläuft, ist mustergültig. Allerdings ist die Einmündung der Bachstraße hinter dem S-Bahnhof Tiergarten ein Schwerpunkt für Radverkehrsunfälle. Meine spontane Diagnose: Würden hier alle ihre Ampel beachten, wäre die Ecke harmlos.

Vor der Technischen Universität wird das Missverhältnis urbaner Raumaufteilung in Berlin noch einmal besonders deutlich: Hier verlaufen zehn Autospuren, auf dem Mittelstreifen sind Parkplätze und auf dem Seitenstreifen noch mehr Parkplätze – und alle anderen Verkehrsteilnehmer müssen so zurechtkommen, dass sie die Automassen nicht behindern.

Ähnlich auch an der U-Bahn-Baustelle an der Wilmersdorfer Straße, wo sich Fußgänger und Radler drei Meter zwischen Bauzaun und Hauswand teilen müssen. Autofahrer hingegen haben freie Fahrt. Hier kann ich mir aussuchen, ob ich mich mit Tempo 20 oder 25 zwischen den Fußgängern zum Rüpel mache oder den Rat jener Schlaumeier befolge, die selbst nie radeln: langsamer fahren. Als wäre Radfahren in der Stadt eine Randgruppenfolklore für Leute mit zu viel Zeit.

BALD IST TROTZ ALLEM das Westkreuz erreicht. Zeit, um Bilanz zu ziehen. Zu Beinahe-Unfällen ist es auf meiner Tour diesmal nicht gekommen, und einzelne Abschnitte waren auch bei starkem Verkehr gut befahrbar. Dennoch musste ich ständig auf die nächste Schikane gefasst sein: Ein knappes Dutzend Infrastrukturmängel sind mir begegnet, schon die kleinste Unaufmerksamkeit hätte zur Katastrophe führen können.

So sieht es wohl aus im Berlin des Jahres 2017: Nur wer sicher fährt und nach eigenem Ermessen gegen Verkehrsregeln verstößt (etwa an Engstellen), kommt mit dem Rad passabel voran. Absurd! Von einer Fahrradstadt, in der sich auch weniger routinierte Menschen aufs Rad setzen und ohne Angst zügig vorankommen können, ist Berlin noch immer weiter entfernt als das Westkreuz vom Ostkreuz.

Ich werde mir das Radfahren dennoch nicht abgewöhnen. Ich bin mir sicher: Mit einer mutigen, modernen Verkehrspolitik wäre er sicher machbar, der Klimawandel im Berliner Verkehr. Die Chancen sind gestiegen, seit die Grünen das Verkehrsressort verantworten. Denn deren Stammkundschaft dürfte rotsehen, wenn sie die Verkehrswende nicht konsequent anpacken.

»Für drei Jahre haben wir 101 Millionen«

Mehr Sicherheit an Baustellen, Vorgehen gegen Falschparker: Der neue Verkehrsstaatssekretär Jens-Holger Kirchner kündigt eine neue **VERKEHRSPOLITIK** an

Als Freund der klaren Sprache und Politiker ohne Angst vor (Partei-)Freund und Feind hat sich der Grüne Jens-Holger Kircher einen Namen gemacht. Jetzt, als Staatssekretär in der neu geschaffenen Senatsverwaltung für Umwelt, Verkehr und Klimaschutz, will er die Stadt fahrradfreundlicher machen.

Haben Sie ein Dienstfahrrad?
Noch nicht, aber ich kaufe mir demnächst eins. Ein faltbares Pedelec, das wird genial. Denn gerade am Beginn und am Ende eines langen Arbeitstages tut Radfahren gut, und zwischendurch kann ich es zusammenklappen und im Auto mitnehmen – und habe es dabei, wann immer es sich anbietet.

Fahren Sie eher direkt und schnell auf Hauptstraßen oder suchen Sie sich lieber Schleichwege?
Kommt darauf an, wo ich hinwill. Ich meide Hauptverkehrsstraßen oft nicht aus Sicherheitsgründen, sondern weil es da so laut ist. Andererseits sind sie oft gut und sicher zu fahren. Hin und wieder fahre ich auch durch Grünanlagen. Ich bekenne, dass das Ordnungsamt in Pankow mich dafür manchmal ausgeschimpft hat.

In Grünanlagen ist Radfahren nur auf wenigen Wegen erlaubt. Wollen Sie das ändern?
Müssen wir sogar, wenn wir Radschnellwege bauen wollen. Die schnellste Verbindung ist nun mal auch für Radfahrer meist eine Gerade – und nicht der Umweg um eine Grünanlage herum. Asphaltierte Wege in Grünanlagen sind umstritten. Davon profitieren aber nicht nur Radfahrerende, sondern auch Menschen mit Kinderwagen, Rollatoren oder Rollstühlen.

Sollten solche Wege für Fußgänger und Radfahrer getrennt sein?
Möglichst ja, sofern sie nicht wirklich sehr breit sind. Klare Regeln sind immer gut.

Fahren Sie selbst auch mal auf dem Gehweg?
Nein, das lehne ich strikt ab und finde es auch bei anderen nicht akzeptabel. Es ist zwar nicht schön, sich stattdessen auf Kopfsteinpflaster durchschütteln zu lassen, aber notfalls fahre ich einen Umweg durch die nächste Asphaltstraße.

Trotz mancher Verbesserungen ist die Infrastruktur für Radfahrer an vielen Stellen immer noch

»Es wird eine Infrastruktur geben, die sich spürbar von der heutigen unterscheidet«

JENS-HOLGER KIRCHNER
Staatssekretär für Verkehr

FOTO Doris Spiekermann-Klaas

lebensgefährlich. Markierungen enden unter Bauzäunen oder geparkten Autos, Poller oder Masten stehen mitten auf dem Radweg. Wie sind derartige Schlampereien möglich?
Das liegt nicht an Schlamperei, sondern an mangelnden Ressourcen und fehlender Abstimmung zwischen Beteiligten, vereinzelt vielleicht auch an einer gewissen Nachlässigkeit. Wenn beispielsweise eine Behörde einen Radweg anordnet und dann niemand die Ausführung prüft. Richtig ist, dass die Stadt insgesamt nicht mehr für den Radverkehr gebaut ist. Das war übrigens mal anders: In meinem Dienstgebäude hängt ein Fahrradstadtplan von 1898 mit empfohlenen Fahrradrouten. Markierte Radspuren auf der Fahrbahn gab es schon 1920. Dann kam die autogerechte Stadt, und jetzt erfinden wir alles wieder neu, was es schon mal gab: Straßenbahn, Elektromobilität, Radrouten.

Vor allem an Baustellen werden Radfahrer nach wie vor gefährdet oder schikaniert.
Da ist über Jahre vor allem darauf geachtet worden, dass der Autoverkehr fließt. Fußgänger und Radfahrer mussten sehen, wo sie bleiben, oder die Straßenseite wechseln. Hinzu kommt das Phänomen der wachsenden Baustellen: Die werden immer größer, damit auch noch die Fahrzeuge der Bauleute reinpassen und das Material.

Wie wollen Sie das ändern?
Es geht nur mit mehr Kontrollen und Personal. Bisher hat jeder Bezirk nur ein bis zwei Bauläufer, die sich dann mit irgendwelchen Sub-Sub-Unternehmern anlegen müssen.

Die Legislaturperiode dauert bis Herbst 2021. Was wollen Sie bis dahin geschafft haben?
Bei den Radschnellwegen, beim Hauptroutennetz, aber auch bei den Fahrradstraßen wollen wir deutlich vorankommen. Wir werden nicht die ganze Stadt umgebaut haben, aber es wird eine Infrastruktur geben, die sich spürbar von der heutigen unterscheidet. Immerhin haben wir 101 Millionen Euro für drei Jahre eingeplant, für die Zeit danach rechne ich mit einer ähnlichen Größenordnung – für den Radverkehr und für mehr Barrierefreiheit.

Allerdings muss das Geld auch vernünftig untergebracht werden. Unter Ihrem Vorgänger hat es die Verwaltung nicht mal geschafft, 15 Millionen Euro im Jahr auszugeben.
Wir kriegen das hin, denn das erhöhte Budget enthält nicht nur Bau-, sondern auch Planungsmittel. Im Koalitionsvertrag sind für den Radverkehr allein zehn zusätzliche Stellen für die Senatsverwaltung und 24 Stellen für die Bezirke vereinbart worden. Parallel wird die Infra-Velo-Gesellschaft gegründet und mit Geld ausgestattet. Insofern bin ich sehr zuversichtlich, dass es künftig schneller geht.

Finden Sie überhaupt so viele Fachleute?
Wir suchen europaweit. Spezialisten für das Thema gibt es in vielen Ländern. Und unsere Rahmenbedingungen dürften gerade ziemlich attraktiv für sie sein.

Weniger attraktiv sind 30 000 geklaute Fahrräder pro Jahr und vier Prozent Aufklärungsquote.
Was wir bis 2021 schaffen wollen, sind zwei bis drei Fahrradparkhäuser. Am Ostkreuz, am Gesundbrunnen und teilweise in Zehlendorf wurde schon viel vorgearbeitet, worauf wir aufbauen können. Mit der Infra-Velo haben wir dann auch einen Betreiber.

Bleiben die Abstellanlagen kostenfrei?
Garantieren kann ich das nicht. Natürlich kann ich noch keine Preise nennen, wohl aber die Faustregel: je sicherer, desto teurer. Aber wer ein Pedelec für 3000 Euro hat, gibt sicher auch ein paar Euro dafür aus, um es sicher abzustellen zu können.

An vielen Stellen wäre die Infrastruktur für Radfahrer schon jetzt ganz gut, wenn sie nur benutzbar wäre und nicht ständig zugeparkt.
Ich gehe davon aus, dass künftig verstärkt kontrolliert wird. In der Greifswalder Straße standen eine Zeit lang ganz oft Lieferwagen auf der Radspur. Da habe ich dem Verantwortlichen geschrieben, er möge die zwei Millionen Euro für die Radspur erstatten, die seine Leute als Parkplatz benutzen, und habe ihm immer wieder Fotos von der Situation vor Ort geschickt. Irgendwann hat er seinen Fahrern per Dienstanweisung das Parken dort verboten.

Seit die meisten Radwege nicht mehr benutzt werden müssen, wird die Benutzungspflicht ausgerechnet auf Kreuzungen beschränkt, wo die Radfahrer dann gezwungenermaßen in den Gefahrenbereich neben den Rechtsabbiegern geraten. Das kann doch nicht wahr sein!
Ich sehe auch, dass sich das ändern muss. Der Umbau vieler Knoten wird eine der größten Herausforderungen, die anstehen.

DAS GESPRÄCH FÜHRTE STEFAN JACOBS

Jens-Holger Kirchner, 1959 in Brandenburg an der Havel geboren, ist gelernter Tischler: Lehre an der Staatsoper Berlin, später Anstellung an der Komischen Oper. Nach der Wende machte er eine Ausbildung zum Erzieher und arbeitete als Projektleiter beim Sozialdienstleister Pfefferwerk Stadtkultur. Von 2006 bis 2011 war Kirchner Bezirksstadtrat für Öffentliche Ordnung im Pankow. 2011 wechselte er ins Ressort Stadtentwicklung und wurde zweiter Bürgermeister des Bezirks. Seit 2016 ist er Staatssekretär für Verkehr.

Jedes Rad zählt

Von Jahr zu Jahr sind mehr Berliner mit dem Fahrrad unterwegs. Aber wie viele genau? Um das zu ermitteln, hat der Senat in der Innenstadt und in den Außenbezirken **FAHRRAD-ZÄHLSTATIONEN** eingerichtet

Spitzenreiter ist die Oberbaumbrücke. 9934 Fahrräder sind hier an nur einem Wochentag im Schnitt unterwegs. Am sonnigen 8. September des letzten Jahres waren es sogar 16.845 – ein Spitzenwert!

Gezählt wurden sie automatisch von Drahtschleifen, die in den Boden eingelassen sind. An mittlerweile 17 Orten wird über das gesamte Stadtgebiet verteilt der Fahrradverkehr gemessen – rund um die Uhr und bei jedem Wetter. Das System ist technisch ausgefuchst. Jedes Fahrrad, das über eine der Zählschleifen fährt, löst einen Impuls aus. DerF Zähler tickt nur weiter, wenn er das richtige Muster erkennt: zwei Räder in einem bestimmten Abstand mit einem Tretlager in der Mitte. Autos, Busse, Einräder oder Bierbikes werden also gar nicht erst mitgezählt.

Bislang bestätigen die Ergebnisse, was auch frühere monatliche Zählungen von Hand gezeigt hatten: Der Fahrradverkehr in Berlin nimmt stetig zu. Und die Zahlen belegen, dass die Berliner Radler keine Sonntagsfahrer sind, sondern Berufspendler: An Werktagen werden deutlich mehr Räder gezählt als an Wochenenden. Auf der Berliner Straße in Pankow zum Beispiel fahren an einem Werktag 6539 Radler, doppelt so viele wie an einem Wochenendtag (3269).

Das können jetzt auch die Bürger selbst überprüfen: Im Internet sind die Zahlen aller 17 Stationen tagesaktuell aufgeführt. So kann jeder mitverfolgen, um wie viel der Fahrradverkehr an einem regnerischen Tag zurückgeht – oder wie ein sonniger Tag die Pendler zum Rad greifen lässt. **stadtentwicklung.berlin.de/verkehr**

RANGFOLGE ZÄHLSTATIONEN
im Jahr 2016

1 Oberbaumbrücke 3.368.505
2 Jannowitzbrücke 2.805.433
3 Yorckstraße 1.673.243
4 Berliner Straße* 1.527.087
5 Monumentenstraße 1.288.107
6 Invalidenstraße 1.267.386
7 Maybachufer* 1.218.821
8 Paul-u.-Paula-Ufer 1.094.086
9 Frankfurter Allee** 811.116
10 Schwedter Steg 738.818
11 Breitenbachplatz* 686.463
12 Klosterstraße** 500.531
13 Prinzregentenstraße 433.617
14 Markstraße 341.118
15 Mariendorfer Damm* 293.438
16 Kaisersteg* 280.341
17 Alberichstraße 177.336

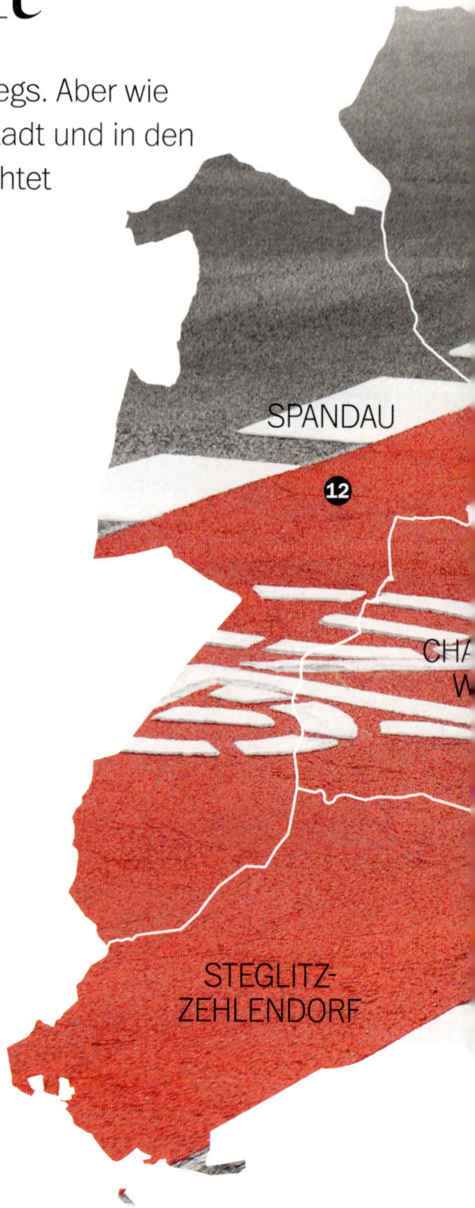

1

OBERBAUMBRÜCKE

Wer von Friedrichshain nach Kreuzberg fährt, muss hier über die Spree – ob mit Fahrrad, Auto, U-Bahn oder zu Fuß. An keiner Station werden mehr Radfahrer gezählt als hier. **Ein Glück!** Denn bis zum Fall der Mauer war der Fahrradverkehr hier gleich null. Die Oberbaumbrücke war ein Grenzübergang zwischen Ost- und West-Berlin und durfte nur von Fußgängern passiert werden.

2

JANNOWITZBRÜCKE

An manchen Tagen fahren fast so viele Fahrräder über die Jannowitzbrücke wie **Kraftfahrzeuge**. Die Tendenz des Radverkehrs ist hier – wie im ganzen Stadtgebiet – steigend. Von Mai bis Dezember 2015 waren es 2.245.134 Radler. 2016 waren es im gleichen Zeitraum schon 2.428.252.

FOTO Photocase | * 1.5.–31.12. ** 1.6.–31.12.

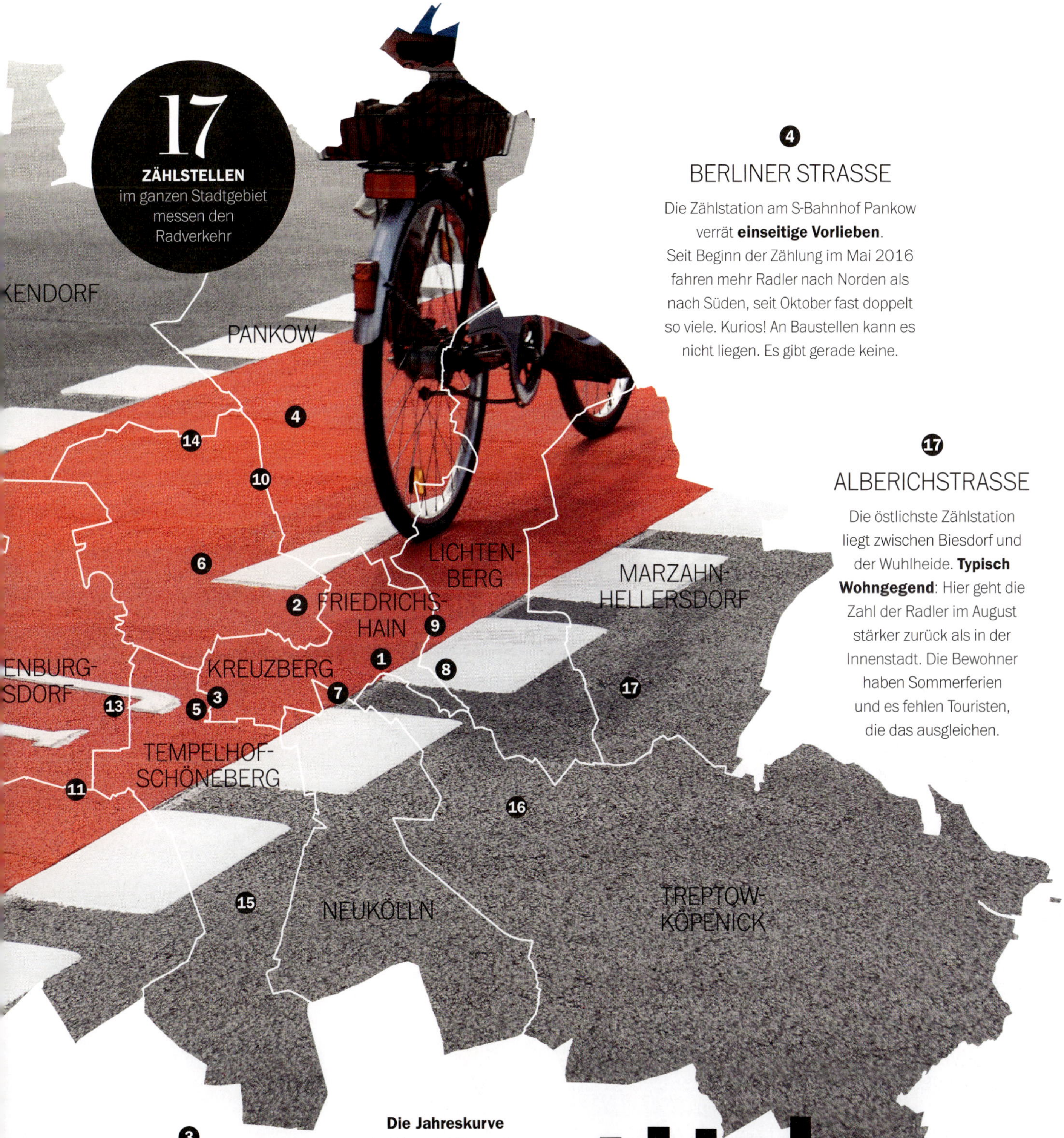

4 BERLINER STRASSE

Die Zählstation am S-Bahnhof Pankow verrät **einseitige Vorlieben**. Seit Beginn der Zählung im Mai 2016 fahren mehr Radler nach Norden als nach Süden, seit Oktober fast doppelt so viele. Kurios! An Baustellen kann es nicht liegen. Es gibt gerade keine.

17 ALBERICHSTRASSE

Die östlichste Zählstation liegt zwischen Biesdorf und der Wuhlheide. **Typisch Wohngegend**: Hier geht die Zahl der Radler im August stärker zurück als in der Innenstadt. Die Bewohner haben Sommerferien und es fehlen Touristen, die das ausgleichen.

3 YORCKSTRASSE

Ringsum kaum Ausweichmöglichkeiten: Die S-Bahn-Brücken an der Yorckstraße sind das **Nadelöhr**, durch das sich der Verkehr von Schöneberg nach Kreuzberg zwängen muss. 5038 Fahrräder passieren die Zählstation an einem Werktag – meist mehr in Richtung Kreuzberg als umgekehrt.

Die Jahreskurve
Im Winter ist Flaute, im September Hochbetrieb: So verteilte sich der Radverkehr in Berlin auf das Jahr 2016***

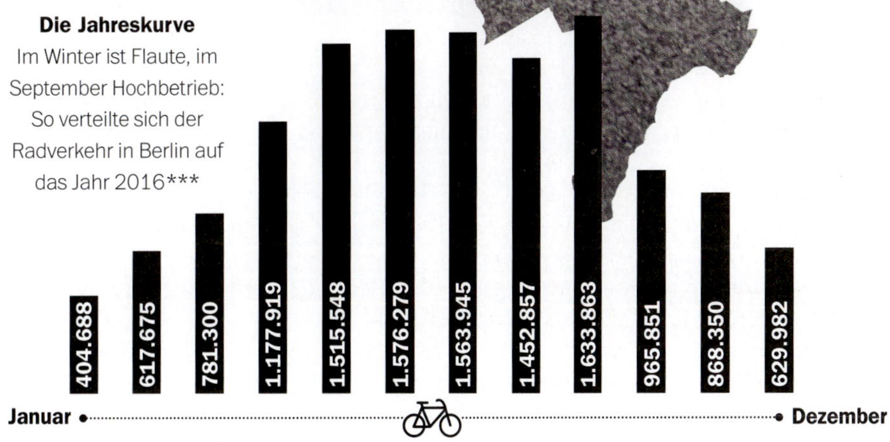

Berliner Originale

Mobiles Soundsystem oder Bambusrahmen? Wer im Gewimmel der Großstadtradler auffallen will, muss sich etwas einfallen lassen. Diese Berliner haben ihre Räder SELBST GEBAUT ODER FRISIERT

TEXT Erik Wenk
FOTOS Doris Spiekermann-Klaas, Mike Wolff

Baujahr 2016
Hersteller Larry vs Harry
Modell Submarine Bullitt
Material Aluminium
Gewicht 24 kg (nur das Rad), 84 kg (mit Soundsystem)
Radgröße 20 Zoll (vorne), 26 Zoll (hinten)
Gänge 11
Kosten keine Angaben

»Wir wollen das kulturelle Leben der Stadt bereichern«

FANNY RYBARSCH

Lastenräder sind auf Berlins Straßen längst kein exotischer Anblick mehr. Das **Soundbike** der Berliner Lautsprechermanufaktur Klara Geist zieht dennoch regelmäßig alle Blicke auf sich, schon allein wegen seiner Größe. Das kanariengelbe Long-John-Lastenrad mit der 60 Kilo schweren High-End-Anlage kommt vor allem als mobile Musicbox auf Sportveranstaltungen und Demos oder als Verstärker für Straßenmusiker, spontane Partys und Konzerte zum Einsatz. »Wir wollen das kulturelle Leben der Stadt bereichern«, sagt die 34-jährige Designerin Fanny Rybarsch, die Klara Geist 2005 mitgründete. Lange Zeit hatten Rybarsch und ihr Mitstreiter Willi Wilkendorf kein passendes Lastenrad für ihre Idee gefunden, erst die einspurigen »Bullitts« der dänischen Firma Larry vs Harry genügten ihrem Anspruch von einem dynamischen Lastenrad, das sich auch sportlich fahren lässt. Für ihr Soundsystem bauten sie neue Bodenplatten ein, tauschten Sattel, Pedale und Lenker und brachten breitere Reifen an, mit denen sich die schwere Fracht bequem befördern lässt. Das i-Tüpfelchen ist das aufgemalte Graffiti, entstanden bei einem zufälligen Zusammentreffen mit dem legendären Graffiti-Künstler Thierry Noir.

Baujahr 2013
Hersteller Eigenbau
Modell Eigenbau
Material Stahl
Gewicht 11–12 kg
Radgröße 28 Zoll
Gänge Singlespeed
Kosten ca. 1000 Euro

»Ich hatte genügend Praxis, also dachte ich: Bau dir das Rad halt selbst«

ALEXANDER KORETZKY

Viele träumen davon, ein Rad komplett selbst zu bauen, maßgeschneidert auf die eigenen Bedürfnisse. Alexander Koretzky vom Berliner Fahrradladen Ostrad hat sich diesen Traum erfüllt: Sein himmelblaues **Singlespeed-Rad**, das er täglich benutzt, ist vom Rahmen bis zu den Bremsen Marke Eigenbau. »Ich hatte genügend Praxis, also dachte ich: Bau dir das Rad halt selbst«, sagt der 58-Jährige, der früher Radrennen gefahren ist. Nur etwa zehn Stunden Arbeit investierte Koretzky in sein Gefährt. Es war das erste Rad, das er komplett alleine gebaut hat. Für den Rahmen verwendete er Stahlrohre der englischen Firma Reynolds, die klassisch mit eleganten Muffen statt mit Schweißnähten verbunden sind. Anstelle einer Lackierung trug er eine widerstandsfähige Pulverbeschichtung auf. Auch wenn Koretzky den Drahtesel vor allem als Stadtrad verwendet, wollte er kein typisches Singlespeed. Aufgebaut ist sein Rad daher wie eine Geländemaschine für robuste Touren: Schutzbleche mussten sein, und die robuste Kette wiegt üppige 500 Gramm. Somit ist Koretzkys Rad ein Allrounder für jede Wetterlage. Für andere Gelegenheiten stehen auch noch Renn- und Trekkingräder bei ihm zu Hause. »Ein Auto hab ich nie besessen«, sagt Koretzky.

Baujahr 2014
Hersteller Ozon
Modell Eigenbau
Material Bambus
Gewicht 9 kg
Radgröße 28 Zoll
Gänge Singlespeed
Kosten 1800 Euro
(inkl. Workshop 450 Euro)

»Man verbindet sich mit seinem Rad, man steckt da eine gewisse Liebe rein«

JULIA ROHLOFF

Ist das echtes Holz?«, das ist die häufigste Frage, die Julia Rohloff zu ihrem Rad gestellt bekommt. Und die Antwort lautet: Ja, es ist tatsächlich ein **Bambusrad**. Die 28-jährige Berlinerin, die Prozess- und Verfahrenstechnik studiert, wollte kein Rad von der Stange fahren, es sollte etwas Besonderes sein, genau auf sie zugeschnitten, und dabei möglichst wenig wiegen. »Ich hatte die Wahl zwischen Karbon und Bambus«, sagt Rohloff. Sie entschied sich für ein Bambusrad, denn es war ihr wichtig, das Fahrrad selber zu bauen: »Man verbindet sich mit seinem Rad, man steckt da eine gewisse Liebe rein. Und es ist ein Unikat.« Das Handwerk lernte Rohloff in einem Workshop der Berliner Firma Ozon: Zunächst musste sie passende Hölzer aussuchen, diese zurechtsägen und die Stangen anschließend in einem mehrtägigen Prozess mit Epoxid-Harz und Flachs verbinden. Das Ergebnis überzeugt: Das Holzrad ist genauso leicht, wie es aussieht. Das ungewöhnliche Material macht sich auch im Fahrverhalten bemerkbar: »Es federt ein bisschen und fährt sich leichter als ein Stahlrahmen«, sagt Rohloff. Angst, dass ihr selbst gebautes Rad gestohlen wird, hat sie weniger: »Ich gehe davon aus, dass es so auffällig ist, dass es nicht geklaut wird.«

Baujahr 2004
Hersteller Nicolai
Modell Nucleon ST
Material Aluminium
Gewicht 32 kg
Radgröße 24 Zoll
Gänge 14
Kosten 5000 Euro

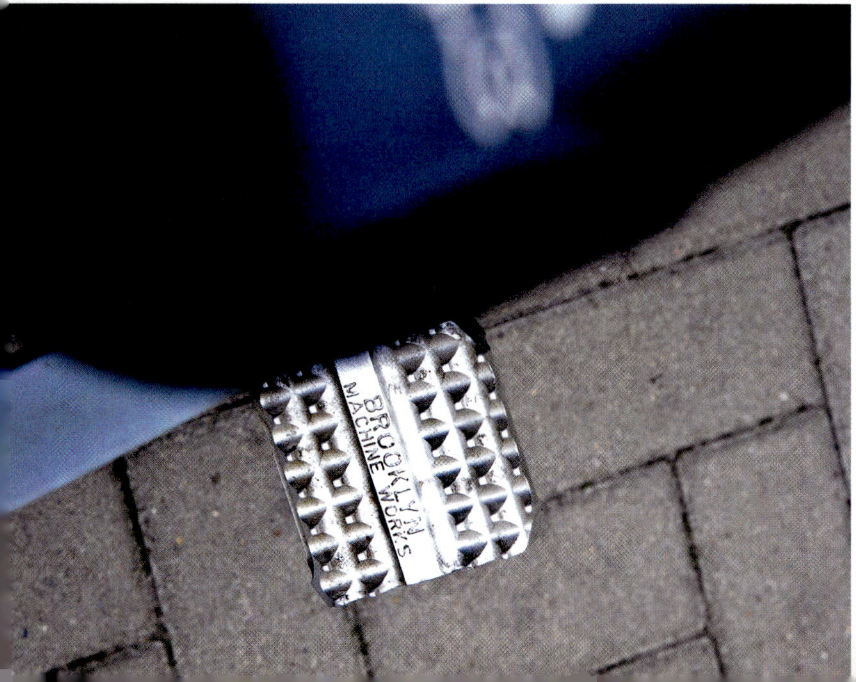

»Es ist gefedert wie ein Sofa«

SEBASTIAN KLEMKE

Das Rad von Sebastian Klemke ist ein rollender Anachronismus: Gegen die schnellen und schlanken Singlespeeds, mit denen heute viele Berliner unterwegs sind, wirkt das wuchtige **Downhill Bike** in Nato-Grau wie ein Panzer. »Aber gefedert ist es wie ein Sofa«, sagt Klemke und drückt den Sattel, unter dem ein wuchtiges Getriebe ruht, mit Leichtigkeit um mehrere Zentimeter nach unten. Der Berliner, der eine Fahrradwerkstatt in Lichtenberg betreibt, nannte einst 160 Räder sein Eigen. »Das alles zu pflegen, macht dich irgendwann kaputt«, sagt Klemke, der seine Sammlung heute auf 20 Lieblinge begrenzt hat. Eines davon ist jenes Nucleon ST, ein Modell, das es nicht mehr zu kaufen gibt. Klemke entdeckte ein gebrauchtes Exemplar im Internet und schlug zu; der einst rote Rahmen wurde umlackiert, eine neue Gabel, neue Reifen, andere Pedale und Bremsen anmontiert. Klemke entschied sich für robuste Scheibenbremsen mit sechs Kolben: »Die braucht man auch, weil man so eine Masse zu bewegen hat.« Für ihn ist es ein reines Spaßrad zum Downhill-Fahren, gelegentlich fährt er damit auch auf den Teufelsberg. Auf der Straße erntet der Koloss viele Blicke, und Klemke weiß, warum: »Das ist ein Schatz, und der wird mich wohl nie verlassen.«

Der Hüter alter Rahmen

Vor 200 Jahren erfand Karl Freiherr von Drais die Vorform des Fahrrads. Wer etwas über **RADGESCHICHTE** erfahren will, für den ist Ulrich Feicks Privatmuseum in Spandau die erste Adresse

TEXT Erik Wenk | FOTOS Thilo Rückeis

Am 12. Juni 1817 besteigt ein vornehm aussehender Herr vor seinem Haus in Mannheim ein kurioses Gerät aus Holz. Es hat zwei Räder, einen Lenker und eine gepolsterte Sitzfläche. Unter den staunenden Blicken der Passanten beginnt der stadtbekannte Erfinder und Forstmeister sich auf dem Laufrad mit den metallbeschlagenen Holzrädern fortzubewegen. Mit rund 15 Kilometern pro Stunde rumpelt Karl Freiherr von Drais auf seinem Gefährt an diesem Tag zum sieben Kilometer entfernten Schwetzinger Relaishaus und wieder zurück.

Vermutlich war es dem badischen Forstmeister nicht bewusst, doch mit der Draisine, die als günstiger Pferdeersatz gedacht war, schreibt er an diesem Tag Technikgeschichte: Das erste Zweirad der Welt hatte seine »Jungfernfahrt« erfolgreich absolviert.

200 Jahre später: Im großen Jubiläumsjahr des Fahrrads steht Ulrich »Uli« Feick in seinem kleinen Privatmuseum und zeigt seinen Besuchern, was seit Drais' ersten Radelversuchen alles passiert ist: »Hier dokumentiere ich die gesamte Entwicklung des Fahrrads«, sagt der 57-Jährige mit der Zimmermannsweste und dem großen Schnurrbart. Seit 1983 betreibt er in Spandau »Ulis Radladen«. Auf den etwa 65 Quadratmetern des Ausstellungsraums, der sich gleich neben der Werkstatt befindet, sind beinahe alle Evolutionsschritte zu sehen, die das Rad seit Drais' Erfindung durchlaufen hat. Auch ein Nachbau der Original-Draisine hängt hier an der Wand. Feick hat ihn als Dauerleihgabe von einer Neuköllner Holzwerkstatt bekommen: »Es ist leider nur ein Modell, also nicht fahrtüchtig.«

Gleich unter der Draisine steht ein Veloziped von 1869 mit Pedalen am Vorderrad, Feicks ältestes Originalexemplar. Und so läuft man weiter durch die Geschichte des Fahrrads, vorbei an stählernen Hochrädern aus den 1880er Jahren, an einem Holzrad von 1928 und modernen Rennrädern aus den 60er Jahren. Vielen Ausstellungsobjekten sieht man ihr Alter an, der Lack ist abgeblättert, rostige Stellen sind zu sehen. »Ich mag Räder mit Patina«, sagt Feick.

SCHAUT MAN GENAUER HIN, kann man auch die technische Entwicklung der Fahrradbeleuchtung nachvollziehen: An einigen älteren Rädern hängen große Metallgefäße, in denen sich zuerst Kerzen, dann Petroleum- und später Karbidlampen befanden. In einer Glasvitrine lagern alte Bronzeklingeln, metallene Flickzeugboxen, Werbeanzeigen und die ersten Dynamos. Dazwischen liegen alte Postkarten und Fotos, von denen Feick rund 3500 gesammelt hat, darunter Kuriositäten wie Erotik-Postkarten aus der Vorkriegszeit mit nackten Frauen auf Rädern. Kurios ist auch so mancher Drahtesel im Museum, etwa ein dänisches Sesselrad mit extrem langen, nach hinten gebogenen Lenkern aus den 30erJahren, oder ein Trethebelrad von 1950 mit zwei Ketten – jeweils eine pro Pedal. An den Hinterreifen einiger Räder ist ein gestricktes Netz gespannt: »Das war ein Schutz bei Damenrädern, damit der Rock nicht in die Speichen geriet.«

Feicks Sammelleidenschaft begann vor 35 Jahren, als Freunde ihm einen alten Tandem-Rahmen von 1899 verkauften, den sie in ihrem Keller entdeckt hatten. »Ich habe überall Ersatzteile da-

Ulis Radladen, Berlin-Spandau, Jagowstraße 28, historische-fahrraeder-berlin.de

für gesucht, aber nirgends gefunden«, erinnert er sich. Erfolg hatte er erst, als er mit Sammlern in Kontakt kam. Der Virus hatte ihn: Fortan hielt Feick überall Ausschau nach Oldtimern, auf der Straße, in Containern, auf Trödelmärkten. »Irgendwann waren der Keller und der Flur meiner Wohnung voll«, sagt Feick. Heute umfasst seine Sammlung etwa 200 Räder, rund 40 davon stellt er seit 2008 in seinem kleinen Museum aus, das er ehrenamtlich betreibt. Die anderen Modelle stehen noch immer in seiner Wohnung und im Keller.

Ulrich Feick ist Fahrrad-Fan aus Überzeugung: Bis heute besitzt er weder Auto noch Führerschein. Außer bei Glatteis radelt er bei jedem Wetter. »Es ist mein Hauptfortbewegungsmittel, mein Hobby, mein Beruf, mein Sportgerät – mein Ein und Alles«, fasst Feick zusammen. Rund 200 bis 300 Kilometer legt er jedes Jahr auch auf seinen Oldtimer-Rädern zurück. Das Fahrrad, sagt er, sei für ihn eine der besten Erfindungen der Menschheit, auch weil es das energieeffizienteste Fortbewegungsmittel überhaupt ist. Und selbst das Automobil, das ursprünglich auf Fahrradtechnik basierte, sei ohne Drais' Erfindung nicht vorstellbar gewesen.

Seit Feick zwölf Jahre alt ist, bastelt er an Fahrrädern herum. »Mein Vater war Handwerker, von ihm habe ich Werkzeug bekommen«, sagt er. »Den alten Tellernippelspanner von ihm habe ich immer noch.« Feick begann eine Zimmermann-Lehre, das Aufbauen und Reparieren von Rädern blieb zunächst ein Hobby. Doch Ende der siebziger Jahre lernte er Erich Polauke kennen, der das Geschäft »Radsport ➤

Schatzkammer für Velo-Fans: 40 alte Räder stellt Feick in seinem Museum aus (o.), darunter auch ein Nachbau der Original-Draisine von 1817

Formschöne Relikte: Hochräder (o.) und Fahrradteile (u.)

TERMINE

Zum 200-jährigen Fahrradjubiläum findet in Drais' Geburtsstadt Karlsruhe das **Welttreffen historischer Fahrräder** statt (25.–28. Mai), in Crailsheim ein **Drais-Laufradrennen** (17. September). 200jahre-fahrrad.de

Bis zum 25. Juni zeigt das **Technoseum Mannheim** eine große Ausstellung zu Drais' Erfindung und der Entwicklung des Fahrrads. technoseum.de

Polauke« in Charlottenburg betrieb: ein alter Rennfahrer, der im Krieg eine Hand verloren hatte. Trotz dieser Einschränkung baute er Rahmen auf, brauchte aber stets Hilfe durch einen Mitarbeiter. Als dieser eines Tages nicht da war und Feick gerade im Laden stand, fragte Polauke ihn: »Können Sie mir mal kurz helfen?« Er konnte – und blieb. Bald arbeitete er halbtags im Laden und lernte das Rad-Handwerk von der Pike auf: »Es war wie eine Vater-Sohn-Beziehung, ich habe alles von ihm gelernt«, sagt Feick. Vor allem gab Polauke sein umfangreiches Wissen über alte Fahrräder an Feick weiter.

Mit der Zeit verfügte Feick auch privat über ein Arsenal an Werkzeugen, Freunde brachten immer wieder ihre kaputten Räder zu ihm nach Hause. »Da kam mir die Idee: Warum mache ich mein Hobby nicht einfach zum Beruf?« Es passte ohnehin in die Zeit. In den 70er Jahren hatte das Radfahren durch die Ölkrise neuen Aufschwung bekommen, die Grünen waren 1983 in den Bundestag eingezogen, die Umweltbewegung wuchs und überall in der Stadt machten selbstverwaltete Radläden auf. »Da war ich eben mit dabei«, sagt Feick. Und so eröffnete er schließlich 1983 sein Geschäft. Heute ist es der älteste Fahrradladen in Spandau. Drei Generationen von Stammkunden kommen mittlerweile zu ihm.

ALLE BERLINER RADLÄDEN kennen Uli und jeder, der nach einem Experten für historische Fahrräder sucht, wird zu ihm geschickt. »Es kommen oft Leute, die ein altes Fahrrad von Opa geerbt haben und das wieder fit machen wollen«, sagt Feick, der nicht nur über die entsprechende Expertise verfügt, sondern auch über das Spezialwerkzeug, das man für historische Fahrräder benötigt. In 80 Prozent der Fälle könne er helfen, kenne Händler oder Sammler mit speziellen Ersatzteilen. »Sachen wie Vollgummibereifung für ein Hochrad kann ich dir besorgen«, sagt Feick. »Einmal hatte ich einen Kunden, der schon seit Jahren nach einer bestimmten Glockenlager-Welle gesucht hat. Ein Bekannter von mir hatte kurz zuvor seine eigene Radsammlung aufgelöst und da war diese Welle mit dabei.« Seine Kunden kommen mittlerweile aus ganz Europa. Selbst für Filmdrehs verleiht er immer wieder seine Räder. Etwa ein altes Damenrad, ein Original von 1907, das durch eine Szene des Films »Das weiße Band« von Michael Haneke rollte: Der Lehrer borgt es sich aus, um zu seiner Geliebten Eva zu radeln.

In Berlin ist Ulis Museumsladen einzigartig, es gibt nur eine Adresse, wo es noch mehr historische Fahrräder gibt: das Deutsche Technikmuseum am Gleisdreieck. Rund 370 Räder lagern dort, ausgestellt werden jedoch nur ganze acht Exponate. Feick will mit seinen Sammlerkollegen die Erfindung des Fahrrads in diesem Jahr jedenfalls feiern: Vom 5. bis 9. Juli wird der Verein Historische Fahrräder Berlin e.V., dem er angehört, im Spandauer Paul-Schneider-Haus eine Ausstellung zeigen, die sich der Geschichte des Fahrrads widmet: Mindestens 30 historische Gefährte sollen dort zu sehen sein – viele davon aus Feicks Sammlung.

BIKE MARKET TEGEL
CONCEPT STORE
FAHRRÄDER UND MEHR ...
www.bikemarket.de • Holzhauser Str. 142B • 13509 Berlin-Reinickendorf
Probe fahren!
E-Bike-Center
über 100 E-Räder in unserem Laden!
300,00 €*
beim Kauf eines E-Bikes
Bei Kauf eines nicht rabattierten E-Bikes erhalten Sie ein Guthaben
von 300,00 € zur Einlösung in unserem gesamten Sortiment.
Nicht mit anderen Rabatt-Aktionen kombinierbar. Basis ist UVP.
Enjoy the E-Bike feeling!
GIANT BICYCLES
STROMER
cannondale
HAIBIKE
GHOST
SIMPLON
e-bikemanufaktur
Besuchen Sie uns
auf dem Testparkcour!
VELO
BERLIN
1.–2.4.2017
STANDNUMMER:
OUT_17
www.bikemarket.de

TESTEN SIE UNS!
GUTSCHEIN
30,00 €
Verwenden Sie den Gutschein für eine Inspektion
oder für den Kauf eines Neurades
WERKSTATT
auftragung einer großen Inspektion für 59,00 €
oße Inspektion (Schaltung, Bremsen, Licht)
Schraubverbindungen prüfen, Laufräder zentrieren,
trieb und Bremsen auf Verschleiß untersuchen, Test der
euchtung, Radgrundreinigung, Reifendruck normalisieren
NEUKAUF
eines nicht reduzierten Neurades
Bike Market – die Fahrradprofis aus Tegel
Auf 1500 m² Ausstellungsfläche finden Sie eine große
Auswahl an City-, Trekking-, Speed-, Mountain- und E-Bikes.
Schauen Sie vorbei und lassen Sie sich kompetent beraten.
E-Bike-Center mit einer riesigen Auswahl vor Ort.
BIKE MARKET TEGEL
CONCEPT STORE
FAHRRÄDER UND MEHR ...
Holzhauser Str. 142B • 13509 Berlin-Reinickendorf • anfrage@bikemarket.de
Öffnungszeiten: Mo bis Fr von 10.00 bis 19.00 Uhr, Sa von 10.00 bis 17.00 Uhr
Telefon: 030/430 945 0 • Web: www.bike-market.de
E-Bike-Center
Über 50 E-Bikes Probefahren!
9315948457221
Unsere Topmarken: GIANT cannondale vsf fahrradmanufaktur KREIDLER GHOST SIMPLON

BUNTE RADWELT

Ob wendiges Mountainbike, E-Bike mit Bremskraftrückgewinnung oder exklusiver Carbonflitzer – die **FAHRRADSAISON 2017** verspricht viele spannende Modellneuheiten

MOUNTAINBIKE

Alles im Griff

LTD SL 27,5" | CUBE

In diesem Hardtail-Einsteigermodell ist alles aufeinander abgestimmt. Die Antriebs- und Bremsgruppe etwa entstammen komplett der hochwertigen Shimano-XT-Serie. Interne Zugführung und spezielle I-Spec-Schellen, die Bremsgriffe und Schalthebel zu einer Einheit schmieden, sorgen für eine aufgeräumte Optik. Einen besonderen Akzent setzt die dreifach verstellbare Fox-Federgabel, die jeden Lenkimpuls präzise umsetzt. Diese erstklassige Lenkvorrichtung sowie ein kompakter und extrem steifer Rahmen verleihen dem Rad hohe Wendigkeit im Gelände, ohne dass es je wackelig wird. Wer größere Reifen bevorzugt: Das LTD SL ist auch als 29er-Version auf dem Markt.

Aufgeräumtes Cockpit dank Shimanos **I-Spec-Schellen**. So bleibt Platz für eine Go-Pro-Kamera, eine Lenkertasche oder ein GPS-Gerät

Details

RAHMEN Aluminium
REIFEN 27,5 Zoll
GEWICHT 12,5 kg
SCHALTUNG Shimano XT
22-Gang-Kettenschaltung
BREMSEN Shimano XT Scheibenbremsen
PREIS 1499 Euro

Die Dämpfung der **Federgabel** Fox 32 Float Performance lässt sich in drei Stufen einstellen: hart, mittel und weich

FOTOS Promo (5) TEXTE Laura Stresing

TREKKINGRAD

Bodenständig

LIBRE | MTB CYCLETECH

Als erstes springt das ungewöhnliche Rahmendesign ins Auge: Anstelle der klassischen Dreieckskonstellation aus Ober- und Unterrohr beschreiben zwei kantige Alurohre einen tiefen Bogen nach unten. Das schafft Stabilität, bringt eine ausgezeichnete Straßenlage und bietet eine angenehm niedrige Durchstiegshöhe. Beim Antrieb setzt die Libre-Serie auf einen schmutz- und geräuschlosen Riemen. Schalt- und Bremssätze kann sich der Kunde aussuchen. Ein praktischer Gepäckkorb rundet das Gesamtbild ab. Ein wirklich solider Flitzer! Bestellt werden kann das Rad des Schweizer Herstellers im Laden »Rad der Stadt« in Prenzlauer Berg.

Details

RAHMEN Aluminium
REIFEN 27,5 Zoll
GEWICHT 14,8 kg
SCHALTUNG variabel, z. B. Alfine 8- oder 11-Gang-Nabenschaltung
BREMSEN variabel, z. B. Alfine Scheibenbremse
PREIS ab 1200 Euro

STADTRAD

Für Vielfahrer

VITESS N8 BELT | BERGAMONT

Dieses Rad will gefahren werden. Seine ausgewogene Rahmengeometrie und sportliche Gangart lassen die Kilometer nur so dahinfliegen. Der geräuschlose, saubere Riemenantrieb und die 8-Gang-Nabenschaltung mit Freilauf versprechen zudem ein lang anhaltendes und wartungsarmes Fahrvergnügen. Wie es sich für ein ordentliches Tourenrad gehört, ist das Vitess N8 Belt mit Schutzblechen, Gepäckträger und Lichtanlage mit Nabendynamo ausgestattet. Kleine Besonderheit: An einer integrierten Hülse im Vorbau lässt sich die Lenkerposition in drei Stufen anpassen.

Details

RAHMEN Aluminium
REIFEN 28 Zoll
GEWICHT 14,5 kg
SCHALTUNG Shimano Alfine 8-Gang-Nabenschaltung
BREMSEN Shimano BR-M315 Scheibenbremsen
PREIS 999 Euro

Überflieger

X-LITE CRS-3000 | ROSE

Der aktuelle Bestseller der deutschen Exklusivmarke Rose staubt exzellente Bewertungen auf allen Fachportalen ab. Kein Wunder: Gefertigt aus Carbonfaser, die ursprünglich für die Luft- und Raumfahrt entwickelt wurde, wirkt der Flitzer filigran und leichtfüßig. Weniger als sieben Kilo bringt er auf die Waage. Damit wird er selbst bergauf zu einem Meister im Sprint. Besonders überzeugt aber der Preis: Für 2399 Euro bekommt man ein hochwertiges Carbonrad, das sich im Online-Shop auch noch vielfach konfigurieren lässt!

Details

RAHMEN Carbon
REIFEN 28 Zoll
GEWICHT 6,7 kg
SCHALTUNG Shimano Ultegra 6800 GS
22-Gang-Kettenschaltung
BREMSEN Shimano BR-6800 Felgenbremsen
PREIS 2399 Euro

RENNRAD

KINDERRAD

Kinderleicht

BEAT SL | STEVENS

Wenn die Hamburger Radmacher von Stevens ein neues Rad konzipieren, achten sie schon immer aufs Gewicht – und auf das Ergebnis sind sie in diesem Fall besonders stolz: Nicht einmal neun Kilo wiegt das sportliche Kinderrad Beat SL in der 20-Zoll-Version. Ein Unisex-Kompaktrahmen mit niedriger Überstandshöhe, Aluminiumgabel und ein extraleichter Antrieb machen das möglich. Weniger ist hier tatsächlich mehr: Die Bedienung soll dank einer intuitiven 8-Gang-Schaltung und passgenauer Ausstattung ein Kinderspiel sein. Und mit der geländefähigen Bereifung steigt erst recht die Lust, sich auf Pisten-Abenteuern auszutoben. Angeboten wird das Beat SL in den Farben Rot und Schwarz. Ebenfalls im Angebot: eine 24-Zoll-Variante.

Details

RAHMEN Aluminium
REIFEN 20 Zoll
GEWICHT 8,8 kg
SCHALTUNG Shimano Claris
8-Gang-Kettenschaltung
BREMSEN Shimano Deore LX
Felgenbremsen
PREIS 429 Euro

Wegbereiter

ST1X PLATTFORM | STROMER

Die E-Bikes der Firma Stromer sind berühmt für ihre hohe Reichweite, starke Leistung und ein ausgefuchstes Designkonzept. Mit dem neuen ST1 X bringen die Schweizer in diesem Jahr ein besonders einsteigerfreundliches Pedelec auf den Markt. Den Stadtsprinter gibt es in zwei Varianten, einmal als Sport-Modell und einmal in der Comfort-Ausführung, deren abfallendes Oberrohr ein leichteres Aufsteigen ermöglicht. Der eigens für die Serie entwickelte Cyro-Drive-Motor mit 500-Watt-Leistung generiert zusätzliche Energie aus der Bremskraft. Mit dem im Unterrohr eingebauten 618-Wattstunden-Akku bringt es der Stromer auf eine Reichweite von bis zu 120 Kilometern (vorausgesetzt, man bremst genug).

Details

RAHMEN Aluminium
REIFEN 26 Zoll
GEWICHT 27 kg
SCHALTUNG Shimano SLX
11-Gang-Kettenschaltung
BREMSEN Tektro Dorado Schreibenbremsen
PREIS ab 4990

E-BIKE

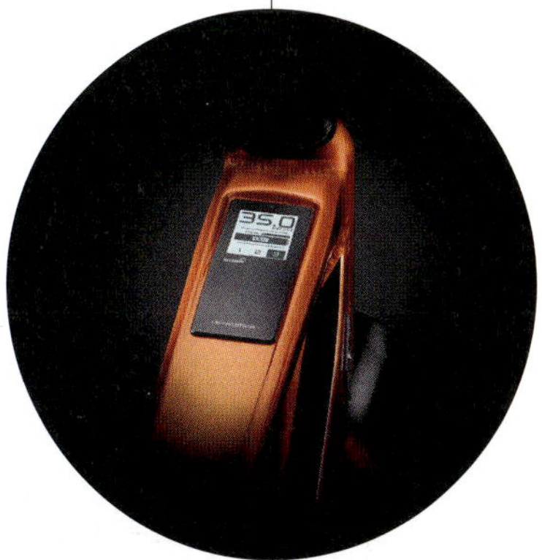

Über den **Touchscreen** im Oberrohr und die Stromer Omni App ist der Besitzer immer mit seinem E-Bike verbunden

FOTOS Promo (4)

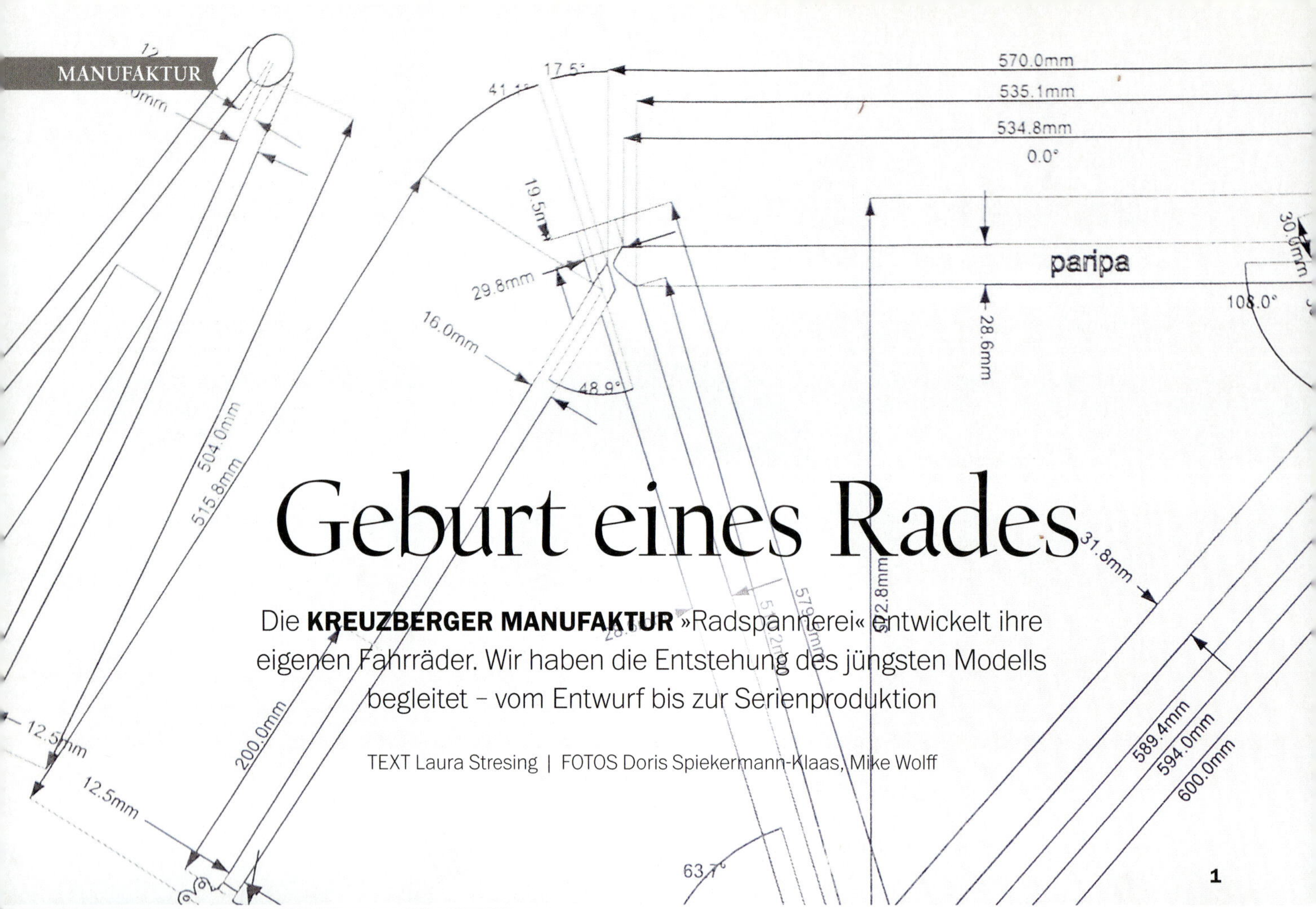

Geburt eines Rades

Die **KREUZBERGER MANUFAKTUR** »Radspannerei« entwickelt ihre eigenen Fahrräder. Wir haben die Entstehung des jüngsten Modells begleitet – vom Entwurf bis zur Serienproduktion

TEXT Laura Stresing | FOTOS Doris Spiekermann-Klaas, Mike Wolff

1

3

Am Anfang existiert das neue Fahrrad nur auf dem Papier (**1**). In einer Lichtenberger Werkstatt schweißen die Kreuzberger Radbauer ihre Rahmen-Prototypen zusammen (**2**). Im Montageständer wird aus einem Prototyp allmählich ein Fahrrad (**3**)

Kreuzberg, ein frostiger Januartag. Jan Ungerer schließt die Tür zum Lagerraum auf, gleich hinter dem Eingang türmen sich Kartons bis zur Decke. Als Ungerer einen von ihnen öffnet, kommen Stahlrahmen zum Vorschein. Rahmen, die er selbst entworfen hat. Sie sind roh und unbehandelt, so, wie sie vor ein paar Tagen die Manufaktur im tschechischen Ústí nad Orlicí verlassen haben. Ungerers Blick schweift über den matten Stahl. Jetzt müssen sie nur noch lackiert und zusammengebaut werden, dann kommt nach eineinhalb Jahren Entwicklungszeit ein neues Fahrradmodell der Radspannerei auf den Markt: ein Rad mit universellem Rahmen, an dem man Trekking- oder auch Rennradnaben anbauen kann. Ungerer und seine Kollegen haben es »JWD« genannt – die Abkürzung für ein hinberlinertes »janz weit draußen«.

Es ist bereits die dritte Rahmenserie, die der 45-Jährige für die Radspannerei entworfen hat, seit der Radladen am Kottbusser Damm 2009 die Hausmarke Paripa ins Leben rief. Das erste Modell war ein erfolgreicher Stadtflitzer in Rennrad-Optik, 2013 erschien ein Nachfolgemodell mit nach unten geschwungenem Oberrohr als Damenversion. Ungerer bezeichnet sich als »konservativer Autodidakt«. Zum Team der Radspannerei stieß er vor 15 Jahren als Quereinsteiger. Er hatte Kunst auf Lehramt studiert.

Die Pläne für das JWD begannen 2015 zu reifen. Ungerer hatte sich in den Kopf gesetzt, einen Alleskönner zu schaffen, ein Rad für lange Ausfahrten und kurze Sprints durch die Stadt, schnittig und trotzdem robust genug, um es mit Gepäck zu beladen und über unbefestigte Straßen zu jagen. Ihm war klar: Er musste auf einfache Teile setzen, Kettenantrieb und Standard-Bremsbacken etwa, damit das JWD nicht zu teuer wird. Pflegeleicht sollte es auch sein. »Dieses Rad soll keinen Ärger machen«, sagt Ungerer. »Alles muss austauschbar sein.«

Tagelang brütet Ungerer im Sommer 2015 über einem Computermodell des JWD, das er mit dem Open-Source-Programm BikeCAD erstellt. Er sucht ideale Maße, passt Rohrlängen und Winkel an, befestigt virtuelle Getränkehalter, setzt fiktive Fahrer auf das 2-D-Gebilde. Er mag klassische Formen und verleiht dem ➤

»Bis hierher war alles Theorie. Jetzt wird es erst richtig spannend«

JAN UNGERER
Rahmen-Designer
Radspannerei

Die im tschechischen Ústí nad Orlicí gefertigten Rahmen werden in Berlin pulverbeschichtet (**1**), zusammengebaut (**2**) und stehen nach eineinhalb Jahren Entwicklungszeit im Laden am Kottbusser Damm zum Verkauf (**3**)

JWD-Rahmen die Diamant-Form aus Haupt- und Nebendreieck mit einem sportlichen, horizontal verlaufenden Oberrohr. »Das macht heute kaum noch jemand so«, sagt Ungerer.

Als Vorbild für das JWD dient Ungerer ein Rahmen des US-Herstellers Surly, den er wegen seiner Fahreigenschaften schätzt. Doch er wollte eine aufrechtere Sitzposition, das ist auf langen Touren bequemer. Also wählte er ein längeres Steuerrohr, und er schuf Platz für dickere Reifen und Schutzbleche.

Im September 2015 beginnt Ungerer, die ersten Prototypen seines Rahmens zu bauen. In einer Rahmenbau-Werkstatt in Lichtenberg, die neben dem Elektroclub Kosmonaut und einem Trabi-Verleih liegt, fräst, lötet und schweißt er gemeinsam mit dem Rahmenbauer Niccolò Bonanno. Sie schneiden Rohre zu, fixieren sie mit Lot und überprüfen jeden Winkel, bevor sie sie fest verschweißen. Es ist eine anspruchsvolle Arbeit, ein unbedachter Schnitt an der Horizontalfräse genügt, um teures Material zu vergeuden. »Es sind lehrreiche Stunden, in denen ich das Material und seine Eigenschaften erst richtig kennenlerne«, sagt er.

Den ersten Rahmenprototyp nahm Ungerer Ende September mit auf eine Reise nach Korsika. 700 Kilometer legte er auf dem noch unlackierten Fahrrad zurück. »Danach war der Rahmen ganz schön rostig«, sagt er. Dafür hat er jetzt Gewissheit: Sein Rahmenkonzept geht auf.

Im Winter bauen Bonanno und Ungerer in Lichtenberg einen zweiten Prototyp auf und präsentieren ihn auf der Fahrradschau im Frühjahr 2016 erstmals der Öffentlichkeit. Fast zeitgleich schickt Ungerer die Baupläne an Michal Sebek, den Chef-Ingenieur des tschechischen Rahmenherstellers Fort. Die Firma soll in Ústí nad Orlicí, 150 Kilometer östlich von Prag, die Serienproduktion des JWD übernehmen.

Über Monate gehen die Entwürfe zwischen Berlin und Ústí nad Orlicí hin und her, es müssen Details abgestimmt und Teile bei Zulieferern bestellt werden. Ungerer muss sich von manchen seiner ästhetischen Wunschvorstellungen verabschieden. Die schlanken Streben etwa, die er für den Hinterbau vorgesehen hatte, sind im Moment nicht lieferbar. Doch an der Geometrie ändert sich nichts.

»Die Kommunikation mit Fort war nicht immer einfach«, erinnert sich Ungerer. In der Entwicklungsphase des ersten Paripa-Modells war es zu Missverständnissen gekommen. Die sprachliche Barriere erschwerte die Kommunikation, einigen von Ungerers Skizzen fehlte es damals an Präzision. Die Folge: Fehlkonstruktionen. Inzwischen funktioniert die Verständigung besser. Sicherheitshalber gibt Ungerer im Februar dennoch erst einmal einen Prototyp bei den Tschechen in Auftrag.

An einem Nachmittag im August 2016 schließlich löst Ungerer den Prototyp aus seiner Verpackung. Die Hitze eines Schweißgeräts hat das Material an den Enden einige Schattierungen dunkler gefärbt. Mit ein paar Handgriffen spannt er ihn in den Montageständer und beginnt mit dem Aufbau. »Bis hierher war alles Theorie. Jetzt wird es erst richtig spannend«, sagt er, während er das Tretlager ausfräst. Ein paar Ungereimtheiten fallen ihm noch auf. So scheint ihm zum

MANUFAKTUREN

IN BERLIN

Ostrad

Die Radschmiede in Prenzlauer Berg hält die Fahne der Radbaukunst schon seit mehr als 20 Jahren hoch. Wer will, kann hier in einem Workshop lernen, selbst einen maßgeschneiderten Stahlrahmen zu bauen. ostrad.de

Santucci Cycles

Das schnörkellos-elegante Design der Stadträder von Daniel Santucci lässt Hipster-Herzen höher schlagen. Daneben hat sich Santucci auf die Restauration klassischer Räder spezialisiert. santucci-cycles.com

Der Beweis: Das JWD eignet sich auch für kurze Wege

Rakete
Die Eigenmarke von »Bötzowrad« startete 2015 zur Fahrradschau. Mit dem Online-Konfigurator kann sich jeder sein Traum-Rad »made in Germany« zusammenstellen und nach Hause liefern lassen – zu erstaunlich günstigen Preisen.
raketerad.de

Fern Fahrräder
Nach mehr als 30 000 Kilometern im Sattel wissen Florian Haeussler und Phillip Zwanzig genau, worauf es beim Reiserad ankommt. Die belastbaren Fern-Fahrräder bieten Rennrad-Qualitäten, meistern aber auch Steigungen und Schotterpisten.
fern-fahrraeder.de

Meerglas
Newcomer Thomas Becker will seinen Kunden das Rad sozusagen auf den Leib schneidern. Der Fokus liegt auf sportlichen Modellen für ordentlich Tempo oder Strecke.
meerglas.org

Big Forest
Robert Piontek teilt sein Wissen in Rahmenbaukursen und baut nebenbei Räder seiner eigenen Marke Big Forest – von klassisch bis groovy.
bigforestframeworks.com

An die 20 000 Euro hat die Entwicklung des »JWD« gekostet

Beispiel der Steg, der den Hinterbau verstärkt, etwas zu tief zu sitzen. Ob auch bei dickeren Reifen noch Platz für das Schutzblech ist? »Dabei kann es wirklich nur um Millimeter gehen«, sagt er. Auch die Halterung für die Ersatzspeichen, die später zugleich als Kettenstrebenschutz dienen sollen, muss er noch einmal überdenken. »So, wie es jetzt ist, wird es klappern, wenn die Kette dagegenschlägt.«

Ein letztes Mal überarbeitet er seine Pläne, stimmt sie mit Fort ab. Dann ist das JWD reif für die Serienproduktion. 75 Rahmen, je 15 Stück in fünf verschiedenen Größen, fordert Ungerer an. Im Dezember 2016 schließlich reist eine Delegation der Radspannerei nach Ústí nad Orlicí, um sich ein Bild von der Produktion zu machen. Sie sehen einen handwerklichen Betrieb, wie er in Europa nur noch selten zu finden ist: 30 Leute arbeiten an Maschinen, von denen viele offensichtlich noch aus den Tagen der Sowjetunion stammen, einige funktionieren sogar ohne Strom. Seit Designerware aus kleinen Manufakturen wieder gefragt ist, sind die Auftragsbücher von Fort voll. Zwischen hydraulischer Rahmenlehre, Fräsmaschine, Feststelltisch und Schweißgerät liegt eine Zeichnung des JWD in Originalgröße. Sie dient den Arbeitern als Vorlage, während sie die Paripa-Rahmen Schritt für Schritt zusammenbauen.

An die 20 000 Euro hat die Entwicklung des JWD bereits gekostet, als die 75 Rahmen an einem frostigen Januartag in Berlin ankommen. Nach eineinhalb Jahren Entwicklungsarbeit bleibt für das Team der Radspannerei noch immer viel zu tun: Es müssen Prospekte gedruckt, Händler angesprochen und Messeauftritte geplant werden. Aber all das nimmt man gerne auf sich, wenn man das Rad neu erfinden darf.

PRODUKTE

Eine Fahrradpumpe, die sich in der Sattelstütze versteckt; ein Radar, das vor hinterrücks heranrasendem Verkehr warnt; eine Fahrradtasche mit dem Foto des Haustiers – wir zeigen **ORIGINELLES ZUBEHÖR** und stylische Helfer

1

STIL

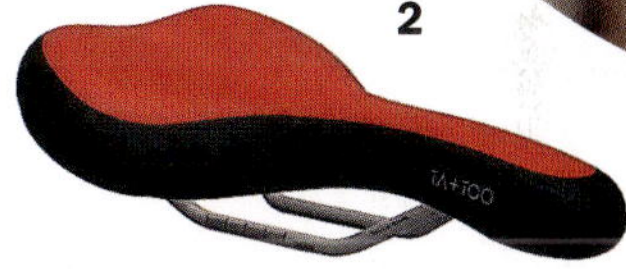

2

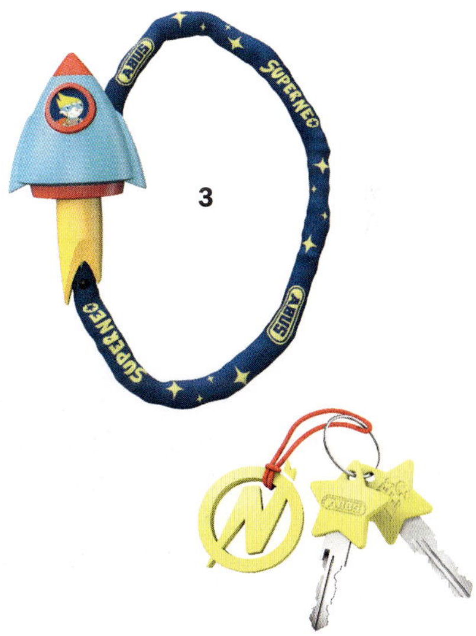

6

3

5

4

1 | Recycling: Die Schlüsselanhänger **LANGFINGER** von Fahrer Berlin werden aus gebrauchten Lkw- und Bootsplanen hergestellt. Das Zweier-Set kostet 12 Euro, fahrer-berlin.de **2** | Öfter mal was Neues: Der Polsteraufsatz des Sattel **TATTOO** lässt sich mit einem Handgriff wechseln – oder zum Schutz vor Diebstahl und schlechtem Wetter einfach mitnehmen, ab 79,90 Euro, selleroyal.com **3** | Super Neo, Capt'n Sharky und Prinzessin Lillifee **ABUS** bietet bunte Schlösser in fünf Varianten für Kinderräder, 22,95 Euro, abus.com **4** | Der Rock zum Rollen: Der Stretchrock **TREMALZO SKIRT II** mit gepolsterter Innenhose von Vaude ist fürs Radfahren gemacht, 90 Euro, vaude.de **5** | Endlich eine Tasche mit einem schönen Bild drauf: Ortlieb bedruckt den Rucksack **VELOCITY CUSTOM** mit dem Wunschmotiv, 129,95 Euro, ortlieb.de **6** | Alle Wetter! Die **LUMINIUM PERFORMANCE** Regenjacken von Vaude sind dank Reflektoren auch nachts gut zu sehen, 130 Euro, vaude.de

FOTOS Promo (8)

1

2

6

STROM

3

5

4

1 | Zwei in einem: Das Rücklicht **TWINFIRE** ist gleichzeitig ein automatisches Bremslicht, 59,95 Euro, litecco.de **2** | Solange niemand herausbekommt, wie man das Smartphone an den Dynamo anschließt: Mit dem **NOMAD 7 PLUS** Solar Panel von Goal Zero kann man's unterwegs laden, 79 Euro, goalzero.com **3** | Schützt das iPhone vor Wind und Wetter: Das **QUAD LOCK** von Grofa wird am Lenker montiert, für andere Smartphones mit Adapter, 69,99 Euro, grofa.com **4** | Damit fällt man auf: Das dosenförmige Rücklicht **VIZY LIGHT** von Tern wirft einen kreisrunden Lichtschein auf den Boden, ca. 40 Euro, premiumbikegear.com **5** | Hat eine Halterung fürs Handgelenk und eine für den Lenker: die **MICRO GPS WATCH** von Lezyne mit Navi, GPS-Daten-Aufzeichnung oder Pulsanzeige, 129,95 Euro (mit Herzfrequenzmessser 169,95 Euro), lezyne.com **6** | Das **VARIA** Fahrrad-Radar von Garmin warnt vor Fahrzeugen, die von hinten heranrauschen. Und: Es lässt das Rücklicht umso heller leuchten, je näher das Auto kommt, ab 199 Euro, garmin.com

6

1

2

HELFER

5

3

4

1 | Fest im Griff: Die **LENKERGRIFFE** aus Birkenrinde von My Boo sehen schick aus, sind rutschfest und wirken antiseptisch, 79,90 Euro, my-boo.de **2** | Die wasserdichte **RACK-BOX** von Ortlieb bringt Lebensmittel gekühlt nach Hause oder zum Picknick ins Grüne (18 Liter Volumen), 99,95 Euro, ortlieb.com **3** | Nicht Manuel Neuer, hält den Ball aber trotzdem: der **BALLHALTER** von Fahrer Berlin, 19,50 Euro, fahrer-berlin.de **4** | Gut versteckt: Die Minipumpe **NINJA P** von Topeak ist so klein, dass sie in die Sattelstütze passt. Sie kommt nur dann zum Vorschein, wenn man sie wirklich benötigt, 24,95 Euro, de.topeak.com **5** | So sind Sättel und Laufräder vor Diebstahl sicher: Die **NUTFIX-SICHERUNGSKAPPEN** von Abus werden auf die Schrauben gesteckt, Öffnen kann man sie dann nur noch, wenn das Rad liegt, ab 24,95 Euro, abus.com **6** | Gar nicht so schwer: Vorderrad an den Haken, Knopf drücken – und die Gasdruck-Feder des **BICYCLEJACK** hebt selbst massige E-Bikes bis 31 kg in die Höhe, 139 Euro, bicyclejack.de

FOTOS Promo (13)

Spurwechsel

Wenn **BAHNTRASSEN** stillgelegt werden, ist das häufig ein Verlust für die Region, aber ein Gewinn für Radfahrer. Unser Autor Jörn Hasselmann hat Bahntrassenwege in Brandenburg getestet. Die besten sechs stellen wir Ihnen hier vor

GPX DOWNLOAD
tagesspiegel.de/radtouren

In vielen Bundesländern ist »Bahntrassenradeln« bereits ein Tourismushit. Die stillgelegten Eisenbahntrassen bieten perfekte Voraussetzungen für Fernradwege: Fast immer führen sie abseits des Straßenverkehrs gradlinig und ohne große Steigungen von A nach B. Auch in Brandenburg gibt es zahlreiche Trassen, auf denen heute Radwege verlaufen und die sich bestens für ausgedehnte Radtouren eignen.

Achim Bartoschek dokumentiert auf bahntrassenradeln.de seit mehr als 15 Jahren Bahntrassenradwege in ganz Deutschland. Für Brandenburg hat der gebürtige Rheinländer 45 zusammengetragen. Doch das Land nutzt deren Potenzial längst nicht aus. Keiner der Brandenburger Wege bekommt von Bartoschek die Bestnote »4 Räder«. Und das offizielle Portal radeln-in-brandenburg.de verschweigt viele einfach. Wir stellen Ihnen deshalb an dieser Stelle die besten Brandenburger Strecken vor. Die gpx-Daten zu den Touren können sie auf der Tagesspiegel-Website herunterladen (dazu den QR-Code scannen).

1 Stechlinseebahn

Gransee – Neuglobsow

Der neueste Bahntrassenradweg in Brandenburg ist einer der besten. 2016 wurde die 1995 stillgelegte Strecke der Stechlinseebahn von Gransee nach Schulzendorf quer durch die Felder angenehm breit asphaltiert, die Gemeinden hatten sie bereits vor Jahren vorausschauend der Bahn abgekauft. Auch der nördliche Abschnitt von Menz nach Neuglobsow, der durch den Naturpark Stechlin-Ruppiner Land führt, wurde 2015 umfassend saniert, verläuft allerdings parallel zu einer Landstraße. Nur im Mittelteil kann man nicht direkt auf der Bahntrasse radeln, hier müssen Nebenstraßen genutzt werden.

Oberhavel

Länge: 22,8 km
Nächster Bahnhof: Gransee
(50 Min. ab Berlin)

2 Auf der Pauline

Nauen – Dammkrug

In Nauen begann einst die Schmalspurbahn nach Rathenow, die »Krumme Pauline«. Bis Ribbeck wurde auf der Strecke vor Längerem ein Radweg angelegt, der inzwischen allerdings teilweise durch Baumwurzeln geschädigt ist. Nach einem kurzen Abstecher zum Schloss und Birnbaum von Ribbeck (Theodor Fontane!) geht es über Nebenstraßen bis Paulinenaue. Zwei Kilometer hinter dem Bahnhof Paulinenaue ist eine zweite Bahntrasse erreicht, die »Stille Pauline«: einer der besten Radwege in Brandenburg, 2011 auf Initiative der Fehrbelliner Bürgermeisterin perfekt asphaltiert. Schnurgerade geht es 17 Kilometer durch Felder über Fehrbellin bis Dammkrug. Hier ist jedoch Schluss, durch den Bau der A 24 ist die Fortsetzung der Strecke Richtung Neuruppin unmöglich geworden.

Havelland/Ostprignitz-Ruppin

Länge: 35,8 km
Nächster Bahnhof: Nauen
(30 Min. ab Berlin)

FOTOS Jörn Hasselmann (4)

»Krumme Pauline« Richtung Ribbeck (l.), altes Gleis der »Stillen Pauline« in Betzin-Karwesee (m.), Grenzstein und Bahnwaggons am Oderbruchbahn-Radweg (r.), alter Bahnhof hinter Wriezen (u.)

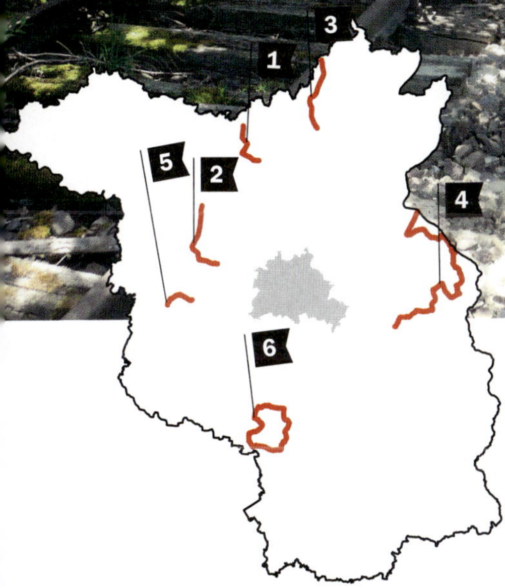

5

Westhavelländische Kreisbahn

Brielow – Roskow

Ausgeschildert ist die Strecke als »Storchenradweg«, weil angeblich in jedem Dorf ein Storchenpaar wohnt. Start ist in Brielow, einem Vorort von Brandenburg an der Havel. Die Tour beginnt am Freiheitsweg hinter den vergessenen Güterwagen. Nur zwischen Butzow und Radewege fahren wir auf der Straße, sonst auf der gut asphaltierten ehemaligen Bahntrasse. Hinter Ketzür beginnt ein Naturschutzgebiet (Vogelbeobachtung!). Auf einer alten Bahnbrücke wird das Flüsschen Sträng idyllisch überquert. Durch die Felder geht es westwärts zum Ziel der Tour: das historische Bahnhofsgebäude von Roskow.

Potsdam-Mittelmark

Länge: 14,8 km

Nächster Bahnhof: Brandenburg an der Havel (45 Min. ab Berlin)

3

Spur der Steine

Templin – Fürstenwerder

Der Brandenburger Radweg mit dem längsten durchgehenden Streckenabschnitt auf einer Trasse ist ausgeschildert als »Spur der Steine«. Leider sind die insgesamt 33 Kilometer immer noch nicht komplett asphaltiert. Die offizielle Steine-Strecke (benannt nach den zahlreichen Eiszeitfindlingen in der Gegend) führt über einen kilometerlangen Umweg über Boitzenburg mit dem bekannten Schloss, das heute ein Hotel für Kinder und Jugendliche ist. In Hardenbeck erinnern am Rastplatz einige Eisenbahnsignale an die alte Zeit. Auch diverse Bahnhofsgebäude sind erhalten.

Uckermark

Länge: 32,8 km

Nächster Bahnhof: Templin (1,5 Std. ab Berlin)

4

Oderbruchbahn

Fürstenwalde/Spree – Wriezen

Der einzige Bahntrassenradweg Brandenburgs, der tatsächlich als solcher beworben wird. Mit insgesamt 130 Kilometer (inklusive Abzweigen) ist er mit Abstand der längste Bahnradweg, doch nur kümmerliche 18 Kilometer liegen tatsächlich auf der Trasse. Start ist in Fürstenwalde (oder Müncheberg), in Kurven geht es über Seelow ins Oderbruch. Wegen der guten Wegweisung ist die Route vom ADFC mit vier Sternen ausgezeichnet. Pflicht für Bahnfans ist ein Abstecher zum Eisenbahnmuseum Letschin. In Wriezen schließt sich der schnurgerade und renntaugliche Radweg der alten Bahnstrecke über die Oder an (12 km). Über die Eröffnung der Bahnbrücke nach Polen für Radler diskutieren beide Länder seit Jahren ergebnislos. Sie ist bis heute gesperrt.

Oder-Spree/Märkisch-Oderland

Länge: 121 km

Nächster Bahnhof: Fürstenwalde/Spree (50 Min. ab Berlin)

6

Fläming-Skate

Rundtour ab Jüterbog oder Luckenwalde

Weitgehend unbekannt ist, dass auch das als Fläming-Skate bekannte Radwegenetz zum Teil auf alten Bahntrassen verläuft – was allerdings kaum noch zu erkennen ist. Experte Achim Bartoschek schätzt, dass 13 Kilometer des Rundkurs 1 (RK 1) zwischen Jänickendorf und Hohenseefeld und drei Kilometer des RK 4 direkt auf dem alten Bahndamm liegen. Zwischen Jänickendorf und Werder läuft der Fläming-Skate parallel zu noch existierenden Gleisen. Eisenbahnfreunde finden in manchem Ort noch eine »Bahnhofsstraße«, in Petkus heißt ein Weg »An der Kleinbahn«, in Stülpe steht eine Erinnerungstafel an die Jüterbog-Luckenwalder Kreiskleinbahn.

Teltow-Fläming, Länge: 76,9 km,

Nächste Bahnhöfe: Luckenwalde (45 Min. ab Berlin), Jüterbog (50 Min.)

Gleisdreieckpark: Locker geht der Sohn unserer Autorin in die Kurve

Eine Frage der Balance

Das Kind hat vom Laufrad genug und will so schnell wie möglich ein **RICHTIGES FAHRRAD**. Die Verkehrswacht bremst. Unsere Autorin vermittelt zwischen den Interessen beider Seiten

TEXT Daniela Martens

Das ist noch zu früh«, sagte der Mitarbeiter der Berliner Fahrradschau. Mein Sohn war ganz anderer Meinung. Immerhin war er jetzt zweieinhalb Jahre alt und ein ausgemachter Laufrad-Profi. Nun stand er bei der Fahrradschau vor dem Laufrad-Parcours und interessierte sich doch nur für die Fahrräder mit Pedalen. So eins wollte er auch gern mal ausprobieren. Doch der Mitarbeiter schüttelte den Kopf. Wenn man zu früh anfange, verlören die Kinder den Spaß am Radfahren, bevor sie richtig damit angefangen hätten. Mir war klar: Jetzt hatte sie begonnen, die Übergangsphase vom Laufrad zum Fahrrad. Sollte ich meinen Sohn also noch hinhalten?

Ich suchte Rat im Netz: »Radfahren lernen Kinder nicht über Nacht. Es ist ein langjähriger Lernprozess, in dessen Verlauf Jungen und Mädchen nach und nach die fürs Radeln notwendigen Kompetenzen erwerben«, heißt es auf der Internetseite der Verkehrswacht. Laufradfahren bereite Kinder »optimal aufs Radfahren vor, weil sie früh ihre Motorik und ihren Gleichgewichtssinn trainieren«.

In den folgenden Monaten fuhr mein Sohn den Heimweg von der Kita immer häufiger mit seinem Laufrad, immerhin knapp drei Kilometer durch Schöneberg und Kreuzberg. Ich fuhr illegal auf meinem Fahrrad daneben auf dem Gehweg, denn erst seit einer Gesetzesänderung im vergangenen Dezember dürfen Eltern ihre Kinder auf dem Bürgersteig begleiten. Es war oft ein Kampf, ein nach dem langen Kitatag müdes Kind im Trotzalter dazu zu bringen, an Ausfahrten und an grünen Ampeln nicht vorauszusausen – schließlich muss man immer mit Rechtsabbiegern rechnen, die ihren Blick nicht bis auf Kleinkindhöhe senken. Trotzanfälle fanden bei uns vor allem im Verkehr statt. »Ich will vorfahren. Ich will nicht links und rechts gucken. Ich will auf dem Radweg fahren.« Erst seit der Gesetzesänderung im Dezember dürfen Kinder unter acht Jahren überhaupt auf den Radweg – und mit Laufrad natürlich immer noch nicht, denn das gilt als »Spielgerät«.

UNTERDESSEN TRAT die Verkehrswacht weiter auf die Bremse. Auf der Internetseite stand: »Eltern sollten sich mit dem Radkauf Zeit lassen. Solange Kinder gerne Laufrad oder Roller fahren, sollte man den Wunsch nach dem ersten eigenen Rad nicht noch bestärken.« Mein Sohn wurde aber immer unzufriedener mit seinem Laufrad. Es wurde auch langsam zu klein. Und dann bekam der Nachbarsjunge, der ein Dreivierteljahr älter ist, ein Piraten-Fahrrad – mit Stützrädern. Wenn wir ihn nachmittags im Park trafen, bettelte mein Sohn so lange, bis sein Freund ihn fahren ließ, und war todunglücklich, wenn er wieder absteigen sollte. Er wollte unbedingt auch ein Fahrrad mit Stützrädern.

49 %

der **DREI- BIS SECHSJÄHRIGEN** fahren mehrmals pro Woche mit dem Rad

Wieder war die Verkehrswacht anderer Meinung als mein Sohn. »Auf keinen Fall sollten Kinder auf einem Rad mit Stützrädern üben, weil sie so nicht lernen, ihr Gleichgewicht zu koordinieren. Gerade diese Fähigkeit aber ist eine Voraussetzung, um Rad fahren zu können«, so ihre Ermahnung. Und der ADFC haut in dieselbe Kerbe: »Mit Stützrädern gewöhnt es sich eine falsche Kurvenlage an und muss ohne Stützräder das Fahren neu lernen.« Also keine Stützräder.

Aber was für ein Fahrrad sollten wir einem knapp Dreijährigen besorgen? Ein neues, in der kleinsten Größe, das wahrscheinlich bald zu klein sein würde? Die Standardmodelle, die die meisten Kinder fahren, kosten neu etwa 170 Euro aufwärts. Für gebrauchte 12-Zoll-Räder wollen die Vorbesitzer meist immer noch über hundert Euro. Und überhaupt, war es nicht doch noch zu früh? »Starten Sie den Radwechsel, wenn Ihr Kind etwa vier oder fünf Jahre alt und dem Laufrad entwachsen ist«, empfiehlt der ADFC. Also doch lieber ein größeres Laufrad? »Für etwas ältere Kinder bieten sich Laufräder mit Bremsen an«, meint die Verkehrswacht. »Ich will aber ein Fahrrad mit Pedalen«, sagte mein Sohn.

WÄHREND WIR NOCH HIN UND HER überlegten, schuf der Opa Tatsachen. Zum dritten Geburtstag bekam mein Sohn von ihm ein Fahrrad geschenkt. Aus dem Baumarkt. Kawasaki stand drauf, und es sah auch sonst wie ein Motorrad aus. Es hatte Stützräder und war viel zu groß, eher geeignet für einen Fünfjährigen. Mein Partner sah es sich an und erklärte es für ungeeignet. Es war schlecht verarbeitet. Unser Sohn hockte darauf wie auf einem Renn- oder Motorrad.

Das Fahrrad widersprach allen Empfehlungen des ADFC. Der Lenker »sollte höchstens zehn Zentimeter breiter sein als die Schultern des Kindes«. Der hier war viel breiter. Und: »Ein Fahrrad sollte kein Überraschungsgeschenk sein. Ihr Kind sollte beim Kauf dabei sein und beim Fachhändler Probe sitzen und fahren.« Vor allem aber: »Kaufen Sie kein Rad, in das Ihr ➤

FOTOS Kitty Kleist-Heinrich, Daniela Martens

24
VERKEHRSÜBUNGSPLÄTZE gibt es in Berlin

Kind erst hineinwachsen muss. Das Kinderrad hingegen sollte sich durchaus anpassen können – etwa durch eine verschiebbare Sattelstütze.«

Schnell musste ein anderes Fahrrad her. Ich fand im Internet ein gebrauchtes für nur 15 Euro: in Lila, 12-Zoll-Räder, so stand es in der Kleinanzeige. Wir fuhren quer durch die Stadt. Die Verkäuferin hatte sich vertan, es war größer als angegeben. Aber immer noch kleiner und passender als das vom Opa. Wir nahmen es mit. Mein Sohn war überglücklich. Obwohl es keine Stützräder hatte.

Wir schlossen es dauerhaft im Gleisdreieckpark an, ganz in der Nähe unserer Wohnung. Einem 15-Euro-Rad würde schon nichts passieren. So konnten wir jeden Tag auf dem Rückweg von der Kita das Lauf- gegen das Fahrrad tauschen, zum Üben. Außerhalb des Parks wollte ich ihn lieber noch nicht damit fahren lassen. Das war auch ganz im Sinne der Verkehrswacht. Sie empfiehlt: »Kinder sollten zunächst nur unter Aufsicht und in geschützter Umgebung fahren, da sie schon beachtliche Geschwindigkeiten erreichen. Gerade auf abschüssigem Gelände können sie schnell die Kontrolle über ihre Fahrzeuge verlieren.«

Der Westpark des Gleisdreieckparks eignet sich sehr gut zum Üben. Dort bei den Trampolinen schlingern meist viele Kinder gleichzeitig, sodass man sich bei anderen etwas abgucken kann und lernt, wie man einander ausweicht. Mein Sohn hatte viel Spaß. Für sachgemäßes Auf- und Absteigen war das Rad allerdings zu groß. Er sprang einfach ab und ließ das Fahrrad fallen. Trotzdem konnten wir schon bald zur ersten Fahrradtour aufbrechen, einmal längs durch den Gleisdreieckpark. Mein Sohn war stolz – und auf dem Rückweg so müde, dass er frontal gegen einen Zaun fuhr. »Der Spaß am Bewegen verfliegt schnell, wenn das gewünschte Fahrrad zu klein oder zu groß ist: Das Kind kann nicht effizient treten, sitzt unbequem und unsicher im Sattel«, warnt der ADFC.

Wir machten uns wieder auf die Suche. Bei einem großen Fahrradhändler kann man auf einer Asphaltrunde Räder ausprobieren. Immer wieder verbrachten wir dort unsere Samstage, während mein Sohn verschiedene Modelle Probe fuhr. Sowohl die Markenräder als auch die günstigeren No-Names, die es dort gab, kamen uns viel zu schwer vor. Andere Eltern sahen das anders: »Ich finde es gut, wenn das Rad schwer ist, dann ist es stabil und hat einen guten Schwerpunkt«, sagte eine Mutter, während sie ihrer Tochter dabei zusah, wie sie mithilfe von Stützrädern wackelige Runden zog. Zum vierten Geburtstag sollte die Kleine ein lila Fahrrad bekommen. Wir hingegen konnten uns mit keinem der Modelle so recht anfreunden. Die Suche ging also weiter.

Mein Partner erinnerte sich an die kleinen Flitzer einer österreichischen Marke, die er auf der Fahrradschau gesehen hatte. Diese waren deutlich leichter, mit knapp 300 Euro aber auch wirklich teuer. Gebraucht findet man so eins nicht leicht.

KURZ DARAUF zogen Papa, Sohn und Opa zum gemeinsamen Fahrradkauf los. »Ich hab doch schon ein Fahrrad«, sagte mein Sohn verständnislos. Die drei fanden einen der wenigen Händler, die den Hersteller im Programm hatten, und kamen mit einem grün-weißen Rad wieder, das mir sehr klein vorkam. »Der Händler hat gesagt, unser Sohn könne mindestens eineinhalb Jahre darauf fahren und dann habe es immer noch einen Wiederverkaufswert von 80 Prozent«, berichtete mein Partner.

Ohne Unterstützung vom Opa hätten wir uns so ein teures Stück wohl nicht geleistet. Immer-

TIPP

In Berlin werden die **Jugendverkehrsschulen** von den Bezirksämtern betrieben. Kinder von 5 bis 14 Jahren können dort unter Anleitung Verkehrssituationen üben. Eine Auflistung aller Verkehrsübungsplätze finden Sie unter dem Suchstichwort »Jugendverkehrsschulen« auf der Internetseite berlin.de.

FOTO Kitty Kleist-Heinrich

> »Ein Fahrrad sollte kein Überraschungsgeschenk sein. Ihr Kind sollte beim Kauf dabei sein«
>
> **EMPFEHLUNG DES ADFC**

hin hatten wir den Segen des ADFC. Der mahnt zu guten Komponenten und hoher Verarbeitungsqualität: »Es lohnt sich, hier etwas tiefer in die Tasche zu greifen: Denn Kinder, die schon von Anfang an positive Erfahrungen mit einem nicht nur coolen, sondern auch zuverlässigen Fahrrad machen, werden es auch später gerne als gesundes und umweltfreundliches Verkehrsmittel nutzen.«

Es hat sich gelohnt. Das Fahren auf dem zu großen lila 15-Euro-Rad erwies sich als gutes Training für das richtige Rad: Auf dem teuren Österreicher fuhr mein Sohn auf Anhieb so sicher wie vorher auf dem Laufrad. Die Füße reichten bis auf den Boden. Die Bremsen waren genau richtig für seine kleinen Hände. »Kinder lernen recht schnell, mit Felgenbremsen umzugehen«, heißt es beim ADFC. Jetzt musste man meinen Sohn nur noch davon überzeugen, sie auch wirklich zu benutzen. Er bremste lieber mit den Füßen.

Konnte er jetzt also schon mit dem neuen Fahrrad den Weg zur Kita bewältigen? Mit dreieinhalb? Mein Sohn schaffte es, mit mehreren Pausen. Als wir im Park an der gewohnten Übungsstelle ankamen, war das lila Übungsfahrrad weg. Gestohlen. Die Trauer hielt sich in Grenzen, es gab ja das neue, das wir bestimmt nicht im Park lassen würden.

Kurz darauf gab es in der Kita ein Projekt zur Verkehrserziehung, sogar ein Fahrradausflug war dabei eingeplant. Allerdings sollten nur die Vier- bis Sechsjährigen teilnehmen. Mein Sohn durfte nicht mit und war sehr enttäuscht.

Also suchte ich nach einem Nachmittagskurs auf einem Verkehrsübungsplatz. Ich wurde am Schöneberger Sachsendamm zwar fündig, sah dann aber, dass die Kurse dort auch erst ab vier sind. Dann warten wir eben noch etwas. Bis er an den Kursen teilnehmen darf, kann mein Sohn noch etwas Fahrerfahrung sammeln.

TIPP

Für die Älteren:
Die App »Radfahrprüfung« bereitet Kinder und Jugendliche auf die theoretische Prüfung vor. Einfache Handhabung, gute Anleitungen und ein Test zum Abfragen des erlernten Wissens.
Preis: 2,99 Euro
Ganz ähnlich funktioniert die App »Radfahren« der Verkehrskehrswacht.
Preis: 2,95 Euro

TERMINE

Von der Lifestyle-Messe bis zum Sechstagerennen: Die wichtigsten Berliner **FAHRRADEVENTS** – und bundesweite Highlights

27.2.–5.3.

BERLIN BICYCLE WEEK

Da die Veranstalter es selbst nicht so richtig erklären, machen wir das jetzt mal: Die Berlin Bicycle Week ist ein einwöchiges Festival mit teils schrägen Radrennen, Rekordversuchen und Fahrrad-Akrobatik. Und dann gibt es noch die Berliner Fahrradschau (3.–5.3.): Das ist eine Messe für lifestylige Bike-Trends – ebenfalls mit Rennen. Die Messe ist Teil der Bicycle Week. So oder so: Es gibt viel zu gucken.

berlinbicycleweek.com
berlinerfahrradschau.com

BIS 25.6.

2 RÄDER – 200 JAHRE

Fast 14 Kilometer lang war die allererste Radtour der Welt. Am 12. Juni 1817 fuhr Karl Freiherr von Drais mit seiner Erfindung, der Laufmaschine, von Mannheim aus in Richtung Schwetzingen und wieder zurück. Zum 200-jährigen Jubiläum der Jungfernfahrt zeigt das Technoseum Mannheim in dieser Ausstellung historische Räder von der Draisine bis zum Massenprodukt.

technoseum.de

März

AB 5.3.

FIETSENBÖRSE

Dieser Markt für gebrauchte Räder macht es Verkäufern einfach: Sie geben ihr Fahrrad ab, die Fietsenbörse verkauft es, nachmittags gibt es das Geld – abzüglich einer Provision. Von März bis November einmal im Monat am Winterfeldtplatz.

fietsenboerse.de

AB 25.3.

FAHRRADMARKT KREUZBERG

Der größte Markt für gebrauchte Fahrräder in Berlin geht ins dritte Jahr: Er öffnet von Ende März bis Ende Oktober jeweils am letzten Samstag in der Waldemarstraße 57 in Kreuzberg. Zweiter Standort in Moabit (siehe Mai).

berlinerfahrradmarkt.de

April

1.–2.4.

VELOBerlin

Weniger szeneorientiert als Berlin Bicycle Week und Fahrradschau, richtet sich die VELOBerlin an ein breiteres Radpublikum. Mehr als 250 Aussteller präsentieren sich auf der siebten Ausgabe der Messe in den Hallen unterm Funkturm. In diesem Jahr bietet die VELOBerlin neue Schwerpunkte: Verschiedene Teststrecken laden dazu ein, E-Bikes, Rennräder, Mountainbikes oder historische Fahrräder auszuprobieren. In der E-Bike-Abteilung stellen mittlerweile 60 Hersteller ihre neuesten Räder aus – der Trend geht zu modernem Design und verjüngtem Image. Die Sonderschau VELOWomen räumt mit dem langjährigen Klischee auf, dass Frauen auf pink lackierte Räder mit kleinem Rahmen abfahren. Eine eigene Sektion haben Cargobikes. Da diese gerade in den Städten immer mehr als Familienkutsche genutzt werden, ist hier auch der Schwerpunkt Familie angesiedelt. Zum 200-jährigen Jubiläum der ersten Fahrradfahrt zeigt die Messe eine Reihe von Ausstellungen und Filmen – und der »Velo Classico Ride« lädt zur Ausfahrt mit historischen Rädern. **veloberlin.com**

FOTOS Technoseum (4), Velokonzept, Berliner Fahrradschau, ADFC Deckbar, dpa/Gregor Fischer

29.–30.4.

SPEZIALRADMESSE

Wer sich mit Sonderformen des Fahrradbaus beschäftigt, kommt an Germersheim nicht vorbei: Zum 22. Mal zeigt dort die weltgrößte Spezialradmesse Liegeräder, Falträder, Dreiräder, Vierräder, Tandems, Velomobile, E-Bikes, Reha-Mobile, Lasten- und Transporträder, Klassiker, Anhänger, Ruderräder, Familienräder, Stufentandems, Tretroller, Sesselräder und Einräder.

spezialradmesse.de

Mai

AB 7.5.

FAHRRADMARKT MOABIT

Saisonbeginn am Moabiter Standort des Berliner Fahrradmarkts. Bis Oktober jeden ersten Sonntag, Siemensstraße 27.

berlinerfahrradmarkt.de

25.-28.5.

WELTTREFFEN HISTORISCHER FAHRRÄDER

Zum 200-Jährigen steht Drais' Geburtsstadt Karlsruhe im Zeichen historischer Räder.

heimattage-karlsruhe.de

11.6.

Sternfahrt Berlin

Der Berliner an sich ist ja gerne bei Superlativen dabei. Hier ist einer: Um für bessere Verkehrspolitik zu demonstrieren, legen Fahrradfahrer einmal im Jahr die Straßen der Stadt lahm – in der Vergangenheit mit bis zu 250 000 Teilnehmern. Das ist die weltweit größte regelmäßige Fahrrad-Demo! Motto: »Fahrradland Deutschland. Jetzt!« **adfc.de**

18.6.

VELOTHON BERLIN

Einmal auf abgesperrten Straßen mit dem Rad durch die Stadt rasen, an allen Sehenswürdigkeiten vorbei – den Spaß gönnen sich beim Velothon Berlin 10 000 Fahrer. Das Breitensportrennen bietet ein ganzes Bündel an Strecken: 60, 120 und 180 Kilometer, jeweils mit eigenem Frauenstartblock für Einsteigerinnen. Beim Kids-Velothon fahren Sechs- bis 12-Jährige ihr eigenes Rennen.

velothon-berlin.de

Juli

5.–9.7.

FESTWOCHE HISTORISCHE FAHRRÄDER

Der Berliner Verein Historische Fahrräder wird in diesem Jahr 25 – und zeigt im Paul-Schneider-Haus in Spandau historische Räder: Laufmaschinen, Velocipeds, Hochräder und erste luftbereifte Niederräder.

historische-fahrraeder-berlin.de

Sep

2.9.

EURO-BIKE

Am 30. August öffnet die Fahrradmesse in Friedrichshafen für Fachbesucher. Zum Festival Day am 2. September dürfen dann alle Hobbyradler und Bike-Enthusiasten ran: Es gibt Bike-Trends, Räder zum Testen und Trick-Shows zu bestaunen.

eurobike-festivalday.de

Jan

25.–30.1.2018

SECHSTAGERENNEN

Hier geht es schneller zu als bei der Tour de France: Beim 107. Berliner Sechstagerennen liefern sich Radsportler auf den Bahnen des Velodroms in Prenzlauer Berg packende Duelle.

sechstagerennen-berlin.de

FOTO Photocase

Auf und davon

Die Zahl der **FAHRRADDIEBSTÄHLE** hat ein Zehn-Jahres-Hoch erreicht, die Aufklärungsquote dümpelt bei vier Prozent. Da hilft nur Prävention

TEXT Susanne Grautmann

Sonntagfrüh, Yasmine Cordes war spät dran. Aber wo war ihr Rad? An dem Laternenmast vor ihrem Haus in Prenzlauer Berg stand es jedenfalls nicht mehr. Nur das aufgeknackte Schloss lag noch auf dem Gehweg.

So ähnlich wie Yasmine Cordes ergeht es in Berlin statistisch gesehen knapp 90 Radfahrern am Tag. Die Polizeiliche Kriminalstatistik weist für 2015 mehr als 32 000 Fahrraddiebstähle auf – die höchste Fallzahl der letzten zehn Jahre. Die Dunkelziffer dürfte sogar noch deutlich höher liegen, weil viele gestohlene Fahrräder gar nicht erst gemeldet werden.

Die Diebstähle haben nicht zuletzt deshalb zugenommen, weil sich immer mehr Berliner auf dem Fahrrad durch die Stadt bewegen. Die Pkw-Dichte ist hier so gering wie in keiner anderen deutschen Stadt, Fahrräder sind zu Lifestyle-

Accessoires geworden. Im Schnitt gaben Radfahrer 2015 laut Fahrrad-Monitor Deutschland 685 Euro für ein neues Rad aus – und gerade die edleren Modelle sind eine beliebte Jagdbeute für Fahrraddiebe.

DOCH WER STECKT HINTER all den Diebstählen? Professionelle Banden oder Kleinkriminelle? Die Berliner Polizei kann zu den Hintergründen der meisten Taten keine Aussage treffen. Denn so oft Fahrräder in Berlin geklaut werden, so selten werden die Täter gefasst. Die Aufklärungsquote liegt in Berlin bei knapp vier Prozent.

Damit will sich der ADFC Berlin nicht zufriedengeben. »Leider wird Fahrraddiebstahl in weiten Teilen der Polizei und Justiz als Bagatelldelikt gehandelt und nicht ernsthaft verfolgt, obwohl offensichtlich ist, dass teilweise hochprofessionelle Banden am Werk sind, die einen erheblichen Schaden verursachen«, sagt Sprecher Nikolas Linck. Er fordert, dass der Ermittlungsdruck in Berlin erhöht wird, und verweist auf Städte wie München, wo die Aufklärungsquote für Fahrraddiebstähle bei über zehn Prozent liege.

Der Großteil der 32000 jährlich gemeldeten Fahrraddiebstähle geht laut Berliner Polizei auf das Konto von »kiezorientierten Gelegenheitstätern«, wie sie in der Beamtensprache heißen. Also von solchen Kriminellen, die zum Beispiel wegen Drogen- oder Spielsucht immer wieder kurzfristig Geld brauchen. Das Vorgehen dieser Diebe ist meist nicht besonders professionell. Weil sie die Räder schnellstmöglich weiterverkaufen wollen, wählen sie dafür oft den kürzesten Weg.

Auch Yasmine Cordes hatte das Gefühl, dass ihr Rad noch im Kiez sein könnte, und machte sich sofort auf die Suche. Als Erstes nahm sie sich den Mauerpark vor – und wurde gleich fündig. Ihr Rad lehnte nur wenige hundert Meter von ihrer Wohnung entfernt an einem Geländer und war bereits mit einem neuen Schloss gesichert. Fest angeschlossen war es allerdings nicht. Cordes sah sich um: vom neuen »Besitzer« keine Spur. Also klemmte sie sich ihr Fahrrad unter den Arm und schleppte es nach Hause zurück.

Wer weniger Glück hat, sollte den Fahrradklau unbedingt anzeigen. »Nur so haben wir die Chance, Fahrräder, die wir sicherstellen, an die Besitzer zurückzugeben«, sagt Oliver von Dobrowolski, »Präventioner« bei der Berliner Polizei. Doch viele Betroffene tun das nicht. In Berlin könne man ein gestohlenes Fahrrad rund um die Uhr auf jedem Polizeiabschnitt oder auch online auf der Internetwache der Polizei melden. Zusätzlich bietet die Polizei im Internet eine Bildergalerie aufgefundener Fahrräder, für die noch kein Eigentümer ermittelt werden konnte (zu finden unter berlin.de/polizei/service/vermissen-sie-ihr-fahrrad).

Ratsam sei auch, gleich beim Fahrradkauf wichtige Eckdaten wie Rahmennummer und Hersteller aufzuschreiben, damit man genaue Angaben machen kann, wenn man den Verlust des Rades anzeigen muss. Bestenfalls bewahrt man auch die Kaufbelege mit einem Foto des Rads auf. Sämtliche Angaben kann man in einen Fahrradpass eintragen, den es auch als kostenlose Smartphone-App gibt.

DARÜBER HINAUS KANN MAN sein Fahrrad von der Polizei registrieren lassen. Die Beamten kommen dafür in die Kieze und kennzeichnen die Räder mit Aufklebern, die sich praktisch nicht wieder ablösen lassen. Die Registrierungsnummer wird dabei gleich mit allen ande- ➤

> »Leider wird Fahrraddiebstahl in weiten Teilen der Polizei und Justiz als Bagatelldelikt gehandelt«
>
> **NIKOLAS LINCK**
> ADFC Berlin

4 % der **FAHRRADDIEBSTÄHLE** in Berlin werden aufgeklärt. In München sind es über 10 Prozent

ren relevanten Daten in einer Polizei-Datenbank gespeichert. Die Termine für die Registrierungen in diesem Jahr findet man auf den Service-Seiten der Berliner Polizei (berlin.de/polizei/service/auto-fahrrad-bus). Auch der ADFC bietet solche Fahrrad-Codierungen an.

Nach Ansicht des ADFC ist auch die Politik in der Pflicht, Fahrraddiebstählen durch bessere Abstellmöglichkeiten für Fahrräder vorzubeugen. »Es gibt viel zu wenige sichere Fahrradstellplätze in Berlin«, sagt Linck. Vor allem fehlten überwachte Fahrradparkhäuser an Bahnhöfen. Ein »Gesamtkonzept Fahrradparken« ist bei der Senatsverkehrsverwaltung derzeit in Arbeit, doch bis es steht, dürfte es noch dauern: Momentan ermittle man zunächst den Bedarf und werte einzelne Modellprojekte mit verschiedenen Abstellvarianten aus.

Immerhin: Es gibt von anderer Seite Hoffnung. Digitale Schlösser mit Tracking-Software könnten sich laut Oliver von Dobrowolski als »neue kleine Wunderwaffe« gegen Fahrraddiebe erweisen. Diese Smartlocks werden mit dem Handy bedient und lassen sich per GPS orten. Wird ein derart gesichertes Fahrrad geklaut, können die Fahnder den Weg des Fahrrads mithilfe der Technologie verfolgen, wenn der Eigentümer ihnen den Zugriff erlaubt. Manche Anbieter verbauen die Systeme gleich fest im Fahrradrahmen.

In Deutschland kommen solche Schlösser bisher vor allem bei großen Leihrad-Flotten zum Einsatz. Privatkunden können immerhin schon E-Bikes mit der eingebauten Tracking-Technologie kaufen. Und bis die Technik auch in herkömmlichen Fahrrädern steckt, wird es wohl auch nicht mehr lange dauern.

Yasmine Cordes setzt bis dahin auf ein analoges System: Sie stellt ihr Rad jetzt nicht mehr im Hinterhof ab, sondern trägt es immer in den Keller. Wenn es von dort geklaut würde, wäre es über ihre Hausratversicherung zumindest versichert.

Dunkle Hinterhöfe und Bahnhöfe: Die größte Diebstahlgefahr lauert an schlecht einsehbaren Orten – und dort, wo es besonders lebhaft zugeht

SICHERN

Die Grundregel lautet: Machen Sie es dem Dieb so schwer wie möglich! Das heißt: das Fahrrad immer an einen Zaun oder Laternenpfahl anschließen, statt es nur abzuschließen. Zweitens: Wählen Sie den Abstellort gut aus. An schlecht einsehbaren oder auch überlaufenen Orten sind die Räder besonders gefährdet. Vermeiden Sie es deswegen möglichst, an Bahnhöfen, vor Schwimmbädern und Bibliotheken oder in dunklen Hinterhöfen zu parken. Drittens: Sichern Sie das Rad am besten doppelt, im Idealfall mit zwei verschiedenen Schlosstypen, weil sich viele Fahrraddiebe auf eine Schlossart spezialisieren. Am schwersten aufzubrechen sind gute Bügelschlösser und Faltschlösser. Die geläufige Faustregel, zehn Prozent des Fahrrad-Kaufpreises in ein Schloss zu investieren, darf man getrost ignorieren – vorausgesetzt, man informiert sich. Im letzten Schlosstest der Stiftung Warentest schnitt ein 30-Euro-Bügelschloss nur unwesentlich schlechter ab als der über 80 Euro teure Testsieger – und besser als andere Kandidaten, die 125 Euro kosteten.

VERSICHERN

HAUSRATVERSICHERUNG

Bei der Wahl der Versicherung für ein Fahrrad sollte man sich nach einem Angebot umsehen, das zu den eigenen Gewohnheiten und zum Wert des Rades passt. Achten Sie daher auf den Anteil der Versicherungssumme, der für ein geklautes Fahrrad maximal erstattet wird. Grundsätzlich gilt: Wer sein Fahrrad immer in einem abschließbaren Keller oder in der Wohnung abstellt, kann sich auf eine Hausratversicherung verlassen. Wichtig ist, dass man weiß, welche Vorgaben man einhalten muss, damit die Versicherung im Ernstfall auch wirklich zahlt. Bei manchen Anbietern von Hausratversicherungen muss man einen zusätzlichen Fahrrad-Schutz abschließen, damit das Rad auch außerhalb des Hauses versichert ist. Wohnt man mit mehreren Personen in einem Haushalt, sind in der Regel auch deren Fahrräder mitversichert.

FAHRRADVERSICHERUNG

Wer keine Hausratversicherung oder ein sehr wertvolles Rad hat, kann auch eigens eine Fahrradversicherung abschließen. In der Regel deckt sie auch Schäden ab, die durch Vandalismus oder Unfälle entstanden sind. Dafür sind die Verträge auf einzelne Fahrräder beschränkt und im Vergleich teurer als Hausratversicherungen. Laut Stiftung Warentest sollte man für ein Fahrrad im Wert von 1500 Euro mit mindestens 200 Euro Versicherungskosten im Jahr rechnen. Wie bei der Hausratversicherung muss man einen Diebstahl zuerst bei der Polizei anzeigen, bevor man ihn der Versicherung meldet. Manche Versicherer fragen auch nach dem Fahrradschlüssel, den sollte man also aufheben.

FOTO iStock

LESEPAUSE

Radfahren in Theorie und Praxis, Zweiräder in Text und Bild:
Unsere **BUCH-EMPFEHLUNGEN** für die Saison

Brennende Waden

»Mein Problem war stets – ich konnte mich nicht an die Rennen erinnern«. Denkbar schlechte Voraussetzungen für das Schreiben einer Radsport-Autobiografie. Dass es trotzdem funktionieren kann, beweist Jens Voigt in diesem Buch. Voigt, Jahrgang 1971, aufgewachsen im mecklenburgischen Dassow und ausgebildet auf einem Ost-Berliner Sportinternat, fährt 1998 seine erste Tour de France und stellt 2014 mit seiner 17. und letzten Tour den Teilnahmerekord ein. Dazwischen liegen rund 200 gut lesbare Buchseiten, auf denen Voigt auch aus dem Nahkästchen plaudert. Man lernt, mit wem die Radsportler im Hotel schlafen (Ameisen, Flöhe), warum die Fahrer am Konferenztisch ihre Nudeln speisen (damit sie nicht sehen, welche Köstlichkeiten die anderen Hotelgäste essen), und welcher Tag auf der Tour de France der beste ist (der letzte).

Shut up Legs. Meine Profijahre von Jens Voigt und James Startt, Delius Klasing 2016, 22,90 Euro

Schwärmen von Freiheit und Glück

Hier wirft sich ein Intellektueller mit großer Lust in die Pedale! Radfahrer, so schwärmt der Pariser Ethnologe Marc Augé, seien moderne Flaneure. Er bestaunt, wie sie die Großstädte Europas zurückerobern, und wünscht sich das auch für Frankreich, wo das Fahrrad ein Nischendasein als Sportgerät friste. Radfahren bringt uns den besten Teil der Kindheit zurück: das Entdecken der Freiheit und die Erfahrung der eigenen Kräfte. Und weil man Radfahren nicht verlernt, gerät bei Augé jedes Aufsatteln zu einer Erfahrung der Ewigkeit: »So ähnelt es einer Auffrischung (wie man von einer Auffrischungsimpfung spricht), aber auch einer permanenten Erziehung zur Freiheit, zur Klarheit und dadurch vielleicht auch etwas, das Ähnlichkeit hat mit dem Glück.«

Lob des Fahrrads von Marc Augé, C.H. Beck 2016, 14,95 Euro

Gebuchtes Abenteuer

Mit dem Fahrrad das südliche Afrika zu durchqueren, das klingt abenteuerlich. Gerade für jemanden, der noch nie mehr als 20 Kilometer mit dem Fahrrad zurückgelegt hat, wie Gerhard von Kapff. Der 52-Jährige hat sich für seine erste längere Radtour gleich eine fast 1300 Kilometer lange Route ausgesucht – von den Victoria-Fällen bis Kapstadt. Und er hat auch gleich ein Buch darüber geschrieben. Auf gut 200 Seiten erzählt von Kapff von harten Wüstenetappen unter sengender Sonne, von Begegnungen mit Elefanten, Giraffen und Antilopen und von den Buffets, die der Reisebegleiter unterwegs aufbaut. Denn sein Abenteuer ist ein gebuchtes: Wenn die Piste zu sandig wird, geht es mit dem Bus weiter. Ein schnell gelesener Reisebericht, der trotz fehlender Eleganz in der Sprache Lust macht auf eigene Abenteuer, auch wenn sie gebucht sein mögen.

Wüstenblues von Gerhard von Kapff, Delius Klasing 2016, 22,90 Euro

Die irrste Fahrradsammlung

Für 473 000 Euro versteigerte der Wiener Architekt Michael Embacher seine Sammlung historischer Räder. Ein Jammer! In dieser Postkartensammlung sind 100 Schätzchen und irrwitzige Prototypen noch beisammen: ein Kinderrad im Motorroller-Design, ein Kofferfahrrad, ein Eis-Fahrrad mit lenkbarer Kufe.

Cyclopedia. 100 Postkarten zum modernen Fahrrad-Design von Michael Embacher, Dumont 2016, 19,99 Euro

Freiherr von Drais und seine Erfindung

Hier wird die Geschichte des Fahrrads mal gründlich erklärt: Das Begleitbuch zur Ausstellung im Mannheimer Technoseum versammelt neben Fotos der Exponate allerlei Essays – über die ausgetüftelte Physik eines Fahrrads über Fehlernten und Hafermangel, die ihm zum Aufstieg verhalfen, sowie die Vorzeige-Fahrradstadt Freiburg bis zur Selbsthilfe per Rad in Afrika.

2 Räder – 200 Jahre, Technoseum (Hg.) 2016, 29,95 Euro

FOTOS Promo (5)

»Man hat die meiste Zeit das Gefühl, mitten in der Wildnis zu sein«

»Am Ende habe ich die Einsamkeit genossen«

1000 Kilometer durch Australien? Mit dem Fahrrad wird ein Abenteuer daraus. Der Berliner Sascha Eden war vier Wochen auf dem **MUNDA BIDDI TRAIL** unterwegs – zwischen Albany und Perth

INTERVIEW Laura Stresing und Martin Kaluza

Australien ist ein Traumziel für viele. Das Land steht für endlose Landschaften, für Natur und Wildnis. Sascha Eden (33) hat sich den Traum erfüllt, er war in zwei Etappen vier Wochen lang mit dem Fahrrad auf dem Kontinent unterwegs. Der gelernte Veranstaltungstechniker befuhr den Munda Biddi Trail, einen Radwanderweg, der seit 2013 die Städte Albany und Perth am südwestlichen Zipfel Australiens verbindet. Es ist nicht die erste abenteuerliche Radtour, die Eden unternimmt. Über seine Erlebnisse schreibt er auf seinem Blog milchmithonig.de. Im Interview spricht er über lange Waldetappen, wilde Tiere und die »Ups and Downs«, die er als Radreisender erlebt hat.

Wie muss man sich den Munda Biddi Trail vorstellen?

Das ist ein 1000 Kilometer langer Radwanderweg im Südwesten Australiens. Die meiste Zeit führt er durch den Wald, zu Beginn auch an der Küste entlang. Alle 30 oder 50 Kilometer kommt man zu einer Hütte oder Ortschaft, wo man übernachten kann. Der Weg ist ganz geschickt angelegt: Man fährt zwar relativ nah an vielen Orten vorbei, doch wird man meistens um sie herumgeleitet. Daher hat man die meiste Zeit das Gefühl, mitten in der Wildnis zu sein.

Was gab es in den Orten unterwegs zu sehen?

Die meisten sind alte Arbeitersiedlungen. Früher wurde in der ganzen Gegend viel Holz geerntet. »Donnelly River Village« war so ein Holzarbeiterdorf. Es hatte seine Blütezeit zwischen 1900 und 1940. Der Ort wirkt heute wie ein Museumsdorf, man sieht ihm an, dass es um eine Sägemühle herum entstanden ist. Sie wurde erst Ende der siebziger Jahre geschlossen. Ich bin auch durch Bergarbeiterdörfer gekommen, die jetzt auf Tourismus setzen. In Collie zum Beispiel kann man alte Dampfloks besichtigen. Manche Orte bestehen gerade mal aus dreißig Häusern. Nach Sonnenuntergang werden hier die Bürgersteige hochgeklappt. In der Jahreszeit, in der ich dort war, hieß das: um 18 Uhr.

Wie hast du dich auf deine Reise auf dem Munda Biddi Trail vorbereitet?

Der ganze Weg ist supergut dokumentiert. Es gibt zwölf Etappen-Karten, die entsprechend ihres Höhenprofils und der Wegbeschaffenheit in leicht, mittel und schwer eingeteilt sind. Man weiß vorher schon, was einen erwartet, und muss sich keine Sorgen um die Unterkunft machen. Auf ein Zelt kann man verzichten. Das erleichtert die Planung ungemein.

Was hattest du an Ausrüstung dabei?

Das war überschaubar. Herbst- und Sommerkleidung in Schichten, Regenzeug, eine Windstopper-Jacke, eine verstärkte Hose und Merino-Unterwäsche. Dazu Schlafsack und Isomatte, einen kleinen Gaskocher. Ich hatte eine Grundausrüstung an Werkzeug, einen Ersatzschlauch und ein paar Speichen. Mein Leatherman erwies sich als sehr praktisch. All das hat in vier Taschen gepasst – zwei vorne und zwei hinten.

Und wie war die Wegbeschaffenheit?

Teilweise findet man einigermaßen befestigte Wege vor. Darauf geht es relativ gut voran. ➤

Ein umgestürzter Baum, kurz vor dem Minenstädtchen Collie (l.). Tagsüber sieht man sie, nachts hört man sie hüpfen: Kängurus auf dem Munda Biddi Trail

FOTOS Sascha Eden, iStock

Die »Elephant Rocks« zwischen Denmark und Albany (oben). Verkohlte Bäume kurz hinter Northcliffe

Und manchmal geht es eben über Stock und Stein. Im Durchschnitt habe ich etwa 60 Kilometer am Tag geschafft. Ich hatte von vornherein zwei Tage Puffer für die Strecke eingeplant.

Hattest du unterwegs auch mal Probleme mit deinem Rad?

Erstaunlich wenig. Anfangs hatte ich tatsächlich Sorgen, ob mein Mountainbike für solche langen Touren geeignet ist. Ich habe mir die übelsten Pannen ausgemalt. Aber dann hatte ich nur ein einziges Mal einen Platten, und zwar als ich schon fast am Flughafen war. Viel problematischer war das Wetter. Der australische Winter ist bekannt für seine langen Regenphasen. Manchmal hat es so heftig geregnet, dass ich nicht weiterfahren konnte. Ich bin ordentlich nass geworden.

Wenn die Strecke durch den Wald länger und länger wurde – hast du da auch mal ans Aufgeben gedacht?

Der Körper gewöhnt sich erstaunlich schnell an die Belastungen. Viel mehr kommt es auf die Psyche an. Auf so einer Tour lernt man schnell die eigenen Grenzen kennen und ich finde es nicht verkehrt, auf seine innere Stimme zu hören und ausgiebige Pausen einzulegen – auch wenn man eigentlich noch weitermöchte.

Hattest du auch einen Trick, um dich unterwegs zu motivieren?

Manche Etappen sehen über viele Kilometer hinweg gleich aus. Man fährt ewig durch den Wald und nur ganz allmählich ändert sich die Vegetation. Anfangs habe ich immerzu auf die Kilometer-Anzeige gestarrt. Man hat das Gefühl, dass es irgendwie überhaupt nicht vorangeht. Ich habe dann zur Ablenkung Musik gehört und mir die Vorgabe gesetzt, dass ich höchstens alle drei Songs auf den Tacho gucken darf. Die Musik hat die Einsamkeit vertrieben und für eine Zeitstruktur gesorgt.

Das klingt ehrlich gesagt ein wenig verloren. Wie war es denn für dich, über viele Kilometer keiner Menschenseele zu begegnen?

Es war nicht ohne. In Australien war ich ja überhaupt zum ersten Mal alleine unterwegs. Vor meiner Abfahrt hatte ich einige Wochen auf einer Öko-Farm verbracht, die Bewohner waren eine richtige Gemeinschaft. Abends haben wir uns gemeinsam die Sonnenuntergänge angeschaut. Danach plötzlich auf mich allein gestellt zu sein, war wie ein Schock. Unterwegs hatte ich auch so gut wie keine Netzabdeckung, ich konnte niemanden erreichen oder wenigstens mal eine SMS schreiben, dass es mir gut geht. Am ersten Abend fiel mir das noch sehr schwer.

Was hast du gegen diese Einsamkeit gemacht?

Ich habe mich auf das Wesentliche konzentriert: Nachtlager aufbauen, mein Reisetagebuch führen, nebenbei etwas zu essen kochen. So blöd es klingt: Einfache Routinen geben dir dann Halt. Und wenn man erst mal etwas Warmes gegessen hat, geht es einem gleich viel besser.

FOTOS Sascha Eden (2)

»Australier würden für lange Entfernungen das Auto nehmen«

Du bist aus Europa nach Australien gereist, um 1200 Kilometer Rad zu fahren. Wie stehen denn die Australier zu Fahrradtourismus?

Man wird ein bisschen belächelt. Die Australier sind unglaublich freundliche Leute, sie freuen sich über das Interesse, das man als Tourist ihrem Land entgegenbringt. Aber für lange Entfernungen würden sie selbst das Auto nehmen – der Kontinent ist ja auch riesig. Es fahren zwar viele Australier Rad, aber ich hatte den Eindruck, dass sie das vor allem als Wochenendsport sehen. Lange Radwanderungen scheinen eher ungewöhnlich zu sein.

Um noch ein Australien-Klischee zu bemühen: Bist du Kängurus begegnet?

Entlang des Weges konnte ich einige sehen. Sie haben sich ungefähr so verhalten wie bei uns Rehe. Sie schauen, und wenn man ihnen zu nah kommt, springen sie weg. Manchmal habe ich auch nachts gehört, wie sie draußen vor der Hütte gehüpft sind. An einem Haus waren Kängurus angefüttert worden, an die konnte man sich auf zwei Meter annähern.

Muss man in Australien als Radfahrer auf die Begegnung mit gefährlichen Tieren gefasst sein?

Ich habe zwei Mal Schlangen gesehen, die sich am Wegesrand friedlich gesonnt haben. Das gefährlichste Tier, dem ich begegnet bin, war eine Rotrückenspinne. Sie ist mit der Schwarzen Witwe verwandt, ihre Bisse schmerzen bei Erwachsenen ungefähr so wie Wespenstiche. Sie mögen es warm und halten sich deshalb gern in der Nähe von Menschen auf. Die Australier selbst haben übrigens eine sehr entspannte Haltung zu wilden Tieren: »Man muss sie ja nicht provozieren.« Und wenn man ein Schild sieht, das beispielsweise vor Krokodilen warnt, geht man da eben nicht schwimmen. Aber Krokodile kamen entlang meiner Strecke zum Glück gar nicht vor.

Was war der schönste Moment deiner Reise?

Von einer versteckt gelegenen Hütte das Panorama über Perth zu genießen, während langsam die Sonne unterging. Da war ich schon fast am Ziel. In diesem Moment habe ich die Einsamkeit auf einmal sehr genossen.

Mach's mit oder ohne

FAHRRADHELME können Leben retten. Doch sie verleiten Rad- und Autofahrer manchmal zu riskanterem Fahren

TEXT Daniela Martens

Vor drei Jahren ist Dan Gorenstein auf den Kopf gefallen. »Da war eine Wurzel unter dem Asphalt und ich bin übers Lenkrad geschossen.« Eine ernste Kopfverletzung hat der Germanistik-Doktorand nicht davon getragen: »Ich hatte einen sehr hohen Rucksack auf dem Rücken, der ging über meinen Kopf hinaus und hat ihn geschützt«, sagt der 36-jährige Schöneberger. Er schlug sich nur das Knie auf. Trotzdem zog er die Konsequenzen: »Danach habe ich mir einen Helm geholt und meiner Frau gleich auch einen.« Die beiden tragen ihn jetzt immer, wenn sie Fahrrad fahren. Warum er vorher keinen getragen hat? »Das war irgendwie unsexy, und ich hatte nicht das Gefühl, dass es etwas bringt«, sagt Gorenstein. »Ich glaube immer noch, dass eh alles vorbei ist, wenn mich tatsächlich ein Auto ummäht, und es gibt ja auch die Theorie, dass Autofahrer rücksichtsloser fahren, wenn sie einen Radfahrer mit Helm überholen.« Trotzdem fühlt er sich seit seiner Sturzerfahrung sicherer mit geschütztem Kopf.

Auf den Straßen Berlins sieht man etwa genauso viele Radfahrer mit Helm wie ohne. Nicht wenige kaufen sich den Kopfschutz und setzen ihn dann nur selten auf. Anderen wird durch das Helmtragen das Radfahren verleidet – das sagt zumindest Mikael Colville-Andersen, ein Stadtplaner aus Kopenhagen, der sich viel mit der Frage beschäftigt hat, wie man Städte fahrradfreundlicher gestalten kann. Hält man Radfahrer dazu an, Helme zu tragen, schaffe

FOTOS iStock, Promo (2)

das eine »Kultur der Angst«, sagt er in einem Video auf Youtube. In Kopenhagen habe es vor einigen Jahren eine Kampagne für das Tragen von Helmen gegeben. Die Folge: Plötzlich fuhren Zehntausende weniger mit dem Fahrrad durch die Stadt. Außerdem wurden deutlich weniger neue Räder verkauft. Die Menschen hätten auf einmal das Gefühl, Radfahren sei gefährlicher, als es wirklich ist. Colville-Andersen behauptet sogar, das Tragen von Helmen werde von der Autoindustrie propagiert, damit nicht zu viele Autofahrer aufs Rad umstiegen.

Dan Gorenstein fährt zwar nicht weniger Fahrrad als vorher, aber in seiner Beziehung zum Fahrrad hat sich doch etwas verändert, seit er nur noch mit Kopfbedeckung in den Sattel steigt: »Durch den Helm ist so eine arbeitsmäßige Tätigkeit daraus geworden.«

Experten sind sich uneinig über den Nutzen von Fahrradhelmen. Es gibt Studien, die belegen, dass man mit Helm sicherer unterwegs ist. Aber auch viele, die das Gegenteil besagen. Für den Helm spricht sich die Unfallforschung der Versicherer (UDV) aus, die mit dem Institut für Rechtsmedizin München und dem Universitätsklinikum Münster eine Studie durchgeführt hat. Die Hauptaussage: Fahrradhelme verhindern die meisten lebensbedrohlichen Kopfverletzungen oder mildern sie zumindest ab – wenn auch mit der Einschränkung, dass die Schutzwirkung bei der Kollision mit einem Auto an ihre Grenzen stoße.

Andere Studien ziehen den Nutzen von Fahrradhelmen in Zweifel. Ian Walker, Psychologe an der Universität Bath in England, stellt in einer aktuellen Untersuchung fest, dass Radfahrer mit Helm oft riskanter im Straßenverkehr unterwegs sind und dadurch häufiger in Unfälle geraten als Radfahrer ohne Helm. In einer früheren Studie hatte Walker bereits etwas herausgefunden, das sich mit Gorensteins Erfahrung deckt: dass Autofahrer nämlich beim Überholen weniger Abstand halten, wenn der Radfahrer einen Helm trägt.

Auch beim ADFC Berlin hat man ein ambivalentes Verhältnis zum Helm: »Jeder Mensch ist sicherer mit Helm. Grundsätzlich finden wir es gut, wenn Radfahrer Helm tragen. Vor allem wer sich manchmal unsicher auf dem Fahrrad fühlt, sollte einen Helm tragen. Auch für Kinder empfehlen wir es uneingeschränkt, aber jeder Erwachsene sollte es frei entscheiden dürfen«, sagt Nicolas Linck, Sprecher des ADFC Berlin. Er selbst trägt keinen. »Weil ich die Freiheit habe, keinen zu tragen, weil ich es ange- ➤

TYPSACHE

Coole Skater-Helme, versteckte Kragen-Airbags, gepolsterte Mützen und Falt-Modelle: So wollen Designer Kopfschutz-Muffel umstimmen

SKATERHELME

Diese geschlossenen Helme haben anders als die meisten »normalen« Helme kaum Luftschlitze. Die Stiftung Warentest bemängelt die knappe Luftzufuhr: Man schwitzt leicht in ihnen, und es kann zum Hitzestau kommen. Bei jungen Radlern sind die Helme trotzdem beliebt, weil sie schicker sind als »normale« Modelle – der Träger setzt sich damit ein Stück Skater-Coolness auf. Außerdem gibt es sie im Billardkugel-Design, als Melonen bemalt oder mit bunten Mustern. Der Vorteil: Man trägt einen Helm eher, wenn man ihn mag.

AIRBAG

Den Airbag-Helm der schwedischen Firma Hövding legt man an wie eine Halskrause, die vorn mit einem Reißverschluss geschlossen wird. Bei einem Unfall schießt eine Art Kapuze aus einem reißfesten Nylon heraus, die sich blitzschnell mit Helium füllt. Nach dem Auslösen hält der Hövding-Airbag den Gasdruck mehrere Sekunden. Allerdings öffnet sich der Airbag nur, wenn man ihn zuvor durch einen Druckknopf scharfgestellt hat. Um ihn mit Strom zu versorgen, muss der Airbag etwa alle sechs Wochen mit einem USB-Kabel aufgeladen werden. Bei hohen Geschwindigkeiten bietet der Airbag-Helm besseren Schutz als herkömmliche Helmmodelle, wie eine aktuelle Studie der Stanford University zeigt. Einmal ausgelöst, kann er nicht wiederverwendet werden.

hovding.de

nehmer und praktischer finde. Ein Helm bringt vor allem unsicheren und älteren Leuten mehr Sicherheit.«

Geht es nach dem ADFC, dann sollte die Sicherheitssituation für Radfahrer im Berliner Straßenverkehr auf andere Weise verbessert werden. Link weist darauf hin, dass in Fahrradstädten wie Amsterdam und Kopenhagen kaum Radfahrer einen Helm tragen. Wegen der besseren Verkehrsstruktur gebe es dort trotzdem wesentlich weniger Unfälle, wenn man berücksichtige, dass Radfahrer einen viel höheren Anteil am Verkehrsaufkommen ausmachen als hier.

Eine Art Zwischenlösung hat Radlerin Nadja Nolting gefunden: »Ich finde normale Fahrradhelme unangenehm, vor allem diesen Verschluss unterm Kinn«, sagt die 32-Jährige. Auch sie spüre beim Fahren gerne die Freiheit des Windes in den Haaren. Trotzdem wollte sie für mehr Sicherheit sorgen. Also kaufte sie sich vor zwei Jahren den »Hövding«, eine Art Airbag für Fahrradfahrer, der bei Unfällen als eine mit Helium gefüllte Kapuze aus dem Kragen herausschießt. »Ich glaube, dass es wesentlich besser ist, wenn man den Kopf durch ein Luftkissen schützt, das sich im Moment eines Sturzes um den Kopf legt, als durch einen normalen Styroporhelm.« So könne sie weiter den Wind in den Haaren spüren. Doch diese Freiheit beim Fahren ist recht teuer erkauft: Rund 300 Euro kostet der Radler-Airbag.

Auch bei herkömmlichen Helmen sollte man nicht zum billigsten Modell greifen, rät der ADFC. »Guten Schutz gibt es ab 80 Euro«, heißt es auch bei der Stiftung Warentest, die zuletzt 2015 Helme getestet hat. Nur drei von 18 Fahrradhelmen schnitten gut ab. »Am wichtigsten ist, dass der Helm gut passt«, sagt Ralf Gaida, der die Studie als Projektleiter betreut hat. Beim Kauf solle man darauf achten, dass sich die Riemen nicht zu leicht von allein verstellen. »Auch auf die Belüftung sollte man achten, wenn man eher lange Strecken zurücklegt, ein Wärmestau unter dem Helm kann sehr unangenehm sein.« Gaida rät zu Modellen, die seitlich eine weiter heruntergezogene Schale haben, um Verletzungen im Schläfenbereich vorzubeugen. Die Stiftung Warentest rät, sich an eine etwas umständliche Regel zu halten: Der Helm solle waagerecht sitzen und die Gurtbänder an der Schläfe und seitlich vom Hinterkopf kommend einen Winkel bilden, dessen Spitze etwa einen Finger breit unter dem Ohr liegt. Sind die Gurtbänder falsch eingestellt und sitzt der Helm zu locker oder zu schief, bringt er im Ernstfall: nichts.

SCHÜTZENDE MÜTZEN

Wer sich nicht überwinden kann, einen Helm zu tragen, der ist vielleicht für eine mit Protektoren gefütterte Mütze der Schweizer Firma Ribcap zu haben. Sie bietet längst nicht den Schutz eines Fahrradhelms, aber wesentlich mehr Sicherheit als eine Pudelmütze. Man sieht oft Fahrradkuriere mit diesen modischen Kappen herumfahren (ribcap.ch).

HELME MIT VISIER

Helme mit Visier sind vor allem etwas für schnelle Fahrer und Brillenträger. Sie wehren Insekten ab, die einem in die Augen fliegen könnten, und bieten genügend Platz, um eine Brille darunter zu tragen. Außerdem sind sie meist luftig gestaltet und bieten so – für Schnellfahrer nicht unwichtig – eine gute Kühlung.

FALTBARE HELME

Die italienische Firma Carrera hat eine Reihe von Helm-Modellen entwickelt, die gut aussehen und sich ansatzweise zusammenfalten lassen (carreraworld.com). Einen besonders kompakten Falt-Helm hat der amerikanische Hersteller Morpher im Angebot (morpherhelmet.com).

FOTOS Promo (4)

KOLUMNE

Wie sage ich es ihm?

Der Partner unserer Kolumnistin war ein **VORZEIGE-RADFAHRER**. Wenn er sich nur dieses Auto nicht zugelegt hätte!

DANIELA MARTENS ist leidenschaftliche Radlerin und schreibt regelmäßig für dieses Magazin

Eigentlich lebe ich ja mit einem überzeugten Fahrradfahrer zusammen. Dachte ich zumindest lange. Als wir uns kennenlernten, fuhr er fast immer mit dem Fahrrad zur Arbeit – 13 Kilometer von Mitte nach Dahlem. Auf seinem Lieblingssweatshirt ist ein Fahrrad zu sehen und der Slogan; »Winter won't slow me down!« Rennradfahren ist für ihn der einzige ernst zu nehmende Sport. Ich habe gar nicht viel darüber nachgedacht, aber es war wohl eine der Eigenschaften, aus denen ich ableitete: Der passt zu mir. Schließlich gehört für mich Radfahren zum Leben dazu wie Atmen.

Aber dann kaufte der Mann meines Lebens sich aus beruflichen Gründen ein Auto. Mal ist er jetzt morgens zu spät dran zum Radfahren. Mal ist ihm das Wetter zu schlecht. Das Rad steht meist im Hof und rostet vor sich hin. Er redet immer noch viel übers Rennradfahren (das tun im Übrigen laut einer Statistik wesentlich mehr Männer als Frauen – also fahren, nicht nur drüber reden). Ich hingegen fahre immer noch fast jeden Wochentag Fahrrad. Am Wochenende lasse ich mich oft überreden, in seine Blechkiste zu steigen – und es macht mir überhaupt keinen Spaß. Da drin stinkt's nämlich nach alten Polstern und Teppichen und Benzindämpfen, die ihren Weg ins Innere finden (der Wagen ist ziemlich alt). Ich muss die ganze Zeit das Kind bei Laune halten, das auch nicht gern Auto fährt. Ich fühle mich bei solchen Ausflügen irgendwie alt, weil wir die meiste Zeit herumsitzen. Ich langweile mich. Anders als mit dem Rad ist der Weg beim Autofahren nie das Ziel, sondern immer nur vertrödelte Zeit. Und ich habe ein schlechtes Gewissen der Umwelt und künftigen Generationen gegenüber. Am liebsten wäre ich das Ding wieder los.

Aber wie soll ich meinen Partner davon überzeugen? Mit der Statistik vielleicht? Laut Fahrradmonitor fahren doch tatsächlich ein paar Prozent mehr Männer als Frauen regelmäßig mit dem Fahrrad. Wenn ich mir unsere Kleinfamilie ansehe, kommt mir das nicht sonderlich plausibel vor. Vielleicht reden Männer lieber über das Radfahren, als es selbst zu praktizieren? Neulich hat er jedenfalls tatsächlich darüber geredet, das Auto zu verkaufen. Und letztes Wochenende sind wir endlich mal wieder zu einer kleinen Fahrradtour durch Berlin losgedüst (weil er das Auto einmal vor dem Büro stehen lassen musste). Jetzt darf ich ihm nur nicht verraten, dass er mit seiner Auto-Begeisterung eigentlich voll im (Männer-) Trend liegt: 46 Prozent der Männer nutzen ihre Blechkiste nämlich täglich. Aber nur 42 Prozent der Frauen. Sagen sie zumindest.

FOTOS Daniela Martens, iStock

»Erstaunlich, was ein Turboantrieb mit der Power eines Küchenrührgeräts bewirken kann«

Turbostart an der Ampel

Unser Autor ist zum ersten Mal mit einem **E-BIKE** in Berlin unterwegs und freut sich über Etappensiege im Berufsverkehr. Doch das Tempo treibt ihm manchmal den Angstschweiß auf die Stirn

TEXT Björn Seeling | FOTOS Thilo Rückeis

Endlich ist der Tag der Revanche gekommen. So wie sich Radprofis über Etappensiege freuen, schätzt der Berliner Berufsverkehrsradler den Gewinn beim Ampelspurt: endlich den Pulk hinter sich lassen, die steifarmigen Mitte-Muttis auf ihren Hollandrädern, die verpeilten Friedrichshain-Fuzzis auf ihren Fixies, die angeberischen Prenzlauer-Berg-Heinis auf ihren Vintage-Bikes.

Ich sitze aufrecht auf einem Gefährt, das ein bisschen so aussieht wie aus einem Stück geschmiedet. Der Rahmen wirkt über Gebühr massiv, die Reifen sind dick wie Pythons, der Lenker schwingt sich mir rückenfreundlich entgegen. Das unübliche Design fällt auch den Wartenden an der Ampel auf, die sich auf den sanften Anstieg zur Jannowitzbrücke vorbereiten. Vermutlich liegt es auch am Oberrohr, also der »Stange«, die einen leichten Hänger hat, was aber gar nicht mal so schlecht aussieht. Ich registriere noch einen spöttischen »Scheiß Touri«-Blick eines Rostlauben-Besitzers, da schaltet die Ampel schon auf Grün. Ich trete an, der Widerstand in den Pedalen ist angenehm, innerhalb von Sekunden nimmt die Geschwindigkeit zu: 5, 8, 10, 15, 20 km/h zeigt der digitale Tacho an. Mir wird wegen des Raketenstarts etwas bang, doch der Sieg ist meiner. Zumindest bei Ampelspurts ist das E-Bike schon mal ein Knüller!

Ausprobieren wollte ich solch ein Rad immer mal, vor allem in der Stadt. Denn bislang stand ich beim Radeln nur einmal unter Strom, während einer Tour durchs Lausitzer Seenland. Ich war vergangenen Sommer dort, weil ich sehen wollte, was es mit der angeblich größten von Menschenhand geschaffenen Wasserlandschaft Europas so auf sich hat: Ehemalige Tagebaue werden geflutet und sollen – eines Tages – eine Kette aus 20 Seen bilden. Drum herum führen, so las ich, ausgezeichnete Radwege. Nur die Entfernungen schienen mir zu groß für einen entspannten Wochenendausflug. Die Lösung: ein Elektrorad! Zupass kam mir, dass die Region auf E-Mobilität setzt, gleich mehrere Anbieter verleihen E-Bikes vor Ort. Was ich bei diesem ersten Fahrversuch unter Strom gleich ➤

»Mit geladenem Akku komme ich bis ans Ende der Welt. Na ja, fast zumindest«

lernte: Das Gefährt unter meinem Gesäß heißt genau genommen Pedelec, was für »Pedal Electric Cycle« steht. Ein 250-Watt-Motor hilft beim Treten, aber nur dann, wenn ich selbst in die Pedale trete. Das ist bei einem »richtigen« E-Bike anders. Hier gibt es nichts zu treten, im Grunde ist es ein Mofa oder Roller, bei dem statt eines Verbrennungs- ein Elektromotor surrt.

WIRKLICH ERSTAUNLICH, was ein Turboantrieb mit der Power eines Küchenrührgeräts bewirken kann. Drei, vier Mal treten, und schon hatte ich mein Reisetempo erreicht. Die Radwege im Lausitzer Seenland sind sehr komfortabel: breit, glatt, ohne ständige Schlenker. Heidewitzka ging es durch die Heide und kleine Hügel hinauf. Wo sonst die Oberschenkel gebrannt hätten, brummte nun bloß der Motor etwas lauter. Schalten musste ich nach wie vor, wie bei einem muskelbetriebenen Rad.

Etwas Sorge bereitete mir, dass die Batterie – besser: der Akkumulator – irgendwann so leer sein könnte wie einer der Kanäle, die in der Lausitz als Verbindung zwischen den künftigen Seen gegraben wurden. Der Wasserstand reicht noch nicht, um sie zu füllen. Doch in meinem Akkumulator war auch nach fast 25 Kilometern noch ausreichend Saft vorhanden. Das war für mich eine Erkenntnis des E-Bike-Fahrens: Mit geladenem Akku komme ich bis ans Ende der Welt. Na ja, fast zumindest.

Es wäre auch wirklich unangenehm, irgendwo antriebslos zu stranden. Denn Räder mit Elektroantrieb sind nicht gerade leicht. Sie bringen schnell mal 20 oder gar 25 Kilo auf die Waage. Bei leerem Akku muss man sie mit eigener Kraft vorwärtsbewegen. Das hohe Gewicht sollte jeder bedenken, der wie ich sein Fahrrad im Keller abstellen muss. Auch die Fahrt in öffentlichen Verkehrsmitteln wird anstrengend, wenn im Bahnhof der Aufzug – so überhaupt vorhanden – wie so oft streikt.

Überhaupt zeigt sich beim Abstellen das nächste Dilemma: E-Bikes sind im Vergleich zu Fahrrädern noch ein verhältnismäßig teurer Spaß. Es gibt kaum welche unter 1000 Euro, nach oben sind keine Grenzen gesetzt. Für meine Tour durch die Stadt habe ich mir eines in einem Spezialgeschäft in Wedding geliehen, das in gebrauchtem Zustand schon an der 3000-Euro-Grenze kratzte. Das Problem dabei: In Berlin werden bekanntermaßen schon weitaus billigere Räder gestohlen. Dem mitgelieferten Faltschloss möchte ich nicht so recht trauen, auch wenn es massiv aussieht, und so steige ich die nächsten Stunden besser gar nicht aus dem Sattel. Natürlich gibt es Versicherungen, aber die kosten je nach Kaufpreis mehrere hundert Euro im Jahr.

Wie in der Lausitz unterstützt mich auch das Stadt-E-Bike in mehreren Stufen beim Treten. Den Antriebsmodus stelle ich an einem kleinen Computer ein, der mir bei Bedarf auch als Navigationsgerät die Richtung vorgeben würde. Die Stufe »Eco« ist, na klar, auf möglichst ökonomische Fahrweise ausgelegt. So reicht die Ladung des Akkus laut Hersteller für fast 150 Kilometer. Allein das Eco-Treten macht schon Spaß, weil ich schnell vom Fleck wegkomme und nicht nur den Jannowitzbrücken-Radlerpulk alt aussehen lasse. So richtig Laune kommt beim Sportmodus auf, der mir beim Anfahren so richtig Feuer unterm Hintern macht: Jetzt gucken auch die Autofahrer ungläubig, wenn ich bei Grün an ihren vorbeiziehe!

ALLERDINGS: Bei etwa 25 km/h ist Schluss mit der Hilfe. Anfangs wundere ich mich, dass der Motor nicht mehr mitmacht, wenn ich mich dieser Schallmauer nähere. Bei der Rückgabe des Pedelecs erfahre ich, dass dies so gewollt ist; es ist rechtlich dem Fahrrad gleichgestellt, ich brauche deshalb keinen Helm und keine Versicherung.

Anders bei den schnelleren S-Pedelecs: Sie funktionieren zwar nach demselben Prinzip, aber mit ihren stärkeren Motoren und einer Höchstgeschwindigkeit von 45 km/h gelten sie als Kleinkraftrad und ich bräuchte einen Führerschein, um sie benutzen zu dürfen. Auch Radwege wären für mich dann tabu. Dass dies seine guten Gründe hat, merke ich auch schon mit dem langsameren Rad. Selbst dessen Tempo bringt mich häufig zum Schwitzen. Besonders auf Radwegen, die auf dem Bürgersteig verlaufen, muss ich mich höllisch konzentrieren und ständig bremsbereit sein. Also meide ich sie lieber. Auch jeder Schlenker um einen Baum oder eine BVG-Haltestelle wird zur Herausforderung.

Dafür macht das Berg-und-Tal-Fahren richtig Laune. Im Humboldthain, den ich mir als Testgebiet gewählt habe, möchte ich am liebsten auf- und abfahren, bis der Akku leergesaugt ist. Mir gefällt auch die Vorstellung, dass ich mit dem Elektro-Rad auf dem Weg zur Arbeit fast zehn Minuten einsparen und nicht völlig derangiert im Büro ankommen würde. Die größte Genugtuung aber wäre, jeden Morgen den Ampelspurt an der Jannowitzbrücke zu gewinnen. Dafür würde ich auch den Angstschweiß in Kauf nehmen.

TOUR

Die E-Bike-Tour unseres Autors Björn Seeling durch das **Lausitzer Seenland** führt auf knapp 60 Kilometern zu ehemaligen Tagebauen und über eine Kunststoffbrücke (siehe Seite 109).

ÜBERNACHTEN

AM RADWEG

Jagdschloss Hubertusstock

Radfernweg Berlin – Usedom

Im Jagdschloss Hubertusstock in der Schorfheide nächtigten einst die Staatsgäste der DDR. Helmut Schmidt traf sich hier 1981 mit Erich Honecker, der in der Nähe ein privates Jagdhäuschen unterhielt (siehe unsere Tour auf Seite 103). Auch Raul Castro und Leonid Breschnew spazierten hier durch den Wald. Heute gehört das Areal zum Ringhotel Schorfheide und Gäste können in den stilvoll renovierten DDR-Bungalows übernachten. Durch große Panoramafenster schauen sie in ein grünes Blättermeer oder atmen die frische Waldluft auf dem Balkon. Als Bett + Bike-Betrieb bietet das Hotel vergünstigte Preise für Radler und sichere Stellplätze. Auf Anmeldung können Gäste auch das eigentliche Jagdschloss besichtigen, das der preußische König Friedrich Wilhelm IV. in den 1840ern erbauen ließ und das 1971 wieder aufgebaut wurde. Mit dem Rad ist man von hier aus in wenigen Minuten am Werbellinsee, dessen tiefblaues Wasser zum Baden einlädt.

Barnim, 16247 Joachimsthal, Hubertusstock 2, Tel. (033363) 505, ringhotel-schorfheide.de, DZ ab 82 Euro, EZ ab 62 Euro (ohne Frühstück)

Bauhaus Atelierhaus

Europaradweg R 1 und Elberadweg

Wer auf den Spuren des Bauhaus durch Dessau radelt (wie bei unserer Tour auf Seite 101), kann danach stilecht im Atelierhaus des Bauhausgebäudes von 1926 übernachten. Hier hat schon der Architekt und Designer Marcel Breuer als Jungmeister gewohnt und die Künstlerin Marianne Brand. Ihr Zimmer mit der Nummer 302 ist für Gäste als Schauzimmer aufwendig rekonstruiert worden, inklusive nachgebauter Möbel, Grammofon und ledernem Reisekoffer. Auch in anderen Zimmern finden sich Möbel, die von den einstigen Bewohnern entworfen wurden. Aus heutiger Sicht ist die Ausstattung eher rudimentär – so wie die Bauhäusler sie vor fast 100 Jahren erlebt haben: Es gibt Gemeinschaftsduschen und Etagen-Toiletten. Doch wer hier ein Zimmer bucht, schlummert mit dem Geist des Bauhaus ein. Im Keller gibt es eine Fahrradgarage.

Sachsen-Anhalt, 06846 Dessau-Roßlau, Gropiusallee 38, Tel. (0340) 6508318, bauhaus-dessau.de, EZ ab 40 Euro, DZ ab 60 Euro (ohne Frühstück)

TEXTE Mirco Lomoth, Laura Stresing, Lars Laute FOTOS Promo (3), Yvonne Tenschert, 2013, Stiftung Bauhaus Dessau, Stiftung Bauhaus Dessau, iStock

Landhotel Lindengarten

Radweg Tour Brandenburg

Das ländliche Kleinzerlang liegt eine knappe Fahrradstunde nördlich von Rheinsberg an der Grenze zu Mecklenburg-Vorpommern. Im Landhotel Lindengarten finden Radtouristen einen wunderschönen Rückzugsort, um Energie zu tanken. Vier Gebäude gruppieren sich um einen liebevoll angelegten Hofgarten mit Teich. Abends begleiten das Plätschern eines Wasserfalls und das Quaken der Frösche die Tischgespräche im Gartenrestaurant. Ein nahe gelegener, familienfreundlicher Strand am Kleinen Pälitzsee lädt zum Baden ein, eine Sauna im Haus zum Entspannen.

Ostprignitz-Ruppin,
16831 Rheinsberg OT Kleinzerlang,
Dorfstraße 33, Tel. (033921) 76 80,
landhotel-lindengarten.com, DZ ab 50 Euro,
EZ ab 33 Euro (ohne Frühstück)

Strandhaus am Inselsee

Radweg Berlin – Kopenhagen

Direkt am Ufer des Inselsees bei Güstrow liegt das familiengeführte Strandhaus am Inselsee. Hier wohnt man in hellen, modern eingerichteten Zimmern und hat die Badewiese quasi im Vorgarten. Gleich mit der Eröffnung 2012 hat sich das Hotel auf die Bedürfnisse von Radfahrern eingestellt. Sie können ihre Zweiräder sicher in einer abschließbaren Fahrradbox parken. Ein Restaurant serviert italienische Speisen von Antipasti bis Pizza auf der Sonnenterrasse mit Seeblick, ein Imbiss nebenan sorgt für eine bodenständigere Versorgung von durchreisenden Radlern und Badegästen.

Mecklenburg-Vorpommern,
18273 Güstrow, Heidberg 5,
Tel. (03843) 85 0200,
strandhaus-guestrow.de, DZ ab 98 Euro,
EZ ab 75 Euro, mit Frühstück

TIPP

Rund 6000 fahrradfreundliche Quartiere finden Sie im **bett + bike-Verzeichnis** des ADFC unter bettundbike.de

Bahnwaggons

Oder-Neiße-Radweg

Sie rollen nirgendwo mehr hin, aber bieten eine gemütliche Unterkunft für eine Nacht: die Bahnwaggons im Hafen von Groß Neuendorf. Sie stehen nur wenige Meter von der Oder entfernt. Der Berliner Architekt Jens Plate hat sie großzügig und hell renoviert, aus den bodentiefen Fenstern schaut man vom Bett direkt aufs Wasser. WC und Bad liegen im nahen Verladeturm am Kai, in dem sich auch eine luxuriöse Ferienwohnung befindet. Wer hier Station auf dem Oder-Neiße-Radweg macht, wird mit viel Ruhe belohnt – und hat die Oder gefühlt für sich alleine. Auch für Essen ist gesorgt: Das Restaurant Maschinenhaus in der Nähe bietet regionale Küche und Frühstück.

Märkisch-Oderland, 15324 Letschin OT Groß Neuendorf, Am Oderdeich 6,
Tel. (030) 50 56 24 71, verladeturm.de, DZ 50 Euro,
Ferienwohnung im Verladeturm ab 180 Euro (ohne Frühstück)

Alte Canzley

Radweg Berlin – Leipzig

Hier atmet man Geschichte. Lange bevor aus der Alten Canzley in der Altstadt der Lutherstadt Wittenberg ein Hotel und Bett + Bike-Betrieb wurde, residierten die Kanzler der sächsischen Kurfürsten hinter den dicken Mauern. Selbst durchreisende Könige und Zar Peter der Große nächtigten hier. Heute sind die Zimmer weitgehend modern eingerichtet, doch im hauseigenen Bio-Restaurant sitzt man unter einem alten Kreuzgewölbe und kann Speisen bestellen, wie sie Katharina von Bora, die Ehefrau Martin Luthers, schon zubereitet haben soll – etwa Rübensuppe mit Trauben, Käse und Kräutern. Ihrem Ehemann wird nachgesagt, er habe keine 50 Meter entfernt seine Thesen gegen den Ablasshandel an die Tür der Schlosskirche geschlagen. Eine Radtour durch Wittenberg auf den Spuren der Reformation finden Sie auf Seite 97.

Sachsen-Anhalt, 06886 Lutherstadt Wittenberg, Schlossplatz 3-5, Tel. (03491) 42 91 10,
alte-canzley.de. DZ ab 99 Euro, EZ ab 79 Euro (mit Frühstück)

Digitale Begleiter

Diese **SMARTPHONE-APPS** helfen Ihnen, den richtigen Weg zu finden und trocken zu bleiben – zum Beispiel auf unseren 30 Touren

NAVIGATION

BikeComputer Pro

Radcomputer sind bei vielen Fahrern ein beliebtes Hilfsmittel. Die kleinen Helfer zeichnen Geschwindigkeit, gefahrene Strecke, Fahrzeit und vieles mehr auf. Wer noch einen Schritt weiter gehen will, kann die App BikeComputer Pro ausprobieren. Sie erweitert die Funktionen klassischer Radcomputer um ein Fahrrad-Navi mit Routenplaner. Auch eigene gpx-Dateien können hochgeladen werden. Das riesige Paket an gelungenen Features, angeführt von den Offline-Karten und Audio-Feedback, überzeugte im Test. Die Macher haben die App zudem an aktuelle Highend-Geräte mit Full-HD-Auflösung angepasst. Der Basispreis von 4,99 Euro geht daher auch völlig in Ordnung, weitere Funktionen wie etwa gpx-Import (1,99 Euro) müssen zusätzlich gebucht werden. Wer auf das Audio-Feedback und weitere Funktionen verzichten möchte, kann auch die Gratis-Version laden.

Android, iOS

Komoot

Die App Komoot macht gleich beim Öffnen die ersten Tourenvorschläge. Mit einem Wisch kann man Routen von anderen Nutzern aus der Community speichern oder verwerfen. Doch die App eignet sich ebenso gut zum Navigieren eigener Routen, die praktischerweise vorab am heimischen Computer erstellt werden können. Und die nötigen Karten lassen sich im Anschluss zur Offlinenutzung aufs Smartphone herunterladen. So kann man unterwegs sogar den Flugmodus einschalten. Ebenfalls möglich: das Importieren und Aufzeichnen von gpx-Tracks. Die App und eine Region sind kostenlos, weitere per In-App-Kauf verfügbar.

Android, iOS

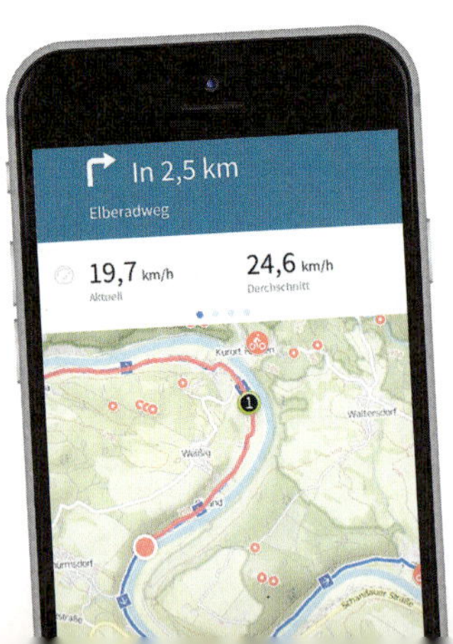

Naviki

Naviki ist eine vielseitige Navi-App, die Offline-Karten nutzt. Sie bietet Karten für 37 europäische Länder (sogar Weißrussland, Island oder Lettland), die USA, Australien und Neuseeland. In der Stadt sucht sie möglichst fahrradfreundliche Routen heraus, auf dem Land leicht befahrbare Oberflächen, ruhige Nebenstrecken und landschaftlich schöne Routen. Stellt man beim Fahrradtyp »Mountainbike« ein, werden Offroad-Routen, unversiegelte Oberflächen und ausgeschilderte Mountainbike-Routen angezeigt. Ganz andere Routen sucht sie in der Einstellung »Rennrad« heraus. Die App funktioniert auch als Tacho und kann Touren aufzeichnen. Unter naviki.org können Nutzer ihre Tour planen und dann die App laden. Die App importiert gpx-Dateien. Sie ist zwar kostenlos, aber man zahlt für einzelne Funktionen.

Android, iOS, Windows

TEXTE Tsp, Janine Ziemann FOTOS Photocase, Promo (4) GRAFIK Christian Renner

Maps 3D

Diese App spendiert Radtouren eine neue Dimension. Maps 3D enthält topografische Karten, die sich auf Wunsch auch dreidimensional darstellen lassen. So lassen sich harte Anstiege, die man auf Papierkarten schnell übersieht, frühzeitig erkennen. Zugegeben, in Brandenburg kommt man nicht viel höher als 200 Meter, aber bei der nächsten Radtour durch die Märkische Schweiz oder spätestens in den Voralpen kann Maps 3D wertvolle Dienste leisten, um böse Überraschungen zu vermeiden. Die App bietet neben Offline-Navigation (Kartenausschnitte lassen sich vorab über W-Lan herunterladen) auch eine recht präzise Höhenmesser-Funktion und ist somit für Outdoor-Touren aller Art geeignet. Wer will, kann Routen vorab am Rechner planen und sie unterwegs aufzeichnen, um sie anschließend auszuwerten. Die App importiert gpx-Daten. Sie kostet 2,99 Euro, die Karten sind kostenlos.

Android, iOS

Bike Citizens

Die App Bike Citizens zeigt die besten Wege durch die Stadt, ob schnell zum nächsten Termin oder gemütlich durch den Park – je nach individueller Einstellung. Der Online-Routenplaner beruht auf dem Wissen von Fahrradkurieren und findet alle Nebenstraßen und Radwege für die besten Strecken durch den Großstadtdschungel. Es stehen knapp 350 Stadtkarten aus 30 Ländern für Radler zum Download bereit. Jede Stadtkarte kostet 4,99 Euro. Vielradler können neue Städte aber auch freischalten, indem sie innerhalb von 30 Tagen 100 Kilometer radeln und die Touren dabei aufzeichnen.

Android, iOS

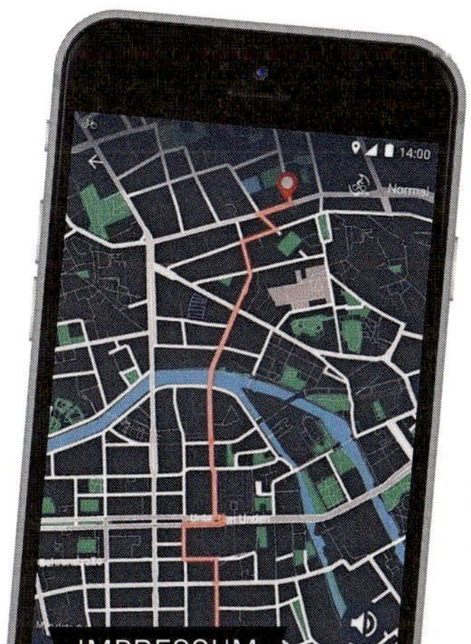

WETTER

Agrar Wetter

Landwirte sind darauf angewiesen, genau zu wissen, wie das Wetter wird. Speziell für sie wurde diese App von Bayer konzipiert. Doch Biker können sich gleichermaßen über sie freuen. Die sehr übersichtlich gestaltete App bietet detaillierte Wetterinformationen inklusive Niederschlagsprognosen, Erdboden-Temperaturkarte und Bodenfeuchtekarte – für jeden Ort abrufbar und mehrmals am Tag aktualisiert. Außerdem ist sie gratis.

Android, iOS

RegenRadar

Wird sich das dunkle Wolkengebirge über einem gleich entladen? Oder bleibt es trocken? Und wann genau strahlt wieder die Sonne? Diese Gratis-App von WetterOnline gibt präzise Antworten; sie zeigt den exakten Verlauf von Regenwolken und gibt Prognosen, wann es wo nass vom Himmel kommt. Radfahrer können Regengebiete so umfahren. Ohne Werbung 1,99 Euro.

Android, iOS

IMPRESSUM

TAGESSPIEGEL Radfahren
tagesspiegel.de/radfahren

Herausgeber
Stephan-Andreas Casdorff, Lorenz Maroldt

Redaktion
Lars Laute (Leitung), Martin Kaluza, Mirco Lomoth

Art Direktion
Suse Grützmacher, Laura Holdack

Fotoredaktion
Kai-Uwe Heinrich (Ltg.), Kitty Kleist-Heinrich, Thilo Rückeis, Doris Spiekermann-Klaas, Mike Wolff

Mitarbeit an dieser Ausgabe
Susanne Grautmann, Jörn Hasselmann, Stefan Jacobs, Klaus Kurpjuweit, Daniela Martens, Björn Seeling, Laura Stresing, Erik Wenk, Patricia Wolf, Janine Ziemann

Lektorat
Carolin Mader

Verlag
Verlag Der Tagesspiegel GmbH, Askanischer Platz 3, 10963 Berlin
www.tagesspiegel.de

Geschäftsführung
Florian Kranefuß

Verlagsleitung
Thomas Wurster

Anzeigenleitung
Philipp Nadler

Verkaufsleitung Magazine
Nils Höfert
Telefon (030) 290 21-155 25
nils.hoefert@tagesspiegel.de

Vertriebsleitung
Sebastian Stier

Herstellungsleitung
Marco Schiffner

Layout und Produktion
Dagie Brundert, Sabine Miethke, Christian Renner

Kartenmaterial
Grafik: Christian Renner
© OpenStreetMap-Mitwirkende

Infografik
Fabian Bartel

Druck
Möller Druck und Verlag GmbH

Leserservice
Telefon (030) 290 21-502
Telefax (030) 290 21-599
leserservice@tagesspiegel.de

Redaktionsschluss
17. Februar 2017

ISBN 978-3-946383-39-0

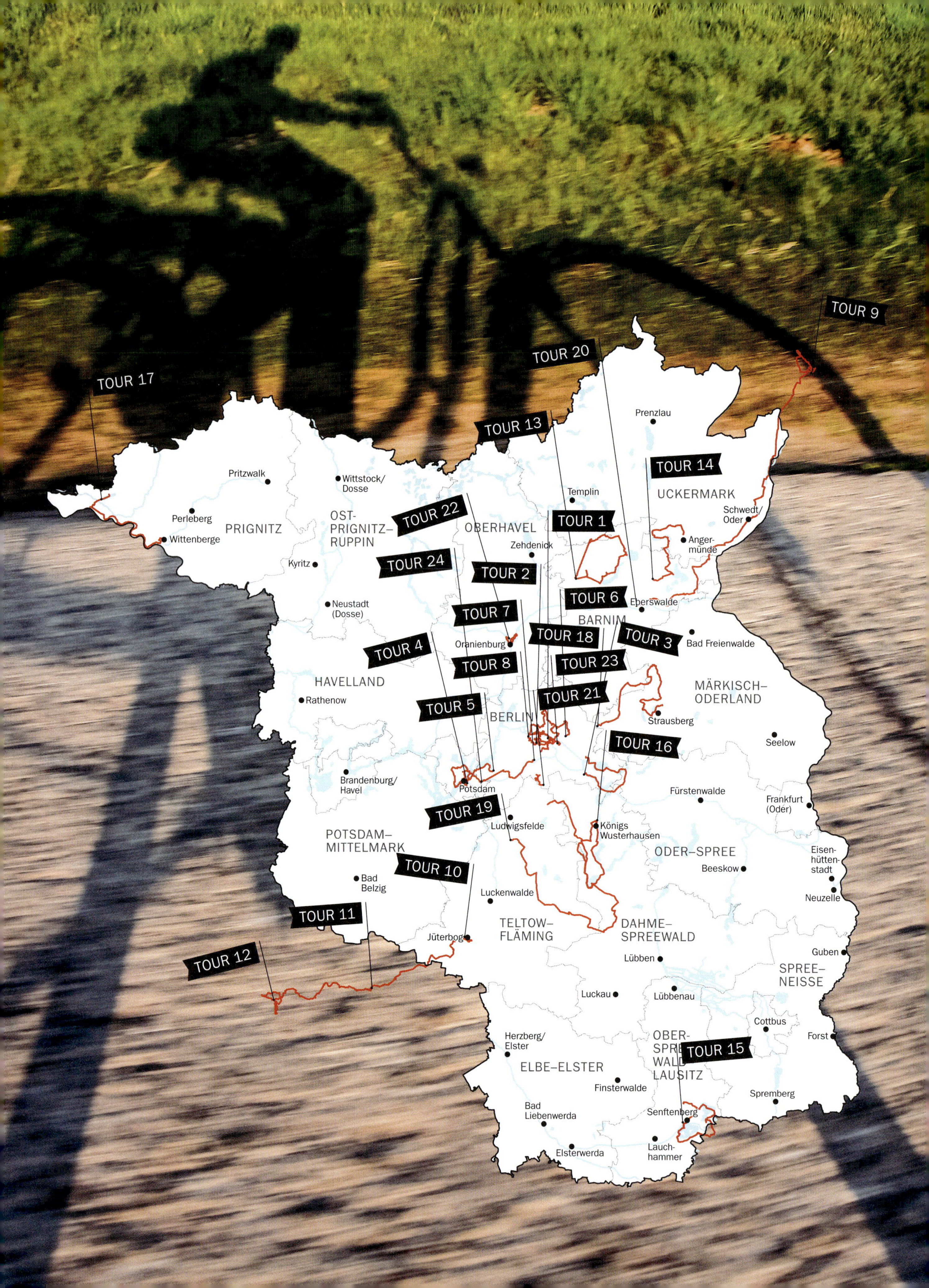
TOUR 9
TOUR 20
TOUR 17
TOUR 13
Prenzlau
TOUR 14
Pritzwalk
Wittstock/
Dosse
Templin
UCKERMARK
Perleberg
PRIGNITZ
OST-
PRIGNITZ-
RUPPIN
TOUR 22
OBERHAVEL
TOUR 1
Schwedt/
Oder
Wittenberge
Zehdenick
Anger-
münde
Kyritz
TOUR 24
TOUR 2
TOUR 6
Eberswalde
Neustadt
(Dosse)
TOUR 7
BARNIM
TOUR 18
TOUR 3
Bad Freienwalde
Oranienburg
TOUR 4
TOUR 8
TOUR 23
HAVELLAND
MÄRKISCH-
ODERLAND
TOUR 21
Rathenow
TOUR 5
BERLIN
Strausberg
TOUR 16
Seelow
Brandenburg/
Havel
Potsdam
Fürstenwalde
Frankfurt
(Oder)
TOUR 19
Ludwigsfelde
Königs
Wusterhausen
POTSDAM-
MITTELMARK
ODER-SPREE
Eisen-
hütten-
stadt
TOUR 10
Beeskow
Bad
Belzig
Neuzelle
Luckenwalde
TOUR 11
TELTOW-
FLÄMING
DAHME-
SPREEWALD
Jüterbog
TOUR 12
Guben
Lübben
SPREE-
NEISSE
Luckau
Lübbenau
Cottbus
Herzberg/
Elster
OBER-
SPREE
WALD
LAUSITZ
TOUR 15
Forst
ELBE-ELSTER
Finsterwalde
Spremberg
Bad
Liebenwerda
Senftenberg
Elsterwerda
Lauch-
hammer

DIE TOUREN

24 Touren mit detaillierter Karte und Beschreibung haben wir für Sie zusammengestellt: **DURCH STADT UND LAND**, entlang historischer Orte und zu Spielplätzen. Plus: sechs Extratouren auf alten Bahntrassen

1223
KILOMETER
Top-Radtouren durch Stadt und Land

So kommen unsere **30 TOUREN** in Ihr Smartphone oder GPS-Gerät

1 Alle Radtouren des Hefts finden Sie auf **tagesspiegel.de/radtouren** oder direkt über den QR-Code unter jeder Tourenkarte.

2 Dort finden Sie eine PDF-Datei mit Tourenbeschreibung und der vollständigen Karte zum Ausdrucken und einen Link zum Download der komprimierten gpx-Daten. Die gpx-Daten sind die Eckpunkte der Tour, die Apps (siehe Seite 70) und Navi-Geräte benötigen, um Sie auf den richtigen Weg zu schicken.

3 Viele Navi-Apps und Navi-Geräte können die heruntergeladenen gpx-Daten direkt öffnen und die Tour anzeigen. Bei Bedarf können Sie gpx-Daten aber auch manuell importieren.

Berlin & Potsdam

Geschichte

Landpartie

Familie

Bonustouren

TOUREN

BERLIN & POTSDAM

Pause am Wasser

Bergmannstraße in Kreuzberg

Café am Engelbecken

Dampfmaschinenhaus Potsdam

FOTOS Saara von Alten, Stephan Wiehler, Kitty Kleist-Heinrich, Lars Laute

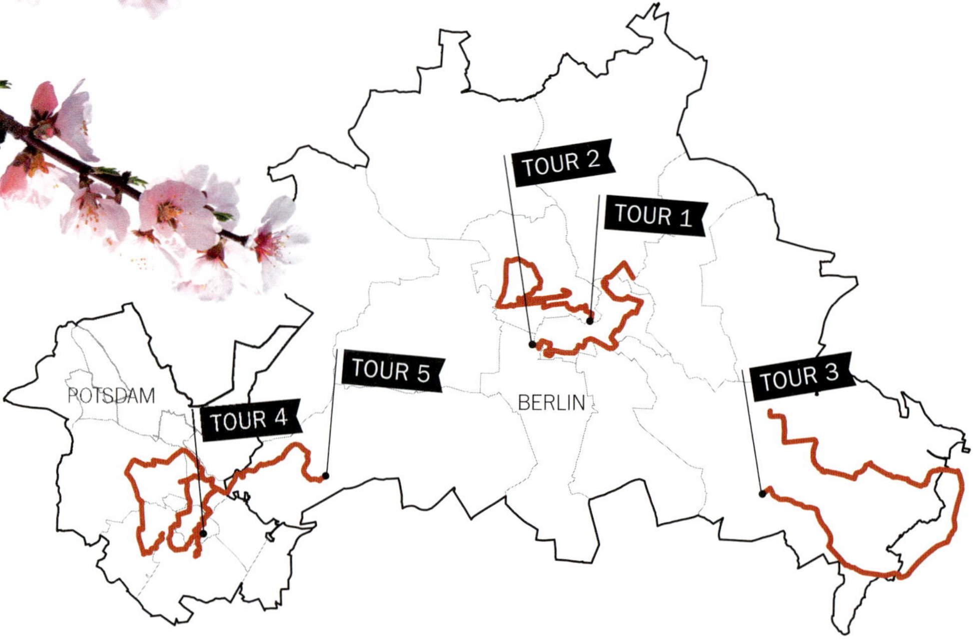

Zeit für die Stadt

Bei unseren Touren durch Berlin und Potsdam steht **VIELFALT** an erster Stelle. Wir fahren durch wuselige Kieze und malerische Feldfluren, zu Badestellen, Kunstmuseen und Biergärten

In Berlin und Potsdam kann man sich – das ist bekannt – sehr lange aufhalten, ohne sich auch nur ein bisschen zu langweilen. Beide Städte haben architektonisch viel zu bieten, sie sind kulturelle Zentren und an Parks und Seen mangelt es auch nicht. Wir haben für dieses Heft einige bunte Touren zusammengestellt, bei denen diese Vielfalt an erster Stelle steht.

Unsere erste Tour von Tagesspiegel-Chefredakteur Lorenz Maroldt führt Sie mitten durch Mitte. Verkehrstechnisch ist das anstrengend – unser Autor sagt: die Hölle – aber davon sollte man sich nicht abhalten lassen. Nirgends gibt es mehr Berlin zu sehen als hier – und zur Erholung führt die Strecke gleich zwei Mal durch den Tiergarten (Tour 1)!

Eine abwechslungsreiche Mischung aus Parks und wuseligem Kiezleben erlebt, wer den Doppelbezirk Friedrichshain-Kreuzberg einmal von Südwest nach Nordost durchradelt (Tour 2). Unsere Tour durch Treptow-Köpenick führt an nicht weniger als sieben Seen entlang. Hier stimmt auch die Ausflugs-Infrastruktur: Auf dem Weg liegen zahlreiche Badestellen, Spielplätze, Cafés und Biergärten (Tour 3).

Für Potsdam haben wir uns zwei Touren überlegt, die ganz ohne Schlösser auskommen (wer die noch nicht kennt, sollte sie sich natürlich unbedingt ansehen). Unsere Architektur-Tour führt zum Einsteinturm auf dem Telegrafenberg, zu den Fachwerkhäuschen der Russischen Kolonie Alexandrowka, einer Tropenhalle am Volkspark und dem neuen Kunstmuseum Barberini (Tour 4). Auf der nächsten Tour machen wir einen großen Bogen um den ganzen Stadtkern und folgen stattdessen den Ufern von Wannsee und Jungfernsee und durchqueren die malerische Bornimer Feldflur und das Katharinenholz (Tour 5).

FOTOS Fotolia (2), Kai-Uwe Heinrich, Ralf Hirschberger / dpa

1 | Mitten durch Mitte

Für eine Radtour durch Mitte braucht man starke Nerven, aber nirgendwo sieht man mehr von Berlin. Also – Helm auf und los! Wir fahren über die Fischerinsel, durch den Tiergarten und an der Spree entlang quer durch das Regierungsviertel

Lorenz Maroldt
ist Chefredakteur des Tagesspiegels und leidenschaftlicher Rennradfahrer

LÄNGE 19,5 km | **FAHRZEIT** ca. 2 Std. | **SCHWIERIGKEIT** ●●○○○

Engelbecken in Kreuzberg, Löwengruppe des Bildhauers Wilhelm Wolff im Tiergarten

1 | Mitten durch Mitte

➤ **START** Wir treffen uns am **Engelbecken** in Kreuzberg, stärken uns im Café noch mit einem schönen Stück Kuchen und fahren dann am Michaelkirchplatz entlang zur Köpenicker Straße. Hier biegen wir links ab, lassen den »Tresor« rechts liegen, weichen an der Kreuzung Heinrich-Heine-Straße den Überlebenden der »Sage«-Clubnacht aus, nehmen eine kleine Schleife über den **Köllnischen Park** am Märkischen Museum, überqueren die Inselbrücke, lassen die Dampfeisbrecher und Kajütboote im historischen Hafen rechts liegen und fahren auf der Fischerinsel direkt am Spreekanal entlang.

➤ **KM 2,4** Nach der Unterführung geht es über die Getraudenbrücke und anschließend rechts auf der Kurstraße vorbei am Auswärtigen Amt Richtung **Gendarmenmarkt** und weiter nach Westen zum Holocaustmahnmal. Wer bis hierhin nicht von Kutschen, Segways, Trabisafaris, Touribussen oder Bierbikes über den Haufen gefahren wurde, darf jetzt zur Erholung links von der Straße des 17. Juni drei Kilometer lang auf dem schönen Weg durch den **Tiergarten** Spaziergänger zur Seite klingen.

➤ **KM 7,8** Am S-Bahnhof Tiergarten geht es rechts in die Bachstraße und immer geradeaus, quer durch Moabit: über die Spree hinweg, die Stromstraße entlang zur Putlitzbrücke. Hier, über dem Güterbahnhof, steht das **Deportationsmahnmal** des Bildhauers Volkmar Haase, das immer wieder von Neonazis beschmiert wird. Ab Januar 1942 wurden von den Gleisen 69, 81 und 82 mehr als 32 000 jüdische Berlinerinnen und Berliner in die Todeslager geschickt.

➤ **KM 10,7** Gleich hinter der S-Bahn-Brücke am Friedrich-Krause-Ufer rechts rein und weiter bis zur Fennbrücke. Hier fahren wir auf den kleinen Uferweg, unter der Sellerstraße hindurch auf die neu gebaute Kieler Brücke (nur für Fußgänger und Radfahrer) und auf der anderen Seite rechts am Ufer weiter.

➤ **KM 12,7** Wir kommen zur **Gedenkstätte Günter Litfin**. Dessen Zwillingsbruder war von den Nazis ermordet worden, er selbst wurde 1961 bei einem Fluchtversuch im Berlin-Spandauer Schifffahrtskanal von einem DDR-Polizisten erschossen. Von hier geht es auf kreativer Wegführung weiter, direkt durch ein Haus am Kanal und immer am Wasser entlang. Am gegenüberliegenden Ufer entsteht das Neubauviertel an der Heidestraße. Daneben sehen wir den **Hamburger Bahnhof**, queren kurz darauf die Invalidenstraße und biegen hinter dem Hauptbahnhof rechts über die Hugo-Preuß-Brücke in die Rahel-Hirsch-Straße ein Richtung **Kanzlerpark**. Hinter der Moltkebrücke, direkt am Restaurant und Biergarten Zollpackhof, geht es runter zum Magnus-Hirschfeld-Ufer, gegenüber sehen wir, neben dem Kanzleramt, das Haus der Kulturen der Welt. Wir passieren die »Schlange«, den Wohnkomplex, der für Bundesbedienstete errichtet wurde, und fahren an der Paulstraße links über die Lutherbrücke. Ein kurzer Blick zum **Schloss Bellevue**, und gleich wieder links rein in die John-Foster-Dulles-Allee Richtung Reichstag. Achtung: Ab hier ist wieder Touri-Alarm.

➤ **KM 17,3** Jetzt geht es immer weiter geradeaus: Die Dorotheenstraße führt uns mit zwei kleinen Schwüngen hinter der Humboldt-Uni vorbei bis zur **Museumsinsel**. Am Kupfergraben, wo die Kanzlerin wohnt, nehmen wir eine Rechts-links-Kombination und fahren die Bodestraße rauf auf die Insel, zwischen dem Alten und dem Neuen Museum hindurch und über die Friedrichsbrücke wieder runter. Jetzt sind wir fast am Ziel: Nur noch einmal links am James-Simon-Park vorbei, durch die Bahnunterführung – und dann sehen wir schon den Biergarten der **Strandbar am Monbijou-Theater**, mit dem wunderschönen Blick aufs Bodemuseum. Na dann Prost – und gute Rückfahrt!

ESSEN & TRINKEN

1 Café am Engelbecken
Das Café am Engelbecken eignet sich nicht nur als Startpunkt der Tour, sondern ist auch ansonsten zu allen Tageszeiten empfehlenswert. Terrasse mit Wasserblick.
10179 Berlin, Michaelkirchplatz 24,
Tel. (030) 64 31 51 34, cafe-am-engelbecken.de

2 Zollpackhof
Der Zollpackhof ist ein Klassiker: draußen Biergarten-Atmosphäre mit Selbstbedienung und Blick aufs Kanzleramt, drinnen gediegen.
10557 Berlin, Elisabeth-Abegg-Straße 1,
Tel. (030) 30 33 09 97 20, zollpackhof.de

3 Strandbar am Monbijou-Theater
An der Strandbar am Monbijou-Theater gibt es, unter anderem, gute Pizza. Wenn alle Plätze belegt sind, einfach am Hang auf die Wiese setzen und den Schiffchen winken. Abends wird getanzt (Salsa, Tango, Swing).
10117 Berlin, Monbijoustraße 3b,
monbijou-theater.de/strandbar-tanz.html

FOTOS Kitty Kleist-Heinrich, Doris Spiekermann-Klaas, Kai-Uwe Heinrich

2 | Zwischen Berg und Hainen

Wer den Bezirk Friedrichshain-Kreuzberg von Südwest nach Nordost durchradelt, kann erstaunlich lange Strecken auf grünen Wegen zurücklegen: Durch vier Parks und auf zwei Berge führt uns diese Tour durch Berlins jüngsten Doppelbezirk

Stephan Wiehler schreibt den wöchenlichen Newsletter »Tagesspiegel Leute« für den Bezirk Friedrichshain-Kreuzberg

LÄNGE 20 km | **FAHRZEIT** ca. 2 Std. | **SCHWIERIGKEIT** ●●●●●

TRACK DOWNLOAD tagesspiegel.de/ radtouren

Wasserfall am Viktoriapark, Bergmannstraße in Kreuzberg, Oberbaumbrücke zwischen Kreuzberg und Friedrichshain

2 | Zwischen Berg und Hainen

➤ START Wir beginnen unsere Tour am **S-Bahnhof Yorckstraße**. Unter den Yorckbrücken biegen wir rechts in den Flaschenhalspark ab, der Weg führt rechts über die Brücke in den 2011 eröffneten **Park am Gleisdreieck**. Nach gut 100 Metern geht es rechts ab über die heute von Birken überwachsenen Gleisanlagen der Anhalter Bahn. Nach weiteren 100 Metern fahren wir links, bis wir vor dem alten Güterschuppen rechts abbiegen. Am östlichen Parkende halten wir uns rechts und verlassen den Park über die Rampe links hinter dem Spielplatz. Über den Zebrastreifen führt der Weg in die Hornstraße.

➤ KM 1,8 Rechts geht es in die Großbeerenstraße, hier blicken wir dem ersten Höhepunkt entgegen, dem **Kreuzberg** mit Nationaldenkmal für die Befreiungskriege und künstlichem Wasserfall. Für den Aufstieg fahren wir rechts über die Kreuzbergstraße und biegen in Höhe Möckernstraße links in den **Viktoriapark** ein. Die Steigung hinauf zum 60-Meter-Gipfel verlangt etwas sportlichen Ehrgeiz, bevor es über den Südhang an der ehemaligen **Schultheiss-Brauerei** über die Methfesselstraße wieder hinabgeht.

➤ KM 3,4 Wir überqueren den Mehringdamm und setzen unsere Fahrt fort durch die **Bergmannstraße**. Hinter der Marheineke-Markthalle erstreckt sich rechter Hand das größte Kreuzberger Friedhofsgelände. Ein Rundgang lohnt sich. Am Südstern passieren wir die Kirche und fahren in die Fontanepromenade. Am Ende des Grünzugs geht es rechts in die Urbanstraße, dann links in die Grimmpromenade. Die gelben Backsteinbauten des **alten Urban-Krankenhauses** säumen den Weg, das denkmalgeschützte Ensemble ist heute ein schickes Wohnviertel. Wir erreichen den **Landwehrkanal** und überqueren die Admiralbrücke. Rechts geht es am Fraenkelufer weiter, vorbei an der polizeibewachten Synagoge zu Cafés und Gründerzeithäusern am Paul-Lincke-Ufer.

➤ KM 7,8 Vom Landwehrkanal fahren wir links in die Ratiborstraße und biegen bei nächster Gelegenheit rechts ab. Wir folgen dem Kanal, der die Grenze zu Alt-Treptow bildet, bis zur Wiener Straße. Auf der anderen Straßenseite biegen wir in den **Görlitzer Park** ein, fahren am Sportplatz rechts und dann links schnurgerade zum großen Kreis, den wir bei drei Uhr wieder verlassen. Über die Oppelner Straße durchqueren wir den Wrangelkiez, biegen am Schlesischen Tor rechts ab und gelangen über die Oberbaumstraße zum Wahrzeichen des Bezirks: der **Oberbaumbrücke**. Kurz den Spreeblick genießen – und weiter geht es nach Friedrichshain. Mangels grüner Wege wird es auf den nächsten fünf Kilometern rummelig-urban.

➤ KM 11,0 Nach der Warschauer Brücke fahren wir rechts in die Revaler Straße, über die Libauer Straße rechts in die Wühlischstraße, von dort links in die Simon-Dach-Straße und danach rechts in die Krossener Straße. Hinterm **Boxhagener Platz** biegen wir links in die Gärtnerstraße, folgen dem Straßenverlauf durch die Mainzer Straße, überqueren die Frankfurter Allee und erreichen die Samariterstraße, von der wir links in die Rigaer Straße einbiegen. Wir radeln vorbei an den Transparenten linker Hausbewohner, an frischen Neubaufassaden, am **Jugend[widerstands]museum** mit sehenswerter Ausstellung zur DDR-Jugendopposition und umrunden dann den Bersarinplatz zur Hälfte, um in den Weidenweg zu fahren. Parallel zur **Karl-Marx-Allee** reihen sich hinter den denkmalgeschützten Arbeiterpalästen weitere Prachtbauten aus der frühen DDR-Zeit. Nirgendwo war Sozialismus so schön wie hier.

➤ KM 14,5 Über die Friedenstraße rechts und den Platz der Vereinten Nationen erreichen wir den **Volkspark Friedrichshain**. Zum Abschluss geht es zum zweiten Gipfel unserer Tour: Über leicht ansteigende Serpentinen gelangen wir auf das Rondell des **Großen Bunkerbergs**, der über den Trümmern des 1946 gesprengten Flakbunkers aufgeschüttet wurde. An der Nordostseite ragt noch ein Stück der Bunkerruine heraus.

➤ KM 17,3 Vorbei am Parkteich geht es in nördlicher Richtung aus dem Volkspark hinaus, rechts in die Straße Am Friedrichshain und über die Kniprodestraße bis zur Storkower Straße, die uns rechts zum **S-Bahnhof Landsberger Allee** führt.

ESSEN & TRINKEN

1 Café Strauss

Das Ehepaar Olga und Martin Strauss hat die ehemalige Aufbahrungshalle am Friedhofseingang zum Café umgestaltet. Es gibt hausgerösteten Kaffee sowie eine Auswahl von Kuchen und kleinen Snacks.
10961 Berlin, Bergmannstraße 42,
Tel. (030) 69 56 44 53, cafestraussberlin.de

2 Schoenbrunn

Mitten im Volkspark Friedrichshain treffen sich Hipster und Familien, Rentner und Radfahrer. Im Restaurant wird österreichisch-mediterrane Küche serviert, nebenan im Biergarten gibt es zu kühlen Getränken Bratwurst und Pizza.
10249 Berlin, Im Volkspark Friedrichshain,
Tel. (030) 453 05 65 25, schoenbrunn.net

FOTOS Stephan Wiehler (3), Kai-Uwe Heinrich

3 | Sieben-Seen-Tour

Diese Tour durch den Bezirk Treptow-Köpenick führt auf sehr guten Radwegen vorbei an viel Wasser. Zahlreiche Badestellen, Spielplätze, Cafés und Biergärten erwarten uns am Wegesrand. Die Route lässt sich in beide Richtungen gut fahren

Saara von Alten ist freie Mitarbeiterin beim Tagesspiegel und betreut die Familienseite – immer mittwochs im Berlin-Teil

LÄNGE 37 km | **FAHRZEIT** ca. 3,5 Std. | **SCHWIERIGKEIT** ●●●○○

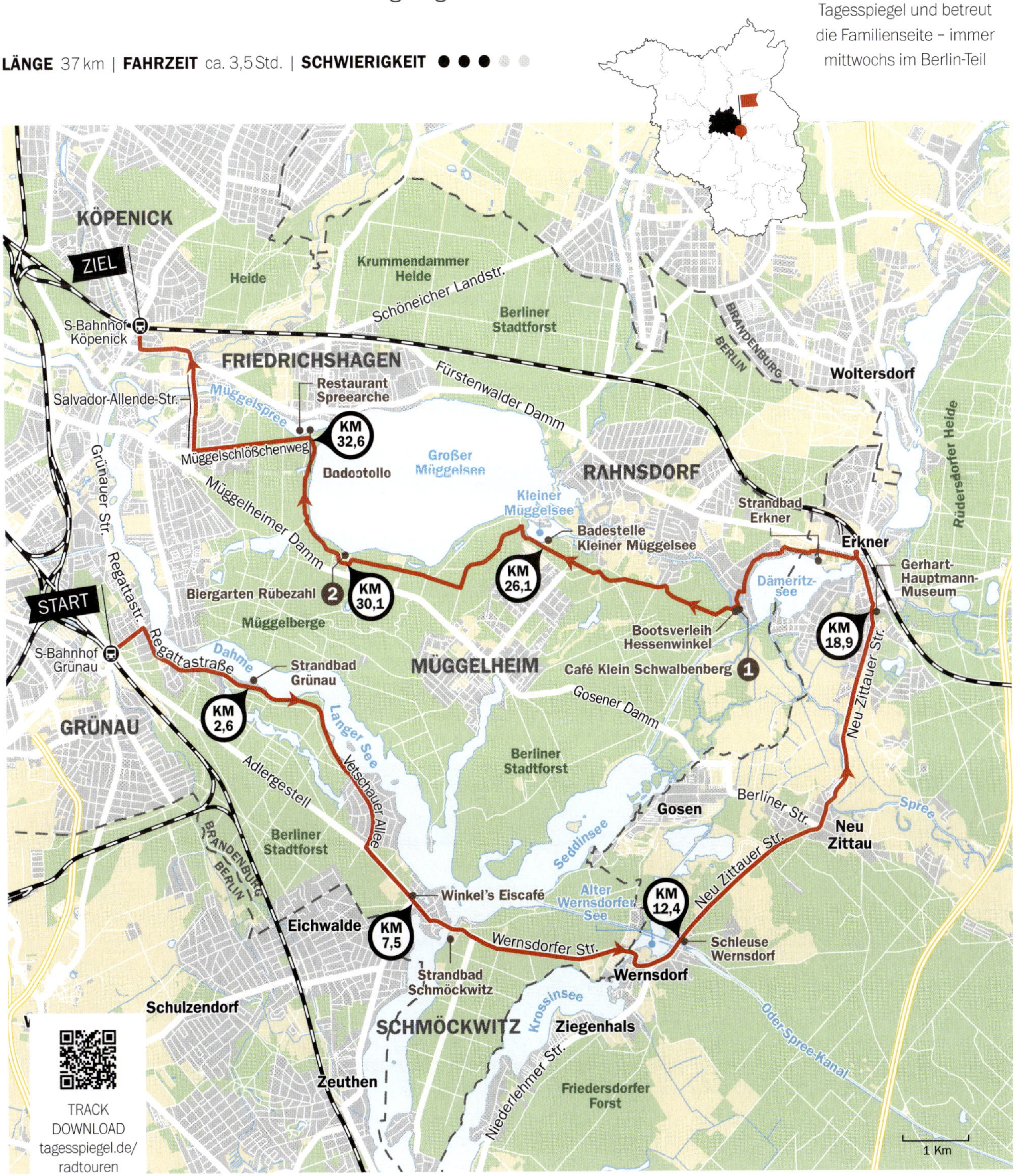

TRACK DOWNLOAD tagesspiegel.de/radtouren

Café Klein Schwalbenberg in der Nähe des Dämeritzsees, Radweg Richtung Rahnsdorf, Badestelle Kleiner Müggelsee

3 | Sieben Seen-Tour

➤ **START** Wir beginnen unsere Tour am **S-Bahnhof Grünau** und fahren die Wassersportallee Richtung **Dahme** hinunter. Nach 600 Metern biegen wir rechts auf die Regattastraße ab, die an der Regattastrecke Grünau vorbeiführt, von der wir allerdings nur die Zuschauertribüne sehen.

➤ **KM 2,6** Auf der Sportpromenade liegt mit dem **Strandbad Grünau** gleich die erste von zahlreichen Badegelegenheiten auf dieser Tour. Anschließend wird die Straße zu einem asphaltierten Radweg, der durch den Wald und am See vorbeiführt. Hier gibt es viele unauffällige Badestellen am Wegesrand. Bald endet der asphaltierte Radweg und es geht auf der Vetschauer Allee weiter Richtung Süden, bis wir nach 1,5 Kilometern an der Kreuzung Adlergestell die Straße überqueren, links abbiegen und auf dem Radweg Richtung **Schmöckwitz** fahren.

➤ **KM 7,5** Hier kann man an heißen Tagen einen kurzen Stopp in **Winkel's Eiscafé** (Adlergestell 751) einlegen und sich im Garten des Familienbetriebs einen Eisbecher genehmigen. Anschließend geht es durch den alten Ortskern von Schmöckwitz, danach links auf die Wernsdorfer Straße und bis zur Brücke über die Dahme. Direkt hinter der Brücke liegt rechts das **Strandbad Schmöckwitz** – ein Sandstrand mit sanftem Wassereinstieg in die Dahme und einem Abenteuerspielplatz für die Kleinen. Weiter fahren wir geradeaus auf der Wernsdorfer Straße und auf einem asphaltierten Radweg durch den Wald von Schmöckwitzwerder. Eine Brücke führt über den Alten Wernsdorfer See, danach ein wenig bergab auf die Dorfstraße und durch den Ortskern von **Wernsdorf**. Auf der Neu Zittauer Straße überqueren wir bald darauf eine weitere Brücke.

➤ **KM 12,4** Die **Schleuse Wernsdorf** ist die letzte Schleuse des Oder-Spree-Kanals vor den Berliner Gewässern. Nach der Brücke endet der Radweg, eine ganze Weile folgt die Route nun der Straße Richtung Nordosten. Nachdem wir hinter Neu Zittau die Spree überquert haben, gibt es wieder einen sehr guten Radweg. Wir radeln vorbei an Wiesen und Feldern, immer mit ausreichend Abstand zur Straße.

➤ **KM 18,9** Auf der Friedrichstraße durchqueren wir **Erkner**. Wer am Kreisverkehr rechts abbiegt, kann einen kurzen Abstecher zum **Gerhart-Hauptmann-Museum** machen. Ansonsten geht es weiter geradeaus und hinter der Brücke links die Uferpromenade hinunter. Nach 100 Metern biegen wir rechts auf die Hessenwinkler Straße ab, die später zu einem Kiesweg wird, der uns wenige hundert Meter durch den Wald entlang des Dämeritzsees führt. Hier liegt eine weitere Badestelle. Hinter dem kleinen Waldstück geht es links auf die Lindenstraße und durch die **Villenkolonie** Rahnsdorf-Hessenwinkel bis zur Triglawbrücke (Baujahr 1913), die uns auf eine kleine Insel zwischen Dämeritzsee, Müggelspree und Altem Spreearm bringt. Hier lohnt eine Rast im Café Klein Schwalbenberg, das direkt neben dem **Bootsverleih Hessenwinkel** liegt, bei dem man Flöße oder Kajaks mieten kann. Über eine putzige Holzbrücke verlassen wir Rahnsdorf und fahren weiter auf dem Radweg durch den Wald. Hier der Beschilderung Richtung Müggelsee folgen.

➤ **KM 26,1** Wir erreichen die von Wald umgebene **Badestelle Kleiner Müggelsee** mit ihrem abschüssigem Sandstrand. Auch hier gibt es einen Tret- und Ruderbootverleih ganz in der Nähe. Der Kleine Müggelsee ist sauberer als sein großer Bruder – und wer den größeren Strand meiden will, findet auch mehrere kleine Badestellen im Wald. Danach fahren wir weiter auf die Straße zum Müggelhort und nach 1,5 Kilometern rechts auf den Radweg zum Südufer Müggelsee.

➤ **KM 30,1** Vorbei an der rummeligen Schiffsanlegestelle **Rübezahl** mit Biergarten führt der Radweg parallel zur Müggelseepromenade Richtung Müggelspree. Auf dem **Highspeed-Radweg** können wir richtig Tempo geben.

➤ **KM 32,6** Hier bietet sich die letzte Gelegenheit, noch einmal schwimmen zu gehen. Vom Müggelspree-Ufer blickt man auf das freischwimmende **Restaurant Spreearche.** Der Radweg führt durch den Wald auf den Müggelschlößchenweg zur Salvador-Allende-Straße, in die wir rechts einbiegen. Links folgen wir der Seelenbinderstraße und dann rechts der Borgmannstraße zum **S-Bahnhof Köpenick**.

ESSEN & TRINKEN

1 Café Klein Schwalbenberg
Kleines Garten-Café mit Bambushütte und Sonnenschirmen, in dem man Kaffee, Kuchen, Torte und Eis bekommt.
12589 Berlin, Triglawstraße 20,
Tel. (0171) 931 83 67, kleinschwalbenberg.de

2 Biergarten Rübezahl
Ein großer Biergarten mit Blick auf die Schiffsanlegestelle Rübezahl und deftigen Speisen vom Grill. Für den kleineren Hunger gibt es Ofenkartoffeln oder Brezeln.
12559 Berlin, Müggelheimer Damm 143,
Tel. (030) 656 61 68 80, ruebezahl-berlin.de

FOTOS Saara von Alten (3), Kai-Uwe Heinrich, Lars Laute

4 | Potsdam ohne Prunk

Auch abseits der Schlösser hat Potsdam architektonisch viel zu bieten: Diese Tour führt zum Einsteinturm auf dem Telegrafenberg, zu den Fachwerkhäuschen der Russischen Kolonie Alexandrowka, einer Tropenhalle am Volkspark und zum neuen Museum Barberini

Lars Laute
betreut für den Tagesspiegel das Magazin »Radfahren« und ist privat mit Rennrad und Mountainbike unterwegs

LÄNGE 18,3 km | **FAHRZEIT** ca. 2 Std. | **SCHWIERIGKEIT** ●●●○○

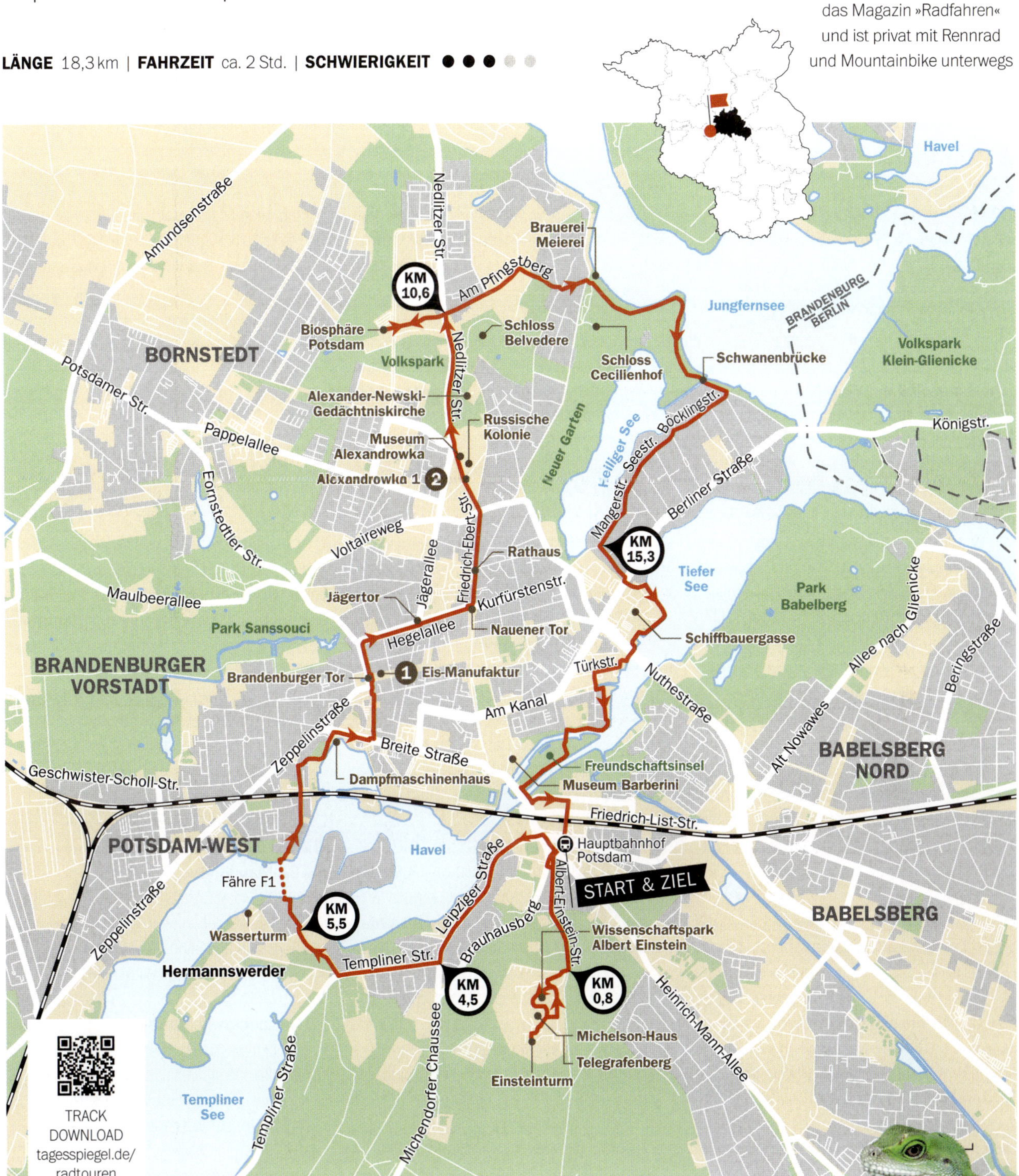

Einsteinturm, Dampfmaschinenhaus, Holzstatue im Garten des Museums Alexandrowka, Restaurant Alexandrowka Haus 1

4 | Potsdam ohne Prunk

➤ **START** Am **Hauptbahnhof Potsdam** nehmen wir den Ausgang in Richtung Bus und Tram, überqueren die Ampel linker Hand und gelangen über einen kleinen Radweg links auf die Albert-Einstein-Straße, die uns auf den **Telegrafenberg** führt.

➤ **KM 0,8** Rechts geht es in den **Wissenschaftspark Albert Einstein**. Das Gelände lässt sich am besten auf einer kleinen Tour zum ausgeschilderten **Einsteinturm** erkunden, der zwischen 1919 und 1922 nach den Plänen des Architekten Erich Mendelsohn errichtet wurde. Auf dem Weg liegen zahlreiche interessante Gebäude, darunter das **Michelson-Haus** mit drei Kuppeln, in dem heute das Potsdam-Institut für Klimafolgenforschung sitzt. Dann geht es wieder zurück auf der Albert-Einstein-Straße. Unten angekommen fahren wir links über die Heinrich-Mann-Allee und biegen wieder links auf den Radweg entlang der Leipziger Straße ein.

➤ **KM 4,5** Von der Leipziger Straße fahren wir rechts in Richtung Caputh und biegen nach 600 Metern rechts zur Fähre F 1 ab. Wir gelangen auf die **Halbinsel Hermannswerder**, auf der seit 1901 die evangelische Hoffbauer-Stiftung mehrere Bildungseinrichtungen unterhält.

➤ **KM 5,5** Wir folgen dem Straßenverlauf und biegen direkt links in Richtung Fähre ab. Die F 1 fährt in der Regel alle 15 Minuten. Wer noch etwas Wartezeit hat, kann Hermannswerder erkunden, etwa den **historischen Wasserturm** vom Ende des 19. Jahrhunderts. Nach der Fährfahrt auf die andere Havelseite halten wir uns rechts, folgen der Straße Auf dem Kiewitt und fahren rechts auf dem Radweg wieder in Richtung Potsdam-Zentrum. Hinter dem **bunten Dampfmaschinenhaus**, das in den 1840er Jahren im Stil einer türkischen Moschee errichtet wurde, um die Fontänen am Schloss Sanssouci mit Wasser aus der Havel zu versorgen, fahren wir rechts über die Breite Straße und biegen dann dem Radweg folgend links zum **Brandenburger Tor** ab. Auf der weiteren Strecke entlang des Mittelstreifens passieren wir auch die zwei weiteren, noch erhaltenen Stadttore aus dem 18. Jahrhundert: das **Jägertor** und das **Nauener Tor**, an dem wir links in die Friedrich-Ebert-Straße abbiegen. Wir passieren das Rathaus und gelangen zur **Russischen Kolonie Alexandrowka**. 1826 wurde das Ensemble von Friedrich Wilhelm III. in Auftrag gegeben als »Denkmal der Erinnerung an die Bande der Freundschaft« zwischen Preußen und dem russischen Zar Alexander im Kampf gegen Napoleon. Heute gehören die Fachwerkhäuser zum UNESCO-Weltkulturerbe. Das **Museum Alexandrowka** informiert über die Geschichte der Kolonie. Auf dem Radweg entlang der Nedlitzer Straße geht es anschließend weiter in Richtung Norden. Rechter Hand bietet sich ein Abstecher zur russisch-orthodoxen **Alexander-Newski-Gedächtniskirche** an, der Weg ist ausgeschildert. Ganz in der Nähe liegt auch das Schloss Belevedere.

➤ **KM 10,6** Wir fahren links in die Esplanade in Richtung des 2001 für die BUGA gestalteten **Volksparks**, an dessen Rand die **Biosphäre Potsdam** liegt. In der Tropenhalle, die Ende 2017 schließen soll, plätschert ein Wasserfall, es donnert, ein Geysir bricht aus – und mittendrin campieren Geckos, Grüne Leguane und Chamäleons in ihren Terrarien. Nach der Reptilien-Beschau fahren wir zurück über die Esplanade, überqueren die Nedlitzer Straße und folgen dem ausgeschilderten Radweg in den **Neuen Garten**. An der Brauerei Meierei halten wir uns rechts und fahren entlang des Jungfernsee-Ufers durch den Park. Hinter der Schwanenbrücke biegen wir rechts auf den Radweg in Richtung Zentrum ab und passieren über kopfsteingepflasterte Straßen **luxuriöse Villen**. Wer einen asphaltierten Radweg bevorzugt, fährt hinter der Brücke geradeaus und dann rechts entlang der Berliner Straße.

➤ **KM 15,3** Links geht es in die Otto-Nagel-Straße und dann geradeaus über die Berliner Straße in Richtung **Schiffbauergasse**, an der zahlreiche Potsdamer Kulturinstitutionen ihren Sitz haben. Der Uferweg führt uns unter einer Brücke hindurch bis zur Türkstraße, auf der wir links in die Heilig-Geist-Straße abbiegen. Dann wieder links in die Straße Am Kanal, der Großen Fischerstraße folgen und links auf dem ausgeschilderten Radweg entlang des Havelufers über die **Freundschaftsinsel** weiter zum **Hauptbahnhof**. Wer noch Zeit hat, sollte unbedingt einen Abstecher zum neu eröffneten **Museum Barberini** machen, das nur wenige hundert Meter entfernt ist.

ESSEN & TRINKEN

❶ Eis-Manufaktur
Seit 2007 bietet dieses »Eislabor« eine große Auswahl selbst gemachter Eissorten, kreativer Toppings und Spaghetti-Eisbecher. 14467 Potsdam, Brandenburger Straße 67

❷ Alexandrowka Haus 1
In dem gemütlichen Fachwerkhaus in der Russischen Kolonie gibt es klassische russische Gerichte wie Bliny, Blinschki oder Kartoffel-Piroggen – im Sommer auch auf dem Freisitz. 14469 Potsdam, Russische Kolonie 1, Tel. (0331) 200 64 78, alexandrowka-haus1.de

FOTOS R. Arlt, AIP, Lars Laute (3), Kai-Uwe Heinrich

5 | Uferwege und Alleen

Bei dieser Potsdam-Tour bewegen wir uns abseits des Stadtkerns, folgen den Ufern von Wannsee und Jungfernsee, sehen einige der weniger bekannten Sehenswürdigkeiten Potsdams und queren die malerische Bornimer Feldflur und das Katharinenholz

Erik Wenk
ist freier Journalist und schreibt regelmäßig für den Tagessspiegel und die Potsdamer Neuesten Nachrichten

LÄNGE 27,2 km | **FAHRZEIT** ca. 2,5 Std. | **SCHWIERIGKEIT** ●●●○○

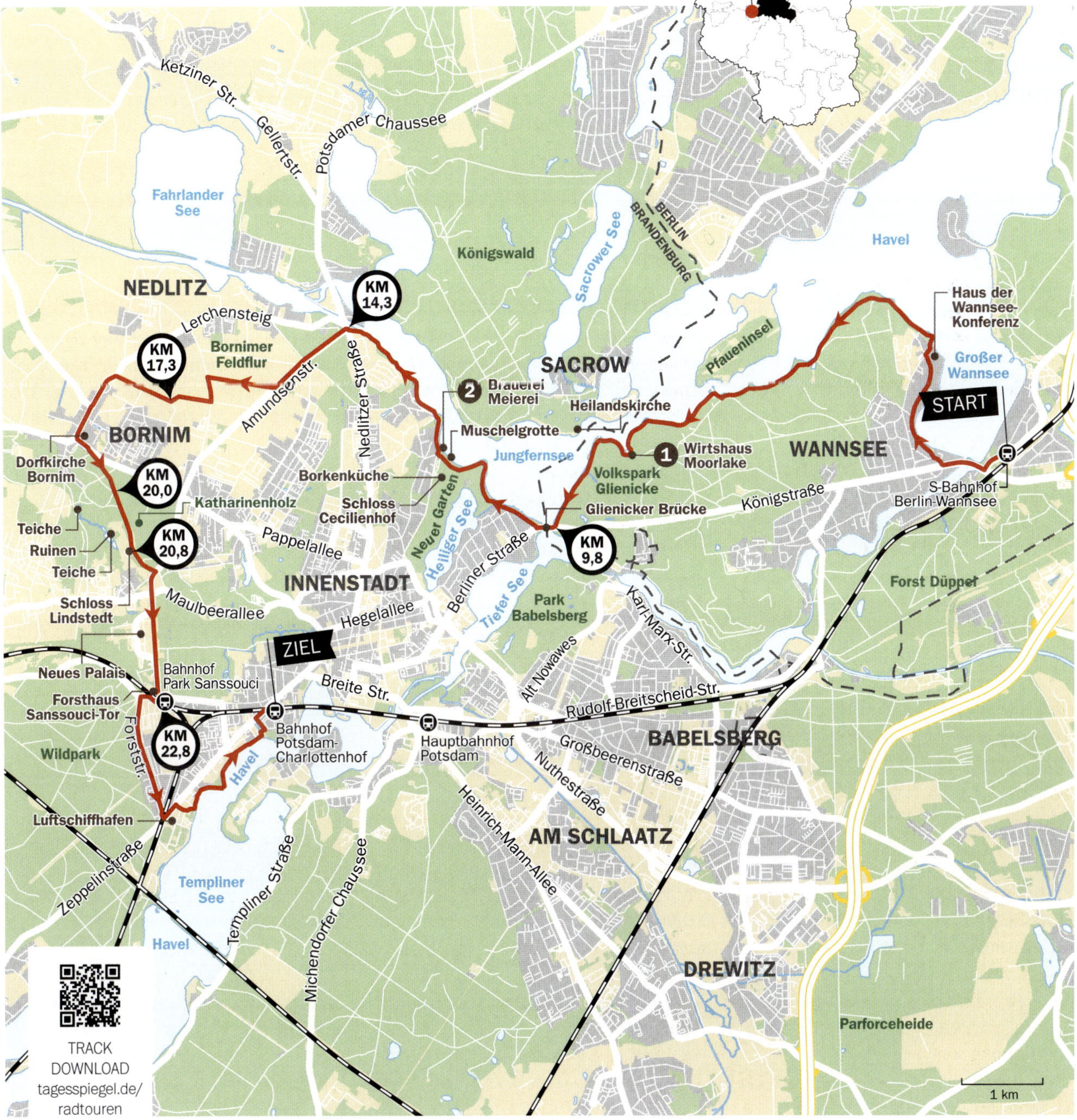

Glienicker Brücke, Neues Palais im Park Sanssouci

5 | Uferwege und Alleen

➤ **START** Vom **S-Bahnhof Berlin-Wannsee** geht es über den Kronprinzessinnenweg rechts auf die Königstraße und dann rechts in die Straße Am Großen Wannsee, deren Verlauf wir folgen. Hinter der Gedenkstätte Haus der Wannsee-Konferenz geht es rechts auf einen Waldweg, der uns über mehrere Kilometer am Wannsee entlangführt. Am gegenüberliegenden Ufer sehen wir die **Pfaueninsel** und die **Heilandskirche Sacrow**. Achtung: gelegentlich sandige Stellen auf dem Weg! Schließlich wartet der **Volkspark Glienicke** mit seiner mediterranen Architektur wie dem Casino Glienicke.

➤ **KM 9,8** Bei der Fahrt über die **Glienicker Brücke** lässt sich der Ausblick linker Hand auf den **Park Babelsberg** genießen. Anschließend biegen wir rechts auf die Schwanenallee zum **Neuen Garten** ein. Hier halten wir uns weiter am Ufer, wo man auch unbekanntere Sehenswürdigkeiten des Parks entdecken kann, zum Beispiel die skurrile Borkenküche. Vorbei am geschichtsträchtigen **Schloss Cecilienhof** und der Muschelgrotte geht es hinter der **Meierei** zum Ausgang des Neuen Gartens und rechts in die von Villen gesäumte Bertinistraße, die uns nach kurzer Zeit zum neu gebauten Radweg am **Jungfernsee** bringt, der fast bis zur Nedlitzer Brücke reicht.

➤ **KM 14,3** Nun geht es links auf die Amundsenstraße, weg vom Wasser, dafür aber mitten in die malerische **Bornimer Feldflur**, durch die sich zahlreiche kleine Wege ziehen. Von der Amundsenstraße biegen wir nach rund einem Kilometer rechts in die Grenzallee ein. Direkt am Weg stehen **Maulbeerbäume**, die vor über 100 Jahren zur Seidenraupenzucht gepflanzt wurden. Am Ende des Wegs biegen wir links in die Lindenallee und nach etwa 300 Metern rechts in eine weitere – diesmal namenlose – Allee ein, die uns zu einem kleinen runden Platz bringt.

➤ **KM 17,3** Von dem Platz aus führt ein gerader Weg Richtung Nordwesten und endet in der Rückertstraße, der wir nach links folgen. Hinter der neugotischen **Dorfkirche Bornim** biegen wir erneut links ab, fahren etwa 200 Meter an der Potsdamer Straße entlang, bevor wir schräg rechts in die Lindstedter Chaussee einbiegen und das **Katharinenholz** passieren. Was einst als »Chaussee« bezeichnet wurde, ist heute ein etwas holpriger Waldweg mit ein paar sandigen Stellen. Dafür geht es nach einem kurzen Anstieg aber fast nur bergab.

➤ **KM 20,0** Wer das Katharinenholz näher erkunden will, biegt hier links in Richtung der **Ruinen preußischer Schießstände** ab oder fährt nach weiteren 500 Metern rechts ab zu den **Düsteren Teichen**. Die reguläre Strecke führt uns dagegen weiter geradeaus durch das Waldgebiet.

➤ **KM 20,8** Nach der rustikalen Waldstrecke werden tapfere Radler mit einem echten Geheimtipp belohnt: Das idyllische **Schloss Lindstedt** mit seinem kleinen Garten kennen selbst viele Potsdamer nicht. Friedrich Wilhelm IV. ließ es sich zwischen 1858 und 1861 von Ludwig Persius als Alterssitz errichten. Vom Schloss aus fahren wir weiter auf der Amundsenstraße, in die wir rechts einbiegen, und gelangen schließlich zum barocken Schloss **Neues Palais** am Westrand des Parks Sanssouci. Jetzt geht es weiter geradeaus zum ehemaligen Kaiserbahnhof Park Sanssouci.

➤ **KM 22,8** Hinter der Eisenbahnbrücke halten wir uns rechts und gelangen nach etwa 150 Metern zu dem im normannischen Stil erbauten **Forsthaus Sanssoucitor**, das heute als Tierklinik genutzt wird und den Eingang des **Wildparks** markiert. Über die Forststraße fahren wir weiter bis zur Kreuzung Zeppelinstraße, in die wir links einbiegen. Nach 200 Metern geht es rechts durch den Eingang des **Luftschiffhafens** zurück ans Havelufer, wo wir links einbiegen. Der Weg entlang der Havel endet abrupt nach einer kleinen Holzbrücke, hinter der es erst links und dann rechts auf die Wielandstraße geht. Wir biegen direkt in die erste Straße links ab und fahren dann rechts wieder in die Zeppelinstraße, die uns zum **Bahnhof Potsdam-Charlottenhof** bringt, von dem Regionalzüge in Richtung Berlin verkehren.

ESSEN & TRINKEN

1 Wirtshaus Moorlake
Das über 100 Jahre alte Wirtshaus im bayerischen Stil mit großem Biergarten liegt sehr ruhig an einer kleinen Havelbucht im Volkspark Glienicke.
14109 Berlin, Moorlakeweg 6,
Tel. (030) 805 58 09, moorlake.de

2 Brauerei Meierei
Die Meierei am nördlichen Ende des Neuen Gartens verfügt nicht nur über eine große Seeterrasse, sondern braut auch eigenes Bier.
14469 Potsdam, Im Neuen Garten 10,
Tel. (0331) 704 32 11, meierei-potsdam.de

FOTOS Erik Wenk, Kitty Kleist-Heinrich (2)

TOUREN

GESCHICHTE

Am Zehlendorfer Stichkanal

SO36 in der Oranienstraße

Ausflugslokal Kornhaus Dessau

Gedenkstätte Bürgerpark Pankow

FOTOS Kitty Kleist-Heinrich, Sebastian Lehmann, Doreen Ritzau/Stiftung Bauhaus Dessau, Björn Seeling

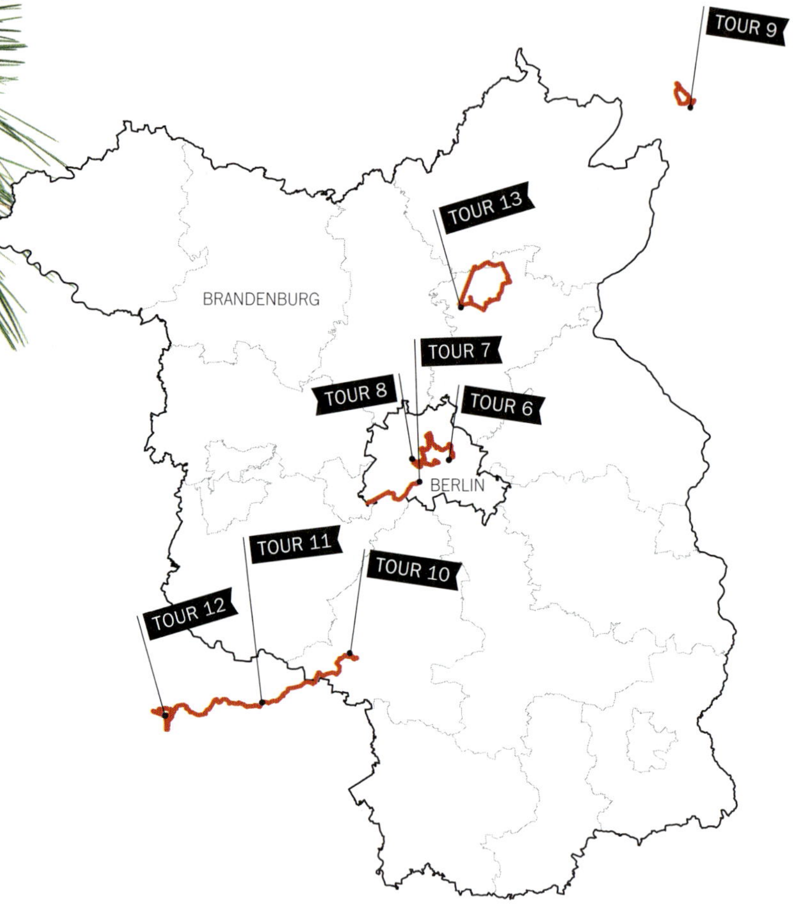

War was?

Wir begeben uns auf **ZEITREISE**, besuchen fast vergessene Grenztürme, Orte der Reformation und die Jagdhütte von Erich Honecker

Berlin und Brandenburg teilen sich eine reiche Geschichte. An unzähligen Orten sind die Spuren vergangener Zeiten sichtbar. Wir haben uns einige Episoden herausgesucht, besuchen Wahrzeichen und Gedenkstätten, die in keinem Reiseführer fehlen – aber wir begeben uns auch auf die Suche nach versteckten Erinnerungsorten, die man im Alltag oft übersieht.

In Berlin suchen wir nach den Spuren der DDR, besuchen die Gräber ermordeter Kommunistenführer und fast vergessene Grenztürme (Tour 6). Im alten Westen der Stadt spüren wir die Kneipen und Kunsträume auf, in denen sich die Pop-Avantgarde der 70er und 80er Jahre tummelte. Welche davon gibt es überhaupt noch (Tour 8)? Und dass es sich entlang des Teltowkanals heute so bequem radeln lässt, liegt daran, dass dies einst Treidelwege waren, auf denen vor hundert Jahren Lokomotiven fuhren, um Schiffe zu ziehen (Tour 7).

Außerhalb von Berlin haben wir drei Touren zusammengestellt, die man einzeln als Tagesausflüge fahren oder kombinieren kann. Anlässlich des 500-jährigen Jubiläums der Reformation fahren wir auf dem Luther-Tetzel-Weg von Jüterbog, wo Luthers Gegenspieler Johann Tetzel Ablassbriefe verkaufte, zur Lutherstadt Wittenberg (Tour 10). Von hier aus starten wir zu dem im 18. Jahrhundert geschaffenen Dessau-Wörlitzer Gartenreich (Tour 11) und fahren weiter nach Dessau, wo wir die Stätten des Bauhaus besuchen, der bedeutendsten deutschen Kunstschule des 20. Jahrhunderts (Tour 12).

Nur zwei Stunden von Berlin entfernt schauen wir uns bei den Nachbarn in Stettin um, einer Stadt reich an Sehenswürdigkeiten (Tour 9). Und in der Schorfheide, nördlich von Berlin, gaben sich über Jahrhunderte die Mächtigen die Flinte in die Hand. Hier radeln wir zu einem kaiserlichen Jagdschloss und zu den Waldresidenzen von Erich Honecker und Hermann Göring (Tour 13).

FOTOS iStock, Laura Stresing, Kitty Kleist-Heinrich

6 | Spuren eines Landes

Wir begeben wir uns auf die Spuren der DDR, die im heutigen Berliner Stadtbild zunehmend verblassen. Unsere Tour führt uns zu den Gräbern ermordeter Kommunisten-Führer, fast vergessenen Grenztürmen und den Spuren der Wendezeit

Tagesspiegel-Redakteur **Björn Seeling** radelte die ersten 21 Jahre seines Lebens ausschließlich durch die DDR

LÄNGE 31,8 km | **FAHRZEIT** ca. 3,0 Std. | **SCHWIERIGKEIT** ● ● ● ● ●

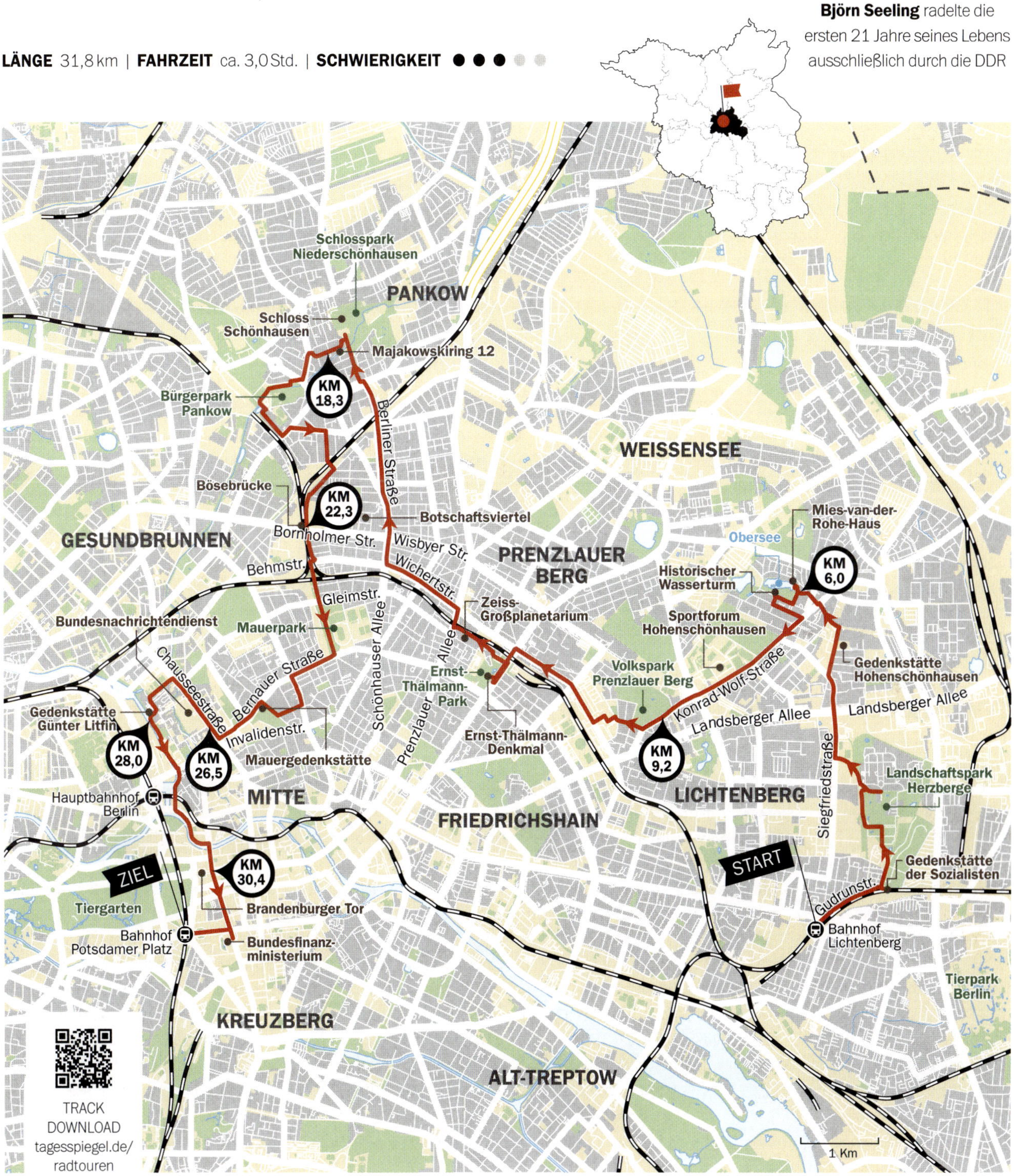

Schloss Schönhausen, Denkmal im Bürgerpark Pankow, ehemaliger Grenz-Wachturm an der Gedenkstätte für Günter Litfin

6 | Spuren eines Landes

➤ **START** Am **Bahnhof Lichtenberg** nutzen wir den Ausgang zur Gudrunstraße, der wir nach rechts folgen, um zur **Gedenkstätte der Sozialisten** zu gelangen. Zu DDR-Zeiten gab es hier jedes Jahr im Januar eine Demonstration von Hunderttausenden zu den Gräbern der ermordeten Kommunistenführer Karl Liebknecht und Rosa Luxemburg. Auch heute pilgern Linke noch gern hierher. Ein Rundgang in Ruhe ist empfehlenswert. Nach der Besichtigung geht's ein paar Meter zurück und dann rechts auf einen Radweg am Friedhofsgelände entlang zum **Landschaftspark Herzberge**, der auf dem Gelände eines früheren Volkseigenen Guts entstanden ist, das Gemüse für Ost-Berlin produzierte. In der Grünanlage stand zu DDR-Zeiten unter anderem ein Zeltlager, in dem Studenten wohnten, die während der Ferien »freiwillig« in Ost-Berliner Betrieben oder auf Baustellen arbeiteten. Bald kommen die typischen Plattenbauten in Sicht. Über die Siegfriedstraße gelangen wir zur **Gedenkstätte Hohenschönhausen**. Früher war hier das Untersuchungsgefängnis der Staatssicherheit, heute führen ehemalige Häftlinge über das Gelände. Anschließend quer durchs »alte« Hohenschönhausen zum **Obersee**.

➤ **KM 6,0** Wir stehen vor der Villa Lemke, wegen ihres Architekten auch **Mies-van-der-Rohe-Haus** genannt. Die Rote Armee nutzte es nach dem Zweiten Weltkrieg als Garage, die Stasi später als Wäschedepot, Hausmeisterwohnung und Küche. Die Villengegend war bevorzugter Wohnort von DDR-Funktionären. Wir umrunden den Obersee oder fahren ein Stück zurück und dann zum **historischen Wasserturm**, anschließend über die Konrad-Wolf-Straße Richtung Südwesten zum **Sportforum Hohenschönhausen**. Das 500 000 Quadratmeter große Gelände war schon zu DDR-Zeiten Zentrum des Leistungssports.

➤ **KM 9,2** Im **Volkspark Prenzlauer Berg** stand bis kurz nach der Wende ein Denkmal für die DDR-Betriebskampfgruppen, eine paramilitärische Truppe, die im Ernstfall die reguläre Armee unterstützen sollte. Durch die wohl einzige Einfamilienhaussiedlung Prenzlauer Bergs geht es über die Storkower Straße zum **Ernst-Thälmann-Park**. Das Denkmal für KPD-Führer Thälmann, der von den Nazis 1944 im KZ Buchenwald ermordet wurde, steht seit 1986 auf dem Gelände eines früheren Gaswerks. Die hiesige Wohnsiedlung war ein Vorzeigeobjekte der Ost-Berliner Stadtplanung. Weiter geht's zum **Zeiss-Großplanetarium**, das zur 750-Jahr-Feier Berlins eröffnet wurde. Auch DDR-Staats- und Parteichef Erich Honecker kam damals zur Premiere. Das Haus ist gerade renoviert und mit neuer Technik versehen worden. Quer durch Prenzlauer Berg führt der Weg über Wichertstraße und Schönhauser Allee ins **Botschaftsviertel**. In den Einheitsbauten befinden sich noch heute diplomatische Vertretungen. Die Berliner Straße, die ins Zentrum von Pankow führt, war früher »Protokollstrecke«: Staatsgäste fuhren hier entlang zum Schloss Niederschönhausen – heute **Schloss Schönhausen** –, dem Gästehaus der DDR-Führung. Der erste DDR-Präsident residierte hier. Gegenüber befindet sich ein Plattenbau, in dem zu Wendezeiten der Runde Tisch tagte, der den friedlichen Übergang zu freien Wahlen ermöglichte. Das Villenviertel drum herum hieß im Volksmund »Städtchen«, da es – vor dem Umzug der DDR-Spitze nach Wandlitz – abgeschottet war.

➤ **KM 18,3** Im **Majakowskiring** wohnten früher viele DDR-Funktionäre. In der Nummer 12 lebte bis zu ihrem Tod Walter Ulbrichts Ehefrau Lotte. In einen hässlichen Bungalow im Rudolf-Ditzen-Weg zog Egon Krenz ein, Kurzzeit-Chef von DDR und SED. Nun der Grabbeallee zum **Bürgerpark Pankow** folgen. Am westlichen Parkende kommt der frühere Todesstreifen in Sicht. Weiter zum Grenzstreifen an der Bornholmer Straße.

➤ **KM 22,3** »Macht das Tor auf«: Am 9. November 1988 öffnete sich am **Übergang auf der Bösebrücke** die Grenze. Weiter geht's erst auf dem früheren Postenweg, dann auf öffentlicher Straße hinüber zum **Mauerpark**. Dieses frühere Bahngelände war ebenfalls Grenzgebiet. Auf dem Weg zur **Mauergedenkstätte** an der Bernauer Straße empfiehlt es sich, den früheren Postenweg zu nutzen. Vieles zur deutschen Teilung wird hier anschaulich erklärt.

➤ **KM 26,5** Das Riesengelände des **Bundesnachrichtendienstes** an der Chausseestraße rückt ins Blickfeld. Zu DDR-Zeiten war hier das **Stadion der Weltjugend**, in dem die Lokalderbys von BFC Dynamo und 1. FC Union stattfanden. Anschließend folgen wir dem Mauerweg.

➤ **KM 28,0** Einer der wenigen noch erhaltenen Grenz-Wachtürme ist heute eine **Gedenkstätte für Günter Litfin**, der bei der Flucht aus Ost-Berlin erschossen wurde.

➤ **KM 30,4** Nach Passieren des **Brandenburger Tors** fahren wir durch die Plattenbausiedlung in der Wilhelmstraße. In der Wendezeit am Rande Ost-Berlins errichtet, steht das Viertel nun mittendrin. An kaum einem anderen Ort fallen Anfang und Ende der DDR so zusammen wie am heutigen **Bundesfinanzministerium**. 1949 wurde hier der Arbeiter- und Bauernstaat gegründet – und nach der Wende abgewickelt: Die Treuhandanstalt privatisierte von hier aus die volkseigenen Betriebe. Vom Ministerium ist der **Bahnhof Potsdamer Platz** nur wenige hundert Meter entfernt.

FOTOS Kitty Kleist-Heinrich, Björn Seeling (2), Mike Wolff

7 | Von Kähnen und Königen

Einst fuhren am Ufer des Teltowkanals Lokomotiven, die die Schiffe auf dem Wasser zogen. Auf den alten Treidelwegen lässt es sich heute prima radeln. Entlang der ehemaligen Grenze fahren wir anschließend auf dem schnurgeraden Königsweg nach Potsdam

Andreas Austilat
ist Reporter beim Tagesspiegel und schreibt regelmäßig zu Themen der Berliner Stadtgeschichte

LÄNGE 20,9 km | **FAHRZEIT** ca. 2 Std. | **SCHWIERIGKEIT** ● ● ● ● ●

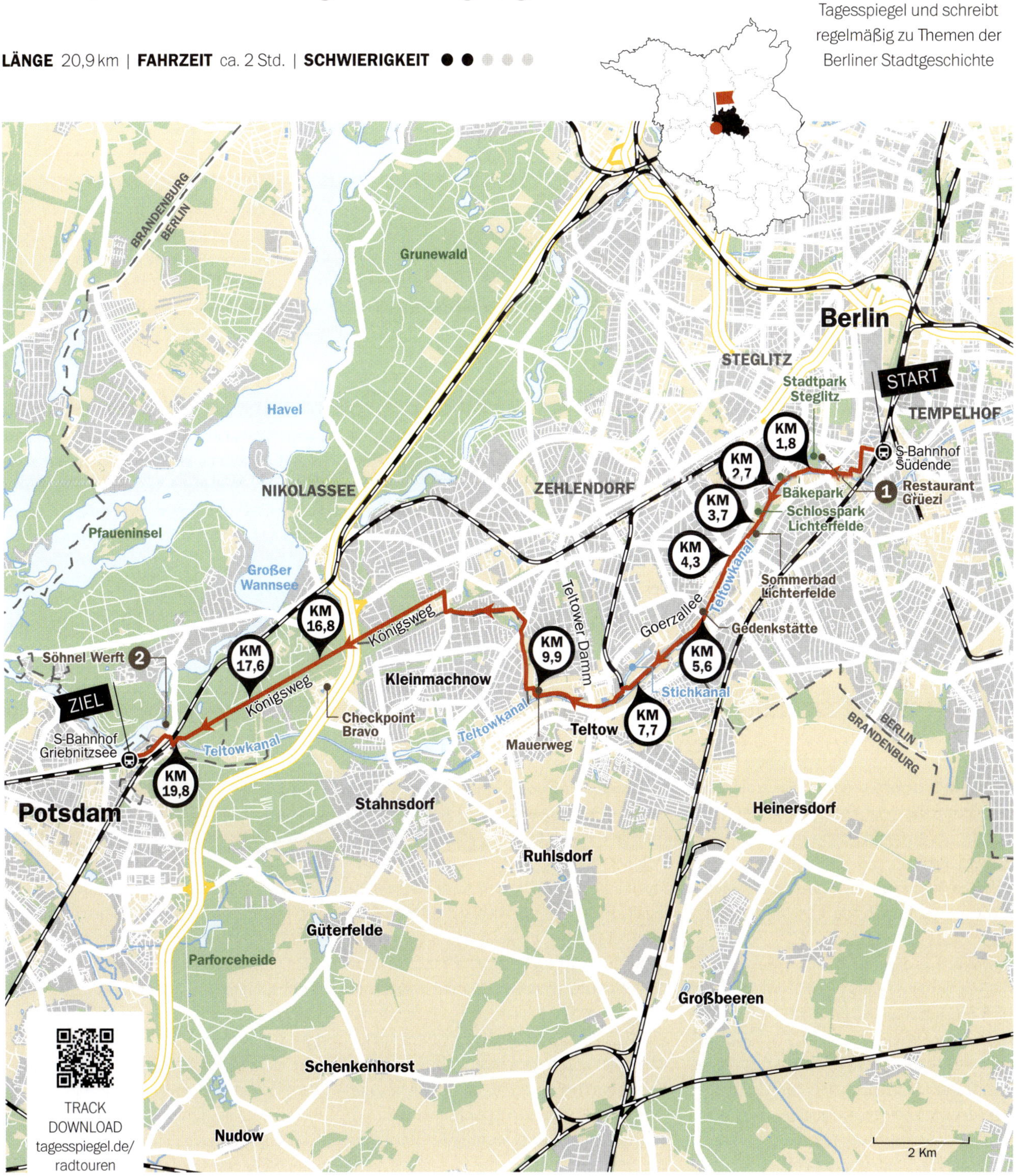

Segelboot an der Mündung des Stichkanals in den Teltowkanal, Söhnel Werft am Teltowkanal

7 | Von Kähnen und Königen

➤ **START** Vom **S-Bahnhof Südende** geht es über den Steglitzer Damm los nach Westen und dann links über Buhrow- und Brandenburgische Straße rechts auf den **Teltowkanalweg**.

➤ **KM 1,8** Hinter der Hannemannbrücke liegt rechts der **Stadtpark Steglitz**, der sich zu einem 17 Hektar großen Landschaftspark weitet. Ein Gedenkstein am Ufer des Goebenteichs erinnert an die Gründung der Wandervogelbewegung, die sich vor rund 120 Jahren vor der Industrialisierung ins Grüne flüchtete. Weiter geht es über die grüne Weverpromenade entlang des Teltowkanals. Nach rund 600 Metern erreichen wir die nächste Grünanlage, den **Bäkepark**.

➤ **KM 2,7** Vorbei am Hafen Steglitz taucht rechts die wabenähnliche Fassade des Klinikums Benjamin Franklin auf. 400 Meter weiter liegt rechts schon die nächste Grünanlage: der kleine, aber feine **Schlosspark Lichterfelde**. Ein Teil ist als Naturschutzgebiet eingezäunt.

➤ **KM 3,7** Wir erreichen die Bäkebrücke. Unsere Strecke führt uns weiter geradeaus entlang des Kanals. An heißen Tagen empfiehlt sich ein Abstecher zum »Spucki«, dem **Sommerbad Lichterfelde**: rechts die Bäkestraße hoch bis zum Hindenburgdamm und dann 200 Meter links.

➤ **KM 4,3** An der Emil-Schulz-Brücke steht eine Art Freilichtmuseum am Ufer. Rekonstruiert wird eine **Treidelszene** aus den ersten Jahrzehnten des Teltowkanals. Damals zogen Treidellokomotiven vom Ufer aus die Schiffe den Kanal hinunter. Nur deshalb gibt es überhaupt den alten Treidelweg, den man heute gut mit dem Fahrrad befahren kann. Am gegenüberliegenden Ufer tauchen die Türme des Kraftwerks Lichterfelde auf.

➤ **KM 5,6** An der Eugen-Kleine-Brücke erinnert eine kleine **Gedenkstätte** an das ehemalige Konzentrationslager, das hier nach 1933 als Außenlager des KZ Sachsenhauen errichtet wurde. Bis zu 1500 Zwangsarbeiter waren hier mitten in einem Wohngebiet untergebracht.

➤ **KM 7,7** Vorsicht, der Weg geradeaus endet in einer Sackgasse. Wir fahren über die Buckelpiste rechts hoch zu einer Brücke, die den Stichkanal überspannt. Hier fuhren einst die Lastschiffe zu den anliegenden Fabriken, die heute überwiegend stillgelegt sind. Zwei Fundamente einer nicht mehr vorhandenen Brücke erinnern daran, dass hier einmal die **Staatsgrenze** zwischen West-Berlin und DDR verlief. Die folgenden 500 Meter sind für Radfahrer recht beschwerlich, der Pfad ist schmal und je nach Wetterlage möglicherweise schlecht zu befahren.

➤ **KM 9,9** An der Sachtlebenstraße verlassen wir den Teltowkanal und folgen dem ausgeschilderten **Mauerweg**. Links liegen alte Industriegelände, auf denen sich neue Firmen niedergelassen haben. Kurz hinter dem Gelände knickt der Weg nach links ab und folgt dem alten Buschgraben, einem Sumpfgebiet an der Stadtgrenze zu Kleinmachnow, Richtung Norden. Nach rund zwei Kilometern erreichen wir, entlang des Mauerwegs, die Neuruppiner Straße, in die wir links abbiegen. Nach 1,5 Kilometern geht es rechts in die Benschallee und nach 500 Metern links in den **Königsweg**. 1730 auf Geheiß des preußischen Soldatenkönigs Friedrich Wilhelm I. angelegt, führt der Königsweg schnurgerade vom alten Ortskern Zehlendorfs durch den Düppeler Forst bis nach Potsdam. Mit ein wenig Fantasie kann man sich vorstellen, wie einst die königlichen Kaleschen den gleichen Weg nahmen.

➤ **KM 16,8** Rund 800 Meter hinter der Autobahnbrücke bietet sich ein Abstecher nach links zum **Checkpoint Bravo** an, einst der größte Grenzübergang West-Berlins in die DDR. Ein kleines **Museum** erinnert an die alten Grenzanlagen. Unsere Route führt uns weiter auf dem Königsweg.

➤ **KM 17,6** Zweiter möglicher Abstecher: Nach links führt ein Weg in den Wald und erreicht wenig später eine breite Schneise. Dies ist der Rest einer alten Autobahn, die allmählich vom Wald überwuchert wird, seitdem die Fahrbahn geschreddert wurde. Bis 1969 fuhren hier Autos von Berlin kommend zum **Grenzübergang Albrechts Teerofen**. Noch in den 90ern wurde die Trasse als Filmkulisse genutzt, etwa für die TV-Serie »Alarm für Cobra 11«. Weiter auf dem Königsweg.

➤ **KM 19,8** Wir tauchen aus dem Wald auf und überqueren den Teltowkanal. Wir biegen in die erste Straße rechts ab und hinter den Bahnschienen links in die Neue Kreisstraße, die uns zum **S-Bahnhof Griebnitzsee** führt.

ESSEN & TRINKEN

❶ Restaurant Grüezi
Hier bekommt man Schweizer Küche, von Rösti bis Fondue – im Sommer auch im Garten.
12167 Berlin, Albrechtstraße 47,
Tel. (030) 795 35 49, gruezi-berlin.de

❷ Söhnel Werft
Kurz vor dem Ziel der Tour bietet die Söhnel Werft direkt am Teltowkanal Cafébetrieb, Biergarten und warme Speisen.
14109 Berlin, Neue Kreisstraße 50,
Tel. (030) 80 90 78 87, soehnelwerft.com

FOTOS Kitty Kleist-Heinrich, Thilo Rückeis, Sebastian Lehmann

8 | West-Berliner Popkultur

Schon vor Berghain und Watergate hatte Berlin eine rege Clubszene. Ende der 70er, Anfang der 80er eröffnete die Pop-Avantgarde in der Mauerstadt Kneipen und Kunsträume. Viele sind inzwischen verschwunden. Wir begeben uns auf eine Spurensuche

Sebastian Lehmann
ist Schriftsteller und radioeins-Kolumnist. Sein Fahrrad hat er vor 13 Jahren aus der Freiburger Heimat mitgebracht

LÄNGE 19,3 km | **FAHRZEIT** ca. 2 Std. | **SCHWIERIGKEIT** ●●○○○

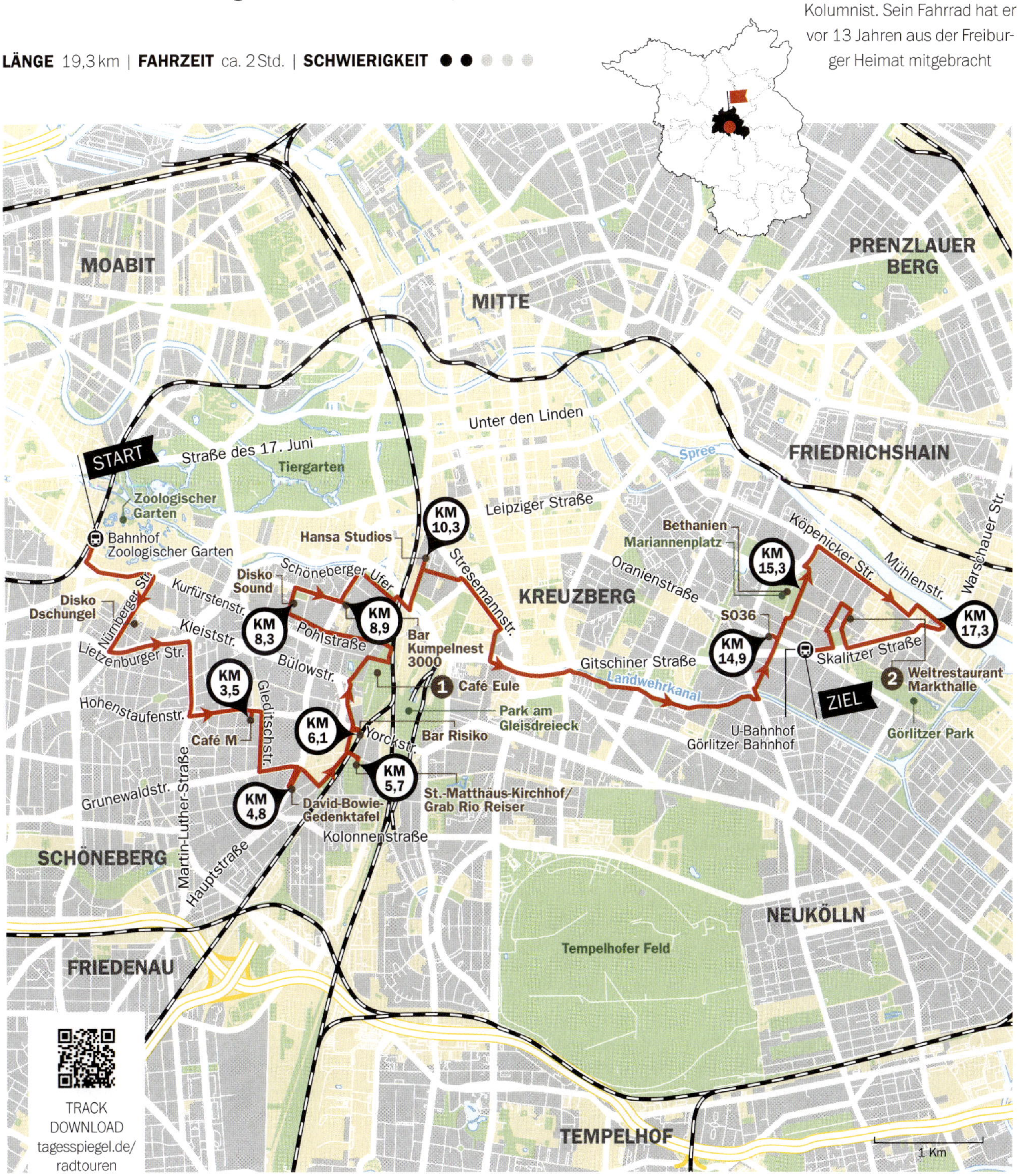

Grab von Rio Reiser auf dem Alten Sankt-Matthäus-Kirchhof, SO 36 in der Oranienstraße, Weltrestaurant Markthalle

8 | West-Berliner Popkultur

➤ **START** »Bahnhof Zoo, mein Zug fährt ein / ich steig' aus, gut, wieder da zu sein«, so beginnt der Song »Berlin« von Ideal, West-Berliner Neue Deutsche Welle von 1980. Also starten auch wir unsere kleine Nostalgie-Tour am **Bahnhof Zoo**. Am Elefantentor, dem Südeingang des Zoologischen Gartens, biegen wir in die Nürnberger Straße und erreichen unseren ersten Halt, das **Dschungel**, das früher in Hausnummer 53 residierte. Die berühmte Disko, ebenfalls von Ideal besungen, galt angeblich als das deutsche Studio 54. Inzwischen sieht man hier keine Tanzwilligen mehr, sondern vor allem Touristen. Die Räume gehören heute zu einem Hotel.

➤ **KM 3,5** Im **Café M** in der Goltzstraße 33 trank einst Nick Cave seinen Kaffee. Inzwischen ist das unprätentiöse Café eines der letzten Überbleibsel des ehemaligen Szene-Kiezes.

➤ **KM 4,8** In der Hauptstraße 155, fast direkt am Kleistpark, wohnten einst **David Bowie** und **Iggy Pop**. Seit Bowies Tod Anfang 2016 weist eine Plakette an der Fassade des Altbaus auf den berühmten ehemaligen Bewohner hin.

➤ **KM 5,7** Einer der wenigen echten deutschen Popstars liegt nach seiner Umbettung 2011 auf dem **Alten Sankt-Matthäus-Kirchhof** direkt am Hintereingang des S-Bahnhofs Yorckstraße begraben: **Rio Reiser**. Das Grab befindet sich am Hauptweg auf der linken Seite.

➤ **KM 6,1** Nur ein paar Meter weiter feierte die Kunst- und Partyszene der frühen 80er Jahre im berühmten **Risiko**, Blixa Bargeld von den Einstürzenden Neubauten stand hinter der Theke. Inzwischen ist ein schnödes Reisebüro in die Räume auf der Yorckstraße 48 eingezogen. Über einen breiten, neu ausgebauten Fahrradweg geht es in den Gleisdreieckpark.

➤ **KM 8,3** Auch von »Europas modernster Disko«, so die Eigenwerbung, sieht man nicht mehr viel: In der Genthiner Straße 26, zwischen Möbelhäusern und Straßenstrich, muss in den 70ern das **Sound** gewesen sein, in dem Christiane F. und die Kinder vom Bahnhof Zoo tanzten.

➤ **KM 8,9** Dafür trotzt das **Kumpelnest 3000** an der Ecke Potsdamer und Lützowstraße noch immer den neuen Feiergebieten. 1987 von Mark Ernestus als »Pop-up-Bar« gegründet, in der Künstler ausstellen, ist das Kumpelnest noch heute eine West-Berliner Institution.

➤ **KM 10,3** Auf der anderen Seite des Landwehrkanals liegen in der Köthener Straße 28 die **Hansa Studios**. In ihrem Meistersaal nahm David Bowie sein legendäres Album »Heroes« auf. »Richtung Kreuzberg, die Fahrt ist frei«, singt die Ideal-Sängerin Annette Humpe in »Berlin« – und auch für uns geht es jetzt am Landwehrkanal entlang in Richtung des alten Kreuzberg 36.

➤ **KM 14,9** Im **SO 36** in der Oranienstraße 36 fanden in den 70er und 80er Jahren Konzerte der wichtigsten Punk- und New-Wave-Bands statt. Auch die deutsche Szene, wie etwa die Gruppe Malaria! um Gudrun Gut, spielte hier. Künstler stellten aus, Martin Kippenberger war kurze Zeit sogar Geschäftsführer. Inzwischen ist das SO 36 eine nicht mehr aus Berlin wegzudenkende Konzert- und Partylocation.

➤ **KM 15,3** Wir entfernen uns wieder vom Touri-Treiben auf der Oranienstraße und legen einen kurzen Halt am **Mariannenplatz** ein. Im **Bethanien** wohnte die Band Ton Steine Scherben. »Der Mariannenplatz war blau, so viel Bullen waren da«, sang die Band um Rio Reiser 1972 in ihrem »Rauch-Haus-Song«. Und das Lied ist immer noch die Hymne aller Hausbesetzer: »Ihr kriegt uns hier nicht raus!« Über die Köpenicker Straße gelangen wir zum **May-Ayim-Ufer**. Früher war hier West-Berlin zu Ende, auf der anderen Spreeseite fotografieren sich jetzt Touristen aus aller Welt vor den Überresten der Mauer.

➤ **KM 17,3** Über Oberbaum- und Skalitzer Straße geht es weiter zum **Weltrestaurant Markthalle**, dem Sven Regener in seinem verfilmten Roman »Herr Lehmann« ein Denkmal setzte. Bei Schweinebraten mit Knödeln, Herr Lehmanns liebstem Frühstücksgericht, lassen wir unsere Tour ausklingen. Am Ende des Romans fällt schließlich die Mauer und das alte West-Berlin gehört der Vergangenheit an. Die nächste U-Bahn-Haltestelle ist der Görlitzer Bahnhof.

ESSEN & TRINKEN

1 Café Eule

Versteckt zwischen Schrebergärten im Gleisdreieckpark bietet das kleine Café Kuchen, Quiche und Getränke.
10963 Berlin, Bülowstraße 68, Eingang Westpark, Tel. (0176) 63 66 23 70

2 Weltrestaurant Markthalle

Hier gibt es kein fancy Streetfood wie nebenan in der »Markthalle Neun«, sondern Schnitzel, Schweinebraten und Eschenbräu-Bier vom Fass.
10997 Berlin, Pücklerstraße 34, Tel. (030) 617 55 02, weltrestaurant-markthalle.de

FOTOS Sebastian Lehmann (3), Mike Wolff

9 | Ein Tag in Stettin

Auf dem Streifzug durch das nur zwei Stunden von Berlin entfernte Stettin passieren wir die Sehenswürdigkeiten der Alt- und Neustadt, genießen die Abgeschiedenheit und Stille des Arkona-Waldparks und befahren die Prachtboulevards der Stadt

Laura Stresing ist freie Journalistin und fährt auch bei Minusgraden Rad. Am liebsten aber unternimmt sie Sommertouren zu Badeseen

LÄNGE 22,4 km | **FAHRZEIT** ca. 2 Std. | **SCHWIERIGKEIT** ●●●○○

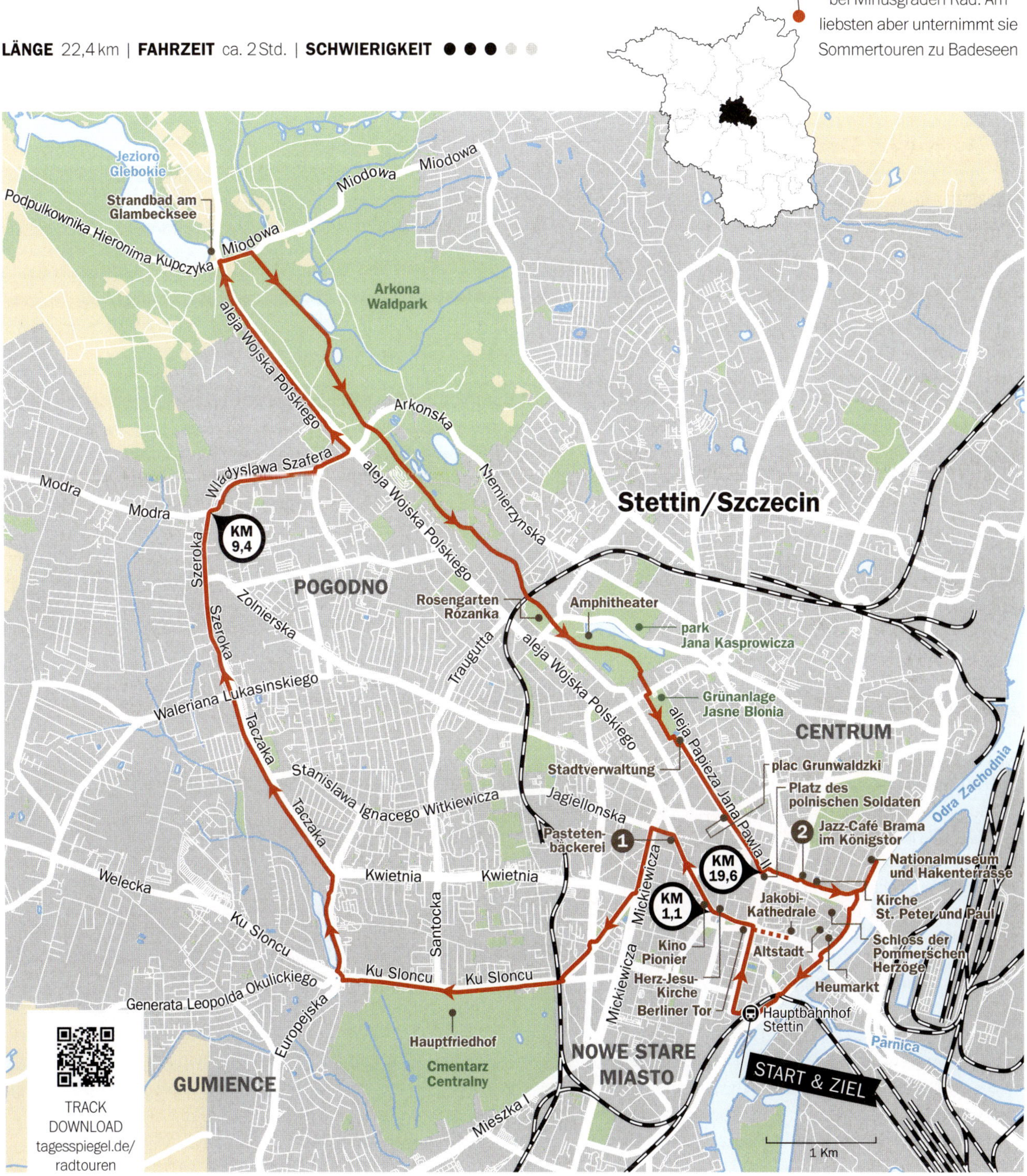

Japanische Brücke im Park Kasprowicza in Stettin, Rosengarten (Różanka), Heumarkt (Rynek Sienny)

9 | Ein Tag in Stettin

➤ **START** Wir beginnen unsere Tour am Westausgang des **Stettiner Hauptbahnhofs** (Szczecin Główny). Links geht es die Owocowa bergauf und direkt rechts in die Maja 3, die uns nach 700 Metern zum **Berliner Tor** (Brama Portowa) bringt, einem von zwei erhaltenen barocken Sandstein-Toren, die im frühen 18. Jahrhundert als Teil der Festungsanlage erbaut wurden. Wir überqueren die Kreuzung und biegen links ab. Vorher bietet sich noch ein Abstecher zur nahe gelegenen **St.-Jakobi-Kathedrale** (Kościół Św. Jakuba) an. Von der Kirchturmspitze genießt man die beste Sicht auf die Stadt, ein Lift führt hinauf.

➤ **KM 1,1** Vorbei geht's an der **Herz-Jesu-Kirche** (Kościół Najświętszego Serca Pana Jezusa), auf der anderen Seite der Kreuzung sehen wir das **Kino Pionier**, eines der ältesten Filmtheater der Welt. Wir biegen rechts ab in die aleja Wojska Polskiego, nach 700 Metern liegt auf der linken Seite Stettins älteste **Pastetenbäckerei**. Anschließend biegen wir links in die Jagiellońska und dann direkt links in die aleja Piastów, um zum plac Kościuszki zu gelangen. Hier reihen wir uns mit den Fahrzeugen auf der Rechtsabbiegespur ein, um in die Władysława Sikorskiego schräg gegenüber zu gelangen. Der erste Kreisverkehr wird in gerader Richtung überquert, den zweiten nutzen wir, um rechts in die Ku Słońcu abzubiegen und dabei die Straßenseite zu wechseln. Nach 300 Metern erreichen wir den **Cmentarz Centralny**, den **drittgrößten Friedhof Europas**. Ein Haupttor mit Säulengang führt in die äußerst sehenswerte parkähnliche Anlage. Nach der Spazierfahrt über den Friedhof nehmen wir einen der nördlichen Ausgänge und fahren weiter entlang der Ku Słońcu, bis wir zum nächsten Kreisverkehr gelangen. Hier wählen wir die erste Abzweigung nach rechts. Auf einem sehr gut ausgebauten Radweg geht es Richtung Norden am Ufer des Bukowa-Flüsschens entlang. An der nächsten Straßenkreuzung links halten und dem Weg entlang der Taczaka drei Kilometer folgen.

➤ **KM 9,4** Die Straße macht einen Knick und wird zur Władysława Szafera. Am Kreisverkehr geht's geradeaus und nach 200 Metern links in die aleja Wojska Polskiego, die zum **Strandbad am Glambecksee** (Jezioro Głębokie) führt. Nach einer Abkühlung überqueren wir die Emila Zegadłowicza, fahren rund 200 Meter entlang der Miodowa und biegen rechts auf den Fernradweg, der uns durch den weitläufigen **Arkona-Waldpark** (park Leśny Arkónski) zurück in die Stadt bringt. Auf dem Weg passieren wir einen **Rosengarten**, ein **Amphitheater** und den park Jana Kasprowicza, an dessen Ausgang drei Adler wachen. Der Platz mündet in die **Grünanlage Jasne Blonia**, die auf beiden Seiten von Platanen gesäumt wird. Mit seiner prunkvollen, grüngoldenen Fassade sticht als Nächstes das Gebäude der Stadtverwaltung (Urząd Stanu Cywilnego) ins Auge. Weiter geht's auf der aleja Papieza Jana Pawla II, die zu **Stettins Prachtboulevards** zählt. Der **plac Grunwaldzki** markiert das Zentrum der gründerzeitlichen Neustadt, die ab den 1870er Jahren nach Pariser Vorbild errichtet wurde: Von großen Plätzen gehen die Straßen sternförmig ab.

➤ **KM 19,6** Wir befahren den Platz des polnischen Soldaten (plac Żołnierza Polskiego) und erreichen das **Königstor** (Brama Królewska), von dem aus wir die **Kirche St. Peter und Paul** sehen. Wir folgen weiter dem Radfernweg. Auf der anderen Straßenseite erblicken wir schon das **Schloss der Pommerschen Herzöge** (Zamek Książąt Pomorskich) mit seinen grünen Türmen und quadratischen Mauern, heute eines der bedeutendsten polnischen Kulturzentren. Im Glockenturm gibt es eine Aussichtsplattform. Vor dem Oderufer knickt der Radweg nach links ab und führt zum Wahrzeichen der Stadt, der **Hakenterrasse** (Wały Chrobrego) von 1902, benannt nach dem einstigen Bürgermeister Hermann Haken. Hier befindet sich auch das **Nationalmuseum**. Von der Hakenterrasse kehren wir einige hundert Meter zurück und nutzen die mit Fahrradrampen ausgestatteten Fußgängerüberwege, um das große Straßenkreuz in Richtung **Altstadt** (Nowe Stare Miasto) zu überqueren. Dort erhaschen wir vom Radweg aus einen Blick auf den **Heumarkt** (Rynek Sienny) – oder machen besser noch einen kleinen Spaziergang durch die Altstadt (wegen des holprigen Kopfsteinpflasters sollte man das Rad hier schieben). Weiter geht es am Ufer der Westoder geradeaus zurück zum Hauptbahnhof. Der letzte Zug nach Berlin fährt um 19.51 Uhr.

ESSEN & TRINKEN

❶ Pastetenbäckerei (Bar Pasztecik)
Stettins älteste Pastetenbäckerei wirkt wie aus der Zeit gefallen. Serviert werden gefüllte Pastetenrollen mit Fleisch oder Pilzen und Käse. Heiß, fettig und überaus sättigend!
Stettin, aleja Wojska Polskiego 46, pasztecik.pl

❷ Jazz-Café Brama
Im Inneren des Königstors (Brama Królewska) kann man heute im beliebten Jazzcafé speisen oder Cocktails trinken. Rund um die Uhr gibt es leichte mediterrane Küche oder einfach Kaffee und Kuchen. Große Terrasse.
Stettin, pl. Hołdu Pruskiego 1, brama.szczecin.pl

FOTOS Laura Stresing (3), Hermann Bredehorst

10 | Vom Ablasshändler zum Reformator

500 Jahre ist es her, dass Martin Luther seine 95 Thesen an die Tür der Schlosskirche von Wittenberg geschlagen haben soll. Dorthin führt unsere Radtour, die in Jüterbog beginnt, der Wirkungsstätte von Johann Tetzel, einem der größten Widersacher des Reformators

Martin Kaluza
ist freier Journalist und fährt ganzjährig mit dem Fahrrad zur Arbeit – bis die Gangschaltung einfriert

LÄNGE 52,2 km | **FAHRZEIT** ca. 4,5 Std. | **SCHWIERIGKEIT** ●●●●○

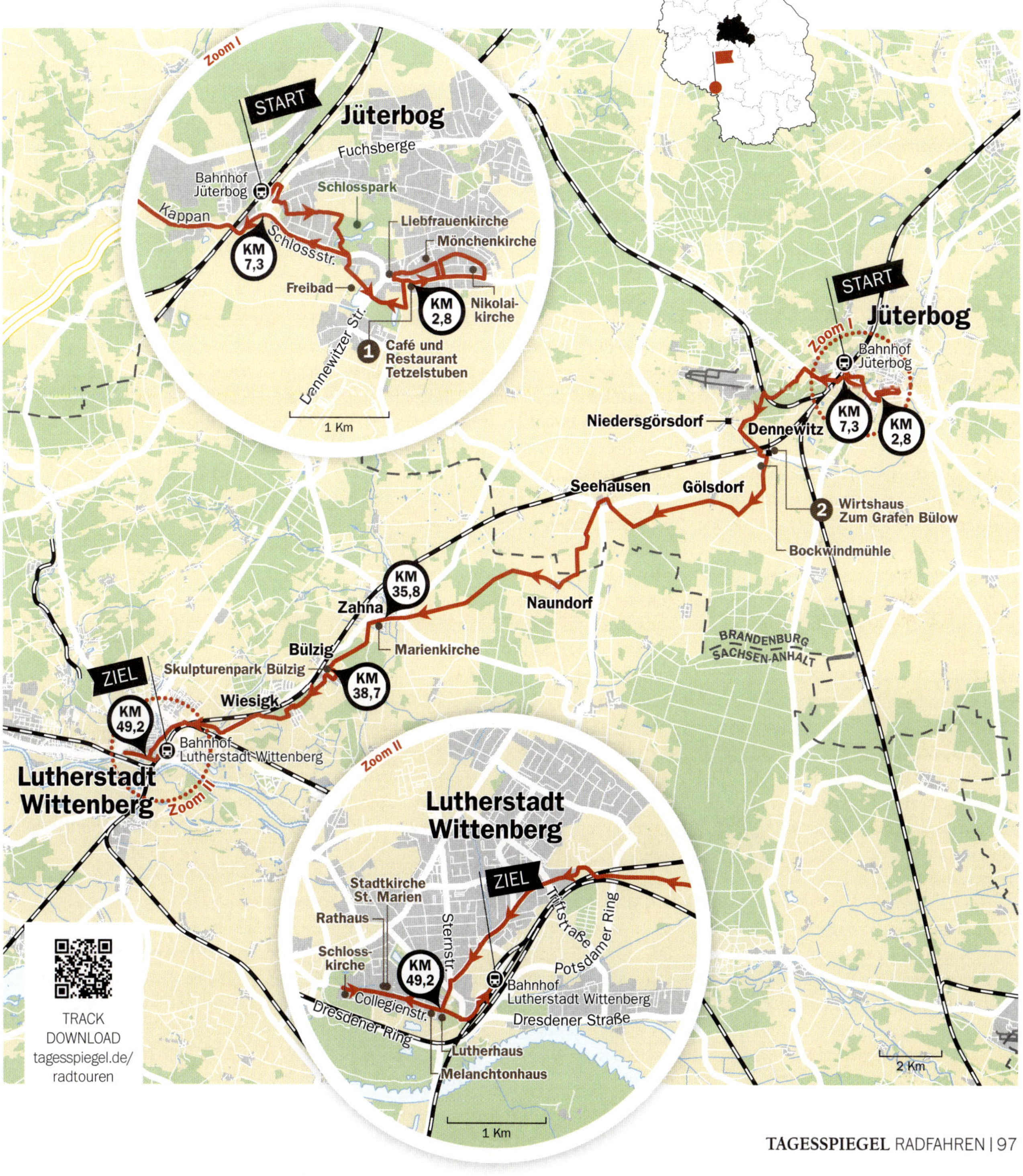

TRACK DOWNLOAD tagesspiegel.de/radtouren

Beschilderung des Luther-Tetzel-Wegs in Jüterbog, Bockwindmühle in Dennewitz, Schlosskirche Wittenberg, Lutherstatue (unten)

10 | Vom Ablasshändler zum Reformator

➤ **START** Unsere Tour beginnt am **Bahnhof Jüterbog**, gerade mal eine Zugstunde von Berlin entfernt. Von dem etwas abgelegenen Bahnhofsgebäude fahren wir zunächst links den Hügel hinunter und biegen nach 200 Metern rechts ab. Sogleich geht es links auf den **Luther-Tetzel-Weg**. Ab hier folgt unsere Tour dem ausgeschilderten Radwanderweg, ein Teil der Strecke verläuft auch über den Radweg Berlin–Leipzig und den Flaeming-Skate. Die Beschilderung führt uns über einen kleinen Waldweg und entlang eines Grabens ins **Zentrum Jüterbogs**. Wer sich auf seinen Radtouren gern ausführlich umsieht, sei gewarnt: Bereits in Jüterbog kann man viel Zeit verbummeln. Bei unserer Testfahrt dämmerte es bereits, als wir in Wittenberg eintrafen.

➤ **KM 2,8** Am Heilig-Geist-Platz begegnen wir Luthers Gegenspieler **Johann Tetzel** erstmals in Gestalt einer Holzstatue und gönnen uns ein Radler auf der Terrasse der »Tetzelstuben«, direkt an der Stadtmauer. Dem ausgeschilderten Radweg folgend geht es von nun an Schlag auf Schlag: In der **Nikolaikirche**, von deren Türmen man einen großartigen Blick in die Hinterhöfe der Altstadt hat, gab Tetzel seine Ablassbriefe aus. Sehenswert die Orgel von Joachim Wagner. An der **Mönchenkirche** protestierten die Gegner der Reformation. In der **Liebfrauenkirche** predigte Thomas Münzer. Doch dann müssen wir langsam Strecke machen! Wir fahren zurück Richtung Schlosspark, wo wir uns links halten, um auf der Schlossstraße Richtung Bahnhof zu gelangen.

➤ **KM 7,3** Wir lassen den Bahnhof rechts liegen. Nachdem wir die Unterführung passiert haben, geht es eine leichte Steigung hinauf (die einzig nennenswerte der Tour). Ein Radweg führt uns jetzt entlang der Bundesstraße 102, dann biegt die Strecke nach links ab auf die toll ausgebaute Fahrradstraße Richtung Niedergörsdorf und Dennewitz. Durch eine Unterführung geht es an einem Fischteich vorbei in den Ort. In Dennewitz biegen wir nach rechts ab und fahren, vorbei an einer **Bockwindmühle**, nach Gölsdorf. Wir passieren einen hölzernen **Feuerwehrturm** und setzen die Fahrt wieder auf einer Fahrradstraße durch weite Mais- und Distelfelder fort. Über Seehausen und Naundorf gelangen wir nach Zahna.

➤ **KM 35,8** Nachdem wir in Zahna die **romanische Marienkirche** passiert haben, folgt eine der wenigen kniffligen Stellen, an denen die ansonsten vorbildliche Beschilderung etwas verwirrend ist: An der Kreuzung Kirchplatz/Burgstraße führt der Weg geradeaus, einmal quer über den Parkplatz einer Bank, dann geradeaus weiter auf dem Schulweg, von wo es schließlich links in die Külsoer Straße geht. Wir fahren ein paar Kilometer durch den Wald und über feste Feldwege nach Bülzig.

➤ **KM 38,7** Die im Kreis aufgestellten Werke des **Skulpturenparks Bülzig** erinnern an riesige Traumfänger – sie repräsentieren ein »Gastmahl der Engel«. Das letzte verbleibende Wegstück verläuft bis Wiesigk durch den Wald, dann über Landstraße (Zahnaer Straße), Hüfnerstraße und schließlich Friedrichstraße in Richtung des Zentrums von **Lutherstadt Wittenberg**.

➤ **KM 49,2** Wir biegen rechts in die Collegienstraße ein, die gemeinsam mit der parallel verlaufenden Mittelstraße die Hauptachse der Altstadt bildet, und gelangen zum **Lutherhaus**. 35 Jahre lebte Luther hier, heute ist es ein Museum. Zum Reformationsjubiläum zeigt es vom 13. Mai bis 5. November die Ausstellung »Luther! 95 Schätze – 95 Menschen«. Vorbei am **Melanchtonhaus** und der **Stadtkirche St. Marien** geht es zum **Rathaus**. Schließlich gelangen wir zur **Schlosskirche**, an deren Tür Martin Luther 1517 seine 95 Thesen angeschlagen haben soll (wenn es denn stimmt). Wir grübeln, warum Luther damals nicht die 100 vollgemacht hat. Über die Collegienstraße geht es wieder zurück. Kurz hinter dem Kreisel halten wir uns rechts, um zum **Bahnhof Wittenberg** zu gelangen.

ESSEN & TRINKEN

1 Tetzelstuben
Vor dem Lokal steht der hölzerne Johann Tetzel, in der einen Hand ein Säckel, in der anderen ein paar Münzen. Des für seine Unmäßigkeit bekannten Namenspatrons würdig: große Portionen.
14913 Jüterbog, Heilig-Geist-Platz 2-4,
Tel. (03372) 44 26 75, tetzelstuben.de

2 Wirtshaus Zum Grafen Bülow
Ein typischer Dorfgasthof mit Biergarten, Festsaal und Fremdenzimmern.
14913 Niedergörsdorf OT Dennewitz,
Dennewitz 12, Tel. (033741) 720 30,
wirtshaus-dennewitz.de

FOTOS Martin Kaluza (2), Lars Laute, Kai-Uwe Heinrich

11 | Fahrradfahren und Flanieren

Von der Lutherstadt Wittenberg fahren wir auf dem Elberadweg bis zum Wörlitzer Park. Der englische Landschaftsgarten zählt zum UNESCO-Weltkulturerbe. Nach einem ausgiebigen Park-Spaziergang geht es im Sattel weiter bis nach Dessau

Lars Laute
betreut für den Tagesspiegel das Magazin »Radfahren« und ist privat mit Rennrad und Mountainbike unterwegs

LÄNGE 41,6 km | **FAHRZEIT** ca. 3,5 Std. | **SCHWIERIGKEIT** ● ● ● ● ●

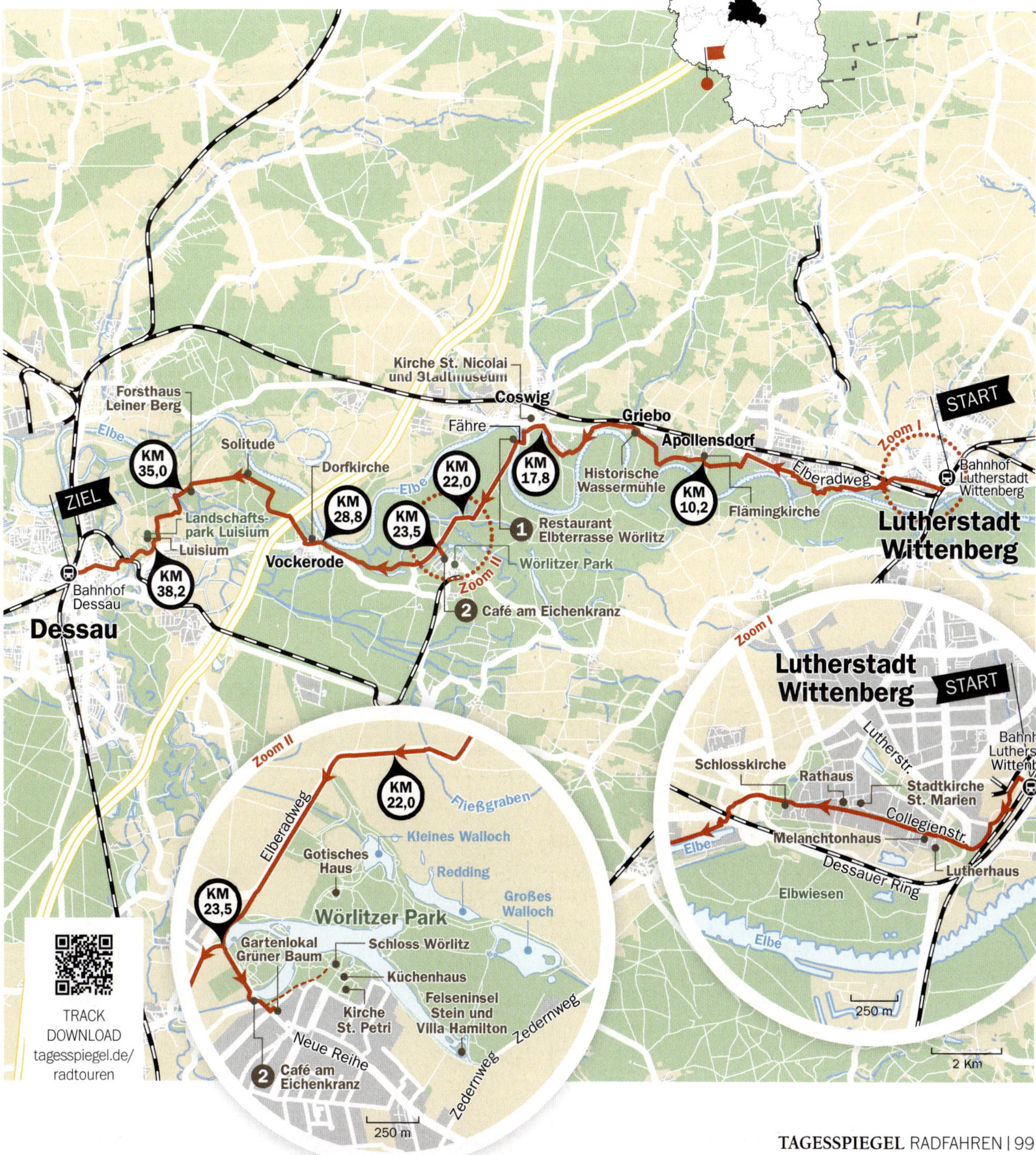

Historische Wassermühle in Griebo, Villa Hamilton und Grotte auf der Felseninsel Stein im Wörlitzer Park

11 | Fahrradfahren und Flanieren

➤ **START** Vom Bahnhofsvorplatz der **Lutherstadt Wittenberg** geht es links Richtung Altstadt. Die Collegienstraße führt uns vorbei an den wichtigsten Wittenberger Sehenswürdigkeiten, am Luther- und am Melanchtonhaus, an der Stadtkirche St. Marien, am **imposanten Rathaus** und schließlich an der **Schlosskirche**, an deren Tür Luther 1517 seine Thesen angeschlagen haben soll. Hinter der Kirche folgen wir dem Straßenverlauf und gelangen nach 400 Metern links durch eine Unterführung auf den **Elberadweg** Richtung Coswig.

➤ **KM 10,2** Der Elberadweg führt uns zur kleinen **Flämingkirche Apollensdorf** vom Anfang des 13. Jahrhunderts. Weiter geht es auf dem Radweg Richtung Griebo, wo wir eine **historische Wassermühle** aus dem Jahr 1845 besichtigen, bevor wir weiter nach **Coswig** fahren.

➤ **KM 17,8** Schon von Weitem ragt die **Kirche St. Nicolai** aus dem Coswiger Stadtbild hervor, ein Abstecher lohnt sich. Im Klosterhof neben der Kirche liegt das Coswiger **Stadtmuseum**. Nach dem Ausflug in den Dorfkern fahren wir weiter auf dem Elberadweg zur »Gierfähre«, die uns auf die andere Elbseite bringt. Der Elberadweg führt uns weiter Richtung Wörlitzer Park.

➤ **KM 22,0** Bereits aus der Ferne erblicken wir die ersten Bauwerke des **Wörlitzer Parks**, ein Schild kündigt kostenlose Fahrradparkplätze im Hinterhof des Gartenlokals »Grüner Baum« an. Wir begeben uns auf den Weg dorthin, denn im Wörlitzer Park ist das Radfahren nicht gestattet.

➤ **KM 23,5** Hier links halten, nach 500 Metern durch den Torbogen fahren und danach direkt links abbiegen, um die Räder im Hinterhof abzustellen. Zu Fuß geht es zurück durch den Torbogen und rechts in den **ersten englischen Landschaftsgarten** Kontinentaleuropas. Zwischen 1764 und 1800 wurde der Wörlitzer Park nach den Ideen des Fürsten Leopold III. Friedrich Franz von Anhalt-Dessau angelegt, der sich an den Idealen der bürgerlichen Aufklärung orientierte. Von Anfang an war der 112 Hektar große Garten für die Öffentlichkeit zugänglich. Der Weg in den Park führt uns geradeaus zum **Schloss Wörlitz**. Das von Friedrich Wilhelm von Erdmannsdorff entworfene Gebäude gilt als Gründungsbau des deutschen Klassizismus und kann im Rahmen einer Führung besichtigt werden. Tickets gibt es im Küchenhaus nebenan, die Tageskarte für den Eintritt in alle Parkgebäude lohnt sich schnell. Weitere Highlights sind die **Felseninsel Stein**, auf der es eine Grotte, verschlungene Felsengänge und einen künstlichen Vulkan gibt, den »Vesuv von Wörlitz«. Auf der Insel liegt auch die **Villa Hamilton** mit Grafikkabinett. Zahlreiche weitere Gebäude laden zur Besichtigung ein, etwa das **Gotische Haus** oder die **Kirche St. Petri**. Nach dem Spaziergang kehren wir zurück zum Rad und fahren auf dem Elberadweg weiter Richtung Vockerode und Dessau.

➤ **KM 28,8** Hier verlassen wir kurzzeitig den Elberadweg, um einen Abstecher zur **neugotischen Dorfkirche** in Vockerode zu machen, die ebenfalls zum Dessau-Wörlitzer Gartenreich zählt. Rund 300 Meter hinter der Kirche biegen wir rechts ab und gelangen über den ausgeschilderten Radweg R 1 wieder zurück auf den Elberadweg. Nach wenigen Kilometern passieren wir die **Solitude**, ein wiedererrichtetes klassizistisches Mini-Schloss in der Gestalt eines römischen Tempels, in dem sich Fürst Franz von seinen rheumatischen Beschwerden erholte.

➤ **KM 35,0** Hinter dem »Forsthaus Leiner Berg« verlassen wir den Elberadweg und halten uns links. Nach 500 Metern biegen wir scharf links ab und fahren nach 600 Metern erneut links, um zum **Luisium** zu gelangen. Das kleine Landhaus inmitten eines 14 Hektar großen englischen Landschaftsgartens ließ Fürst Leopold III. für seine Gemahlin Luise zwischen 1774 und 1778 errichten. Nach einem kurzen Spaziergang biegen wir direkt hinter dem Park rechts ab.

➤ **KM 38,3** Hier erst links halten und dann direkt scharf rechts abbiegen. Wir folgen dem Weg 600 Meter, biegen links ab und fahren parallel zu den Bahnschienen über die Brücke. Am anderen Ufer überqueren wir die Schienen und fahren geradeaus auf die Straße Am Friedrichsgarten, von der wir rechts in die Karlstraße einbiegen. Wir folgen dem Verlauf 800 Meter und biegen dann links in die Kurt-Weill-Straße, die uns zum **Bahnhof Dessau** führt.

ESSEN & TRINKEN

1 Restaurant Elbterrasse Wörlitz
Nach der Fährüberfahrt hinter Coswig erwartet uns dieses Restaurant mit Elbblick. Auf der Speisekarte steht vor allem Hausmannskost.
06785 Oranienbaum-Wörlitz, Elbterrasse 1, Tel. (034903) 890 95, elbterrasse.com

2 Café am Eichenkranz
Im Garten des historischen Gasthofs »Zum Eichenkranz« werden Gerichte von der saisonalen Speisekarte serviert, zum Beispiel Flammkuchen Elsässer Art oder Burger.
06785 Oranienbaum-Wörlitz, Angergasse 104, Tel. (034905) 201 24, monis-konditorei.de

FOTOS Lars Laute (3), Kai-Uwe Heinrich

12 | Zu Bau und Haus

1925 siedelte das Bauhaus von Weimar nach Dessau über und prägte die Industriestadt bis zu seiner erzwungenen Auflösung durch die Nationalsozialisten. Wir begeben uns auf die Spuren der wohl bedeutendsten deutschen Kunstschule des 20. Jahrhunderts

Lars Laute
betreut für den Tagesspiegel das Magazin »Radfahren« und ist privat mit Rennrad und Mountainbike unterwegs

LÄNGE 25,4 km | **FAHRZEIT** ca. 2,5 Std. | **SCHWIERIGKEIT** ● ● ● ● ●

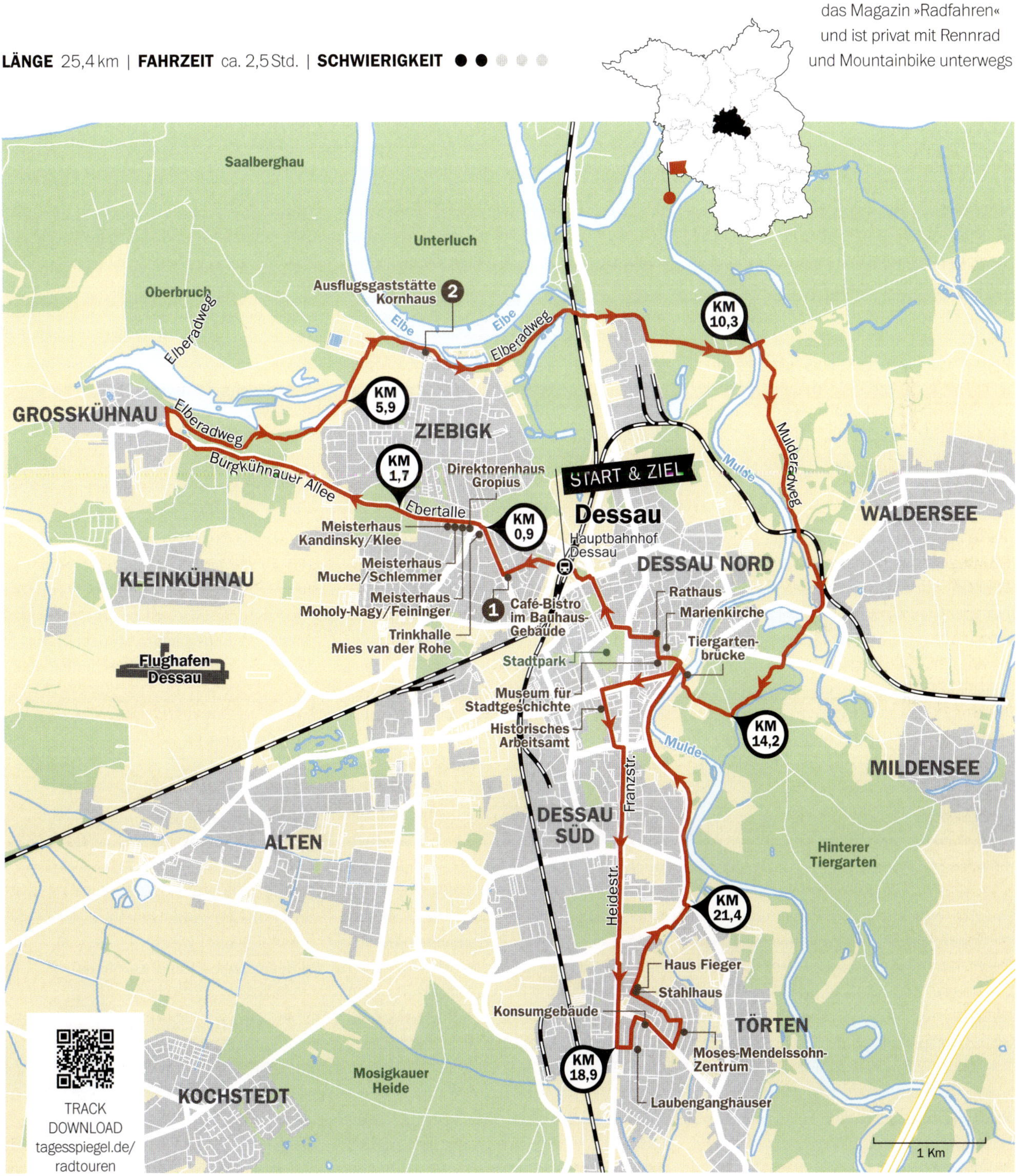

Bauhausgebäude, Direktorenhaus von Walter Gropius, Ausflugsgaststätte Kornhaus

12 | Zu Bau und Haus

➤ **START** Am **Hauptbahnhof Dessau** nehmen wir den Westausgang und folgen dem Schild »Anschluss Bauhaustour«. Kurz vor dem 1926 eröffneten **Bauhausgebäude** stellen wir unser Fahrrad rechts ab, der Eingang liegt zu unserer Linken. Im ersten Obergeschoss gibt es Eintrittstickets und erste Einführungstafeln zur Bauhaus-Geschichte. In der **Dauerausstellung** im Keller werden unter anderem Zeichnungen, Möbelstücke und Lampen gezeigt. Unbedingt anschauen sollte man sich auch das **Ateliergebäude** mit der originalgetreu rekonstruierten **Bauhausmensa**. In den oberen Stockwerken wohnten und arbeiteten einst die Studenten und Jungmeister, heute übernachten hier Gäste. Anschließend folgen wir der ausgeschilderten Tour weiter Richtung Meisterhäuser.

➤ **KM 0,9** Am Kreisel liegt links die **Trinkhalle Mies van der Rohe**. Um die Ecke gelangen wir in die Ebertallee, wo einst die Bauhausmeister residierten. Als Erstes erwartet uns das **Direktorenhaus von Walter Gropius**, der das Bauhaus 1919 gründete und bis 1928 leitete. Das heutige Gebäude ist eine »unscharfe« – also nicht originalgetreue – Rekonstruktion. Das alte Direktorenhaus wurde im Zweiten Weltkrieg schwer beschädigt. In dem 2014 eröffneten neuen Gebäude befindet sich heute eine Dauerausstellung zur Geschichte der **Meisterhäuser**, die jeweils nach ihren ersten Bewohnern benannt sind. Auch beim angrenzenden Meisterhaus Moholy-Nagy/Feininger musste eine Doppelhaushälfte rekonstruiert werden. Während im dritten Haus Muche/Schlemmer Künstler des Bauhaus-Residenzprogramms wohnen, kann man die Zimmer des vierten Meisterhauses Kandinsky/Klee besichtigen. Anschließend geht es auf dem Radweg entlang der Ebertallee weiter.

➤ **KM 1,7** Hier haben wir die Wahl: Rechts geht es auf der regulären Bauhaustour auf direktem Weg zur Ausflugsgaststätte Kornhaus. Der schönere Weg führt geradeaus weiter zwischen Wald und Landstraße. Am Ortseingang von Großkühnau biegen wir rechts in die Burgkühnauer Straße ab und fahren nach 200 Metern scharf rechts auf dem **Elberadweg** Richtung Kornhaus.

➤ **KM 5,9** Kurz vor dem Obelisk links halten, dann rechts entlang der Elbe zum **Kornhaus**. Dahinter haben wir erneut die Wahl: Die kürzere Strecke bringt uns rechts auf der Bauhaustour direkt in die Stadt. Der schönere, rund sieben Kilometer längere Weg führt uns weiter auf dem Elberadweg, dessen Verlauf wir nun rund drei Kilometer folgen.

➤ **KM 10,3** Wir queren die **überdachte Jagdbrücke**, halten uns scharf rechts Richtung Altjeßnitz/Sollnitz und folgen dem durch ein Burgsymbol gekennzeichneten **Mulderadweg**.

➤ **KM 14,2** An der Wegkreuzung verlassen wir den Mulderadweg und folgen der ausgeschilderten Route Richtung Dessau Zentrum. Nach knapp 500 Metern geht es rechts über die **Tiergartenbrücke**, rechts über die Ampel und direkt links. Danach biegen wir rechts in die Askanische Straße ein. Nach 600 Metern führt uns die offizielle Bauhausroute links zum **historischen Arbeitsamt**. Das Gebäude mit den gelben Ziegeln wurde 1929 errichtet, seine ursprüngliche Funktion erfüllte es jedoch nur bis 1934. Anschließend fahren wir geradeaus weiter Richtung Siedlung Törten.

➤ **KM 18,9** Wir biegen links in die **Siedlung Törten**. Das Konzept dieser Reihenhaussiedlung entwickelte Walter Gropius 1926 im Auftrag der Stadt Dessau. Es sah für Anwohner 350 Quadratmeter große Nutzgärten vor. Auf dem ausgeschilderten Weg gelangen wir zum **Konsumgebäude**. Der Flachbau von 1928 war einst für Geschäfte vorgesehen, der Hochbau für Wohnungen. Heute ist hier eine Dauerausstellung zur Siedlung zu sehen. Anschließend passieren wir das **Moses-Mendelssohn-Zentrum**, das **Stahlhaus** und schließlich das etwas versteckte, heute privat genutzte **Haus Fieger** (Südstraße 6).

➤ **KM 21,4** Vor den Schienen links halten, rechts über die Ampel und entlang der Mulde zur Tiergartenbrücke. Links geht es über die Ampel und zwischen Museum für Stadtgeschichte und Marienkirche hindurch. Wir folgen der Bauhaustour zum Stadtpark. 2019 soll hier zum 100-jährigen Jubiläum das **neue Bauhaus-Museum** eröffnet werden. Unsere Tour endet am **Hauptbahnhof**.

ESSEN & TRINKEN

❶ Café-Bistro im Bauhaus
Im Keller des Bauhausgebäudes bietet das Café-Bistro eine große Kuchenauswahl und herzhafte Gerichte wie den »Bauhausburger«.
06846 Dessau-Roßlau, Gropiusallee 38,
Tel. (0340) 650 84 44, bauhaus-dessau.de

❷ Ausflugsgaststätte Kornhaus
An der Stelle eines ehemaligen Kornspeichers an der Elbe wurde 1929 das Ausflugsrestaurant Kornhaus nach Plänen von Carl Fieger errichtet. Heute werden hier Gerichte ab 15 Euro serviert, günstigere Verpflegung gibt es beim »Kiosk am Kornhaus«.
06846 Dessau-Roßlau, Kornhausstraße 146,
Tel. (0340) 65 01 99 63, kornhaus-dessau.de

13 | Macht und Jagdwut

Die Schorfheide war über Jahrhunderte das Jagdrevier der Mächtigen. Auf einer Rundtour ab Groß Schönebeck begegnet man den Relikten deutscher Jagdgeschichte – vom kaiserlichen Jagdschloss bis zu den Waldresidenzen von Hermann Göring und Erich Honecker

Mirco Lomoth ist freier Journalist und im Sommer ständig mit dem Rad in Brandenburg unterwegs, am liebsten in Uckermark und Schorfheide

LÄNGE 57,1 km | **FAHRZEIT** ca. 5 Std. | **SCHWIERIGKEIT** ●●●●○

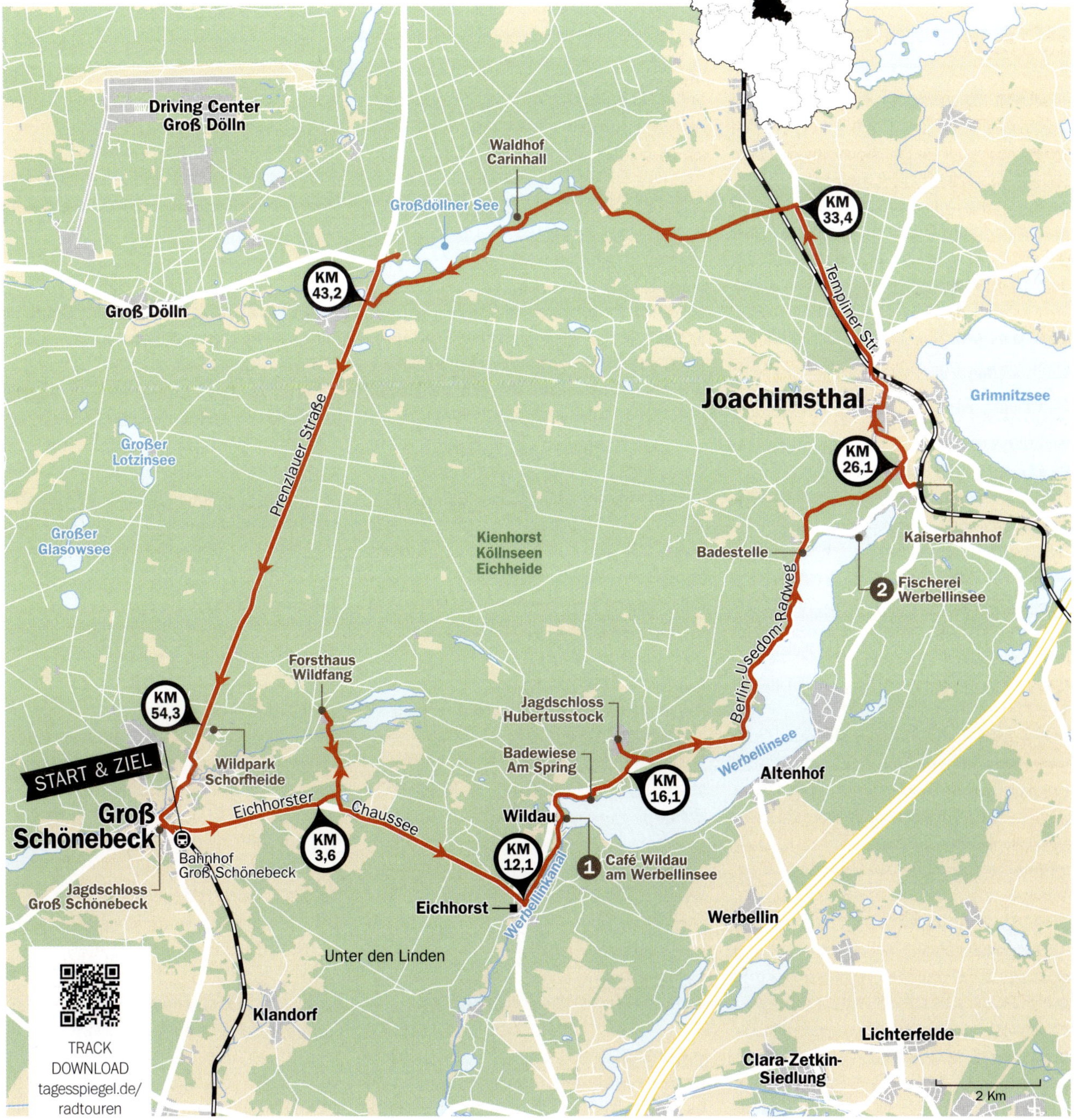

Forsthaus Wildfang, Kaiserbahnhof Joachimsthal, Widderstatue am Hotel Döllnsee-Schorfheide

13 | Macht und Jagdwut

➤ **START** Los geht es am **Bahnhof Groß Schönebeck**. Wir folgen dem Schild »Alle Radtouren« in die Bahnhofstraße und biegen gleich rechts in die Rosenbecker Straße ab, um zum **barocken Jagdschloss** zu gelangen, in dem die Ausstellung »Jagd und Macht« gezeigt wird. Ein kurzer Besuch empfiehlt sich, um die Geschichte der Orte zu verstehen, zu denen diese Tour führt. Anschließend fahren wir auf der asphaltierten Eichhorster Chaussee von Groß Schönebeck aus durch weite Felder nach Osten in Richtung Wald.

➤ **KM 3,6** Wir haben die Wahl: Wir können auf der Eichhorster Chaussee bleiben oder links in einen Sandweg abbiegen, der zwei Kilometer durch den Wald zum **Forsthaus Wildfang** führt, der ehemaligen Waldresidenz von Erich Honecker. Von hier aus ging der mächtigste Mann der DDR regelmäßig auf Pirsch, seinen letzten Hirsch erlegte er noch kurz vor dem Mauerfall, am 8. November 1989. Auf dem Abstecher ist der Boden sandig, mit dem Mountainbike aber gut zu meistern. Danach geht es weiter auf der Eichhorster Chaussee.

➤ **KM 12,1** Wir erreichen **Eichhorst**, biegen links ab und folgen dem Radweg am Werbellinkanal bis zu dem schönen Örtchen Wildau am Südufer des **Werbellinsees**. Weiter geht es auf dem luxuriös asphaltierten Berlin-Usedom-Radweg mit mehreren Möglichkeiten für Badestopps.

➤ **KM 16,1** Hier biegen wir links in den Wald ab, um das **Jagdschloss Hubertusstock** zu erreichen. Um 1850 von Friedrich Wilhelm IV. im Alpenstil erbaut, steht das Schloss wie kein zweites für die Jagdwut in der deutschen Geschichte. Kaiser Wilhelm II. veranstaltete hier herrschaftliche Jagden, Politiker der Weimarer Republik führten die waidmännischen Traditionen des Adels fort, und zu DDR-Zeiten kamen in dem Schloss Staatsgäste wie Helmut Schmidt unter. Heute kann jeder die Waldbungalows mieten oder an einer Führung über das Gelände teilnehmen (Anmeldung beim Ringhotel Schorfheide, Tel. 033363 505). Unsere Tour geht weiter auf dem Berlin-Usedom-Radweg nach Norden, entlang des Werbellinsees.

➤ **KM 26,1** Bevor wir **Joachimsthal** durchqueren und auf der Templiner Straße Richtung Norden wieder verlassen, lohnt ein Abstecher nach rechts zum schön restaurierten **Kaiserbahnhof**. Wilhelm II. ließ ihn errichten, um Hubertusstock von Berlin aus komfortabel zu erreichen. Seine Gäste stiegen hier in Kutschen. Heute kann man im Bahnhof Hörspiele und Lesungen hören.

➤ **KM 33,4** Hinter Joachimsthal wird es abenteuerlich. An einem kleinen Wegstein mit der Aufschrift »Gollin 9,8 km« biegen wir links in den Wald ab, folgen dem Waldweg nach Westen, passieren unterwegs einen Schlagbaum und biegen rund 400 Meter hinter einem Backsteinhaus noch einmal links ab. Nach einigen Metern sehen wir zwei Torhäuschen aus Muschelkalk am Eingang zu einer zweireihigen Kastanienallee. Diese führten bis 1945 zu Hermann Görings **Waldhof Carinhall**. Der Reichsmarschall nahm Staatsgäste mit auf die Jagd und wollte aus der Schorfheide einen »germanischen Ur-Wald« mit Wildpferd- und Wisent-Herden machen – die »Göringheide«. Wer am Ende der Kastanienallee herumstreift, findet noch wenige Reste der monumentalen Anlage im Wald, die in den letzten Kriegstagen gesprengt wurde. Weiter geht es in Richtung Westen.

➤ **KM 43,2** Wir gelangen zur Prenzlauer Straße, machen einen Abstecher nach rechts und biegen nach 800 Metern rechts in die Straße Döllnkrug. Hier am **Großdöllner See** steht noch heute das einstige Gästehaus des Waldhof Carinhall, in dem Görings Leibjäger Willy Schade wohnte. Heute ist die Anlage ein Tagungshotel mit Restaurant. Wir fahren jetzt wieder auf die Prenzlauer Straße, die uns zügig zurück nach Groß Schönebeck führt – leider ohne Radweg.

➤ **KM 54,3** Wer früh genug gestartet ist, kann noch einen Stopp am **Wildpark Schorfheide** einlegen, der am Wochenende bis 19 Uhr geöffnet ist (Einlass bis 18 Uhr). Hier leben Wisente und Przewalski-Pferde, der Imbiss verkauft regionale Wildspeisen. Wieder in Groß Schönebeck, biegen wir links in die Berliner Straße und dann in die Rosenbecker Straße, die uns zum **Bahnhof Groß Schönebeck** führt.

ESSEN & TRINKEN

1 Café Wildau am Werbellinsee
Zu DDR-Zeiten ein beliebtes, wenn auch zuletzt heruntergekommenes Ausflugslokal. Wegen eines Staatsbesuchs von Helmut Schmidt im Schloss Hubertusstock wurde das Lokal 1981 abgerissen und erst nach der Wende wieder aufgebaut. Heute ist es ein edles Hotelrestaurant, auf der Terrasse am See können aber auch Radfahrer Rast machen – zum Mittagessen, auf Eis oder Kuchen.
16244 Schorfheide OT Eichhorst, Wildau 19,
Tel. (033363) 526 30, cafe-wildau.de

2 Fischerei Werbellinsee
Hier gibt es frischen Fisch aus dem Werbellinsee, gebraten oder geräuchert, etwa Maränen.
16247 Joachimsthal, Seerandstraße 16,
Tel. (033361) 710 45, fischerei-werbellinsee.de

FOTOS Mirco Lomoth (3)

LANDPARTIE

Fischteiche bei Blumberger Mühle

Burg Lenzen

Lausitzer Seenland

Bahnübergang bei Sperenberg

FOTOS NABU, Kitty Kleist-Heinrich, Björn Seeling, Jörn Hasselmann

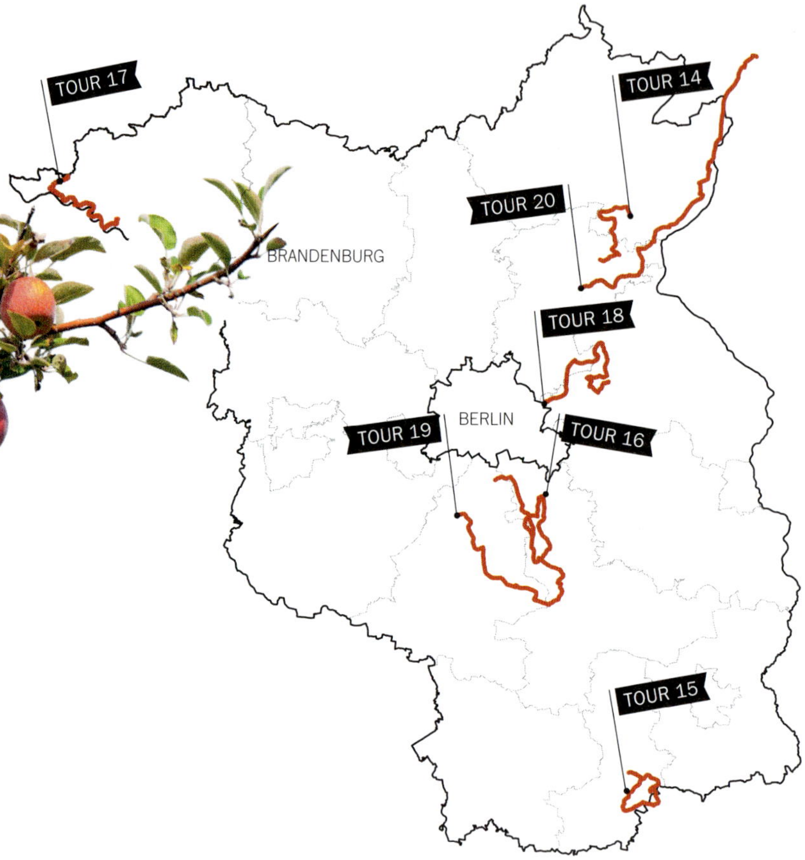

Ab ins Grüne!

Die Erlösung vom Großstadtstress liegt nicht fern: In **BRANDENBURG** radeln wir zu Hofläden, Badestellen und ehemaligen Tagebauen

Sicher, Berlin ist eine grüne Stadt, eine, in der es sogar Bauernhöfe gibt und eine hübsche Zahl an Badeseen. Aber seien wir ehrlich: Richtig schön ländlich wird es erst jenseits der Stadtgrenzen. Zum Glück wird es Radfahrern leicht gemacht, das Umland zu erkunden und auf Landpartie zu gehen. Nehmen wir die Uckermark: Per Regionalbahn leicht zu erreichen, bietet die Region eine erholsam einsame Landschaft – und gutes Essen! Unsere Genuss-Tour von Chorin nach Angermünde steuert Hofläden und Cafés an, in denen frische, regionale Produkte verkauft werden, oft vom Erzeuger selbst (Tour 14).

Und das viele Wasser erst! In Königs Wusterhausen, gleich hinter der Berliner Stadtgrenze, begeben wir uns zum Seen-Hopping auf dem Weg zum Naturpark Dahme-Heideseen (Tour 16). Unsere E-Bike-Rundtour führt von Senftenberg aus durchs Lausitzer Land, wo durch Flutung von Tagebauen gerade die größte künstliche Wasserlandschaft Europas entsteht. Noch liegen viele Verbindungskanäle zwischen den Seen trocken und von der Seebrücke am Großräschener See schaut man auf Sand – doch die Radwege sind schon jetzt perfekt (Tour 15). Am Elberadweg ist das Wasser hingegen schon da: Unsere Tour führt von Lenzen nach Wittenberge mit vielen Zwischenstopps zum Bootfahren und Erklettern von Aussichtstürmen (Tour 17). Auch in der Barnimer Feldmark nordöstlich von Berlin halten wir an versteckten Badestellen und begegnen sogar Wasserbüffelherden (Tour 18).

Auch ein Vorteil des Berliner Umlands: Es gibt viel Platz und gut asphaltierte Radwege und Straßen, über die man flott mit dem Rennrad hinwegjagen kann, ohne alle naselang an einer Ampel zu stehen. Wir drehen eine große Rennrad-Schleife südlich von Berlin (Tour 19) und fahren am Ufer der Oder entlang von Eberswalde bis Stettin (Tour 20).

FOTOS iStock (2), Hermann Bredehorst

14 | Genusstour in die Uckermark

Wir begeben uns auf eine kulinarische Schnitzeljagd. Von Chorin fahren wir über das Ökofdorf Brodowin in die Uckermark, halten unterwegs bei einem Milchschafhof, Restaurants mit regionalen Wildgerichten, Hofläden und Cafés. Wohl bekomm's!

Martin Kaluza
ist freier Journalist und fährt ganzjährig mit dem Fahrrad zur Arbeit – bis die Gangschaltung einfriert

LÄNGE 39,7 Km | **FAHRZEIT** ca. 3,5 Std | **SCHWIERIGKEIT** ●●●○○

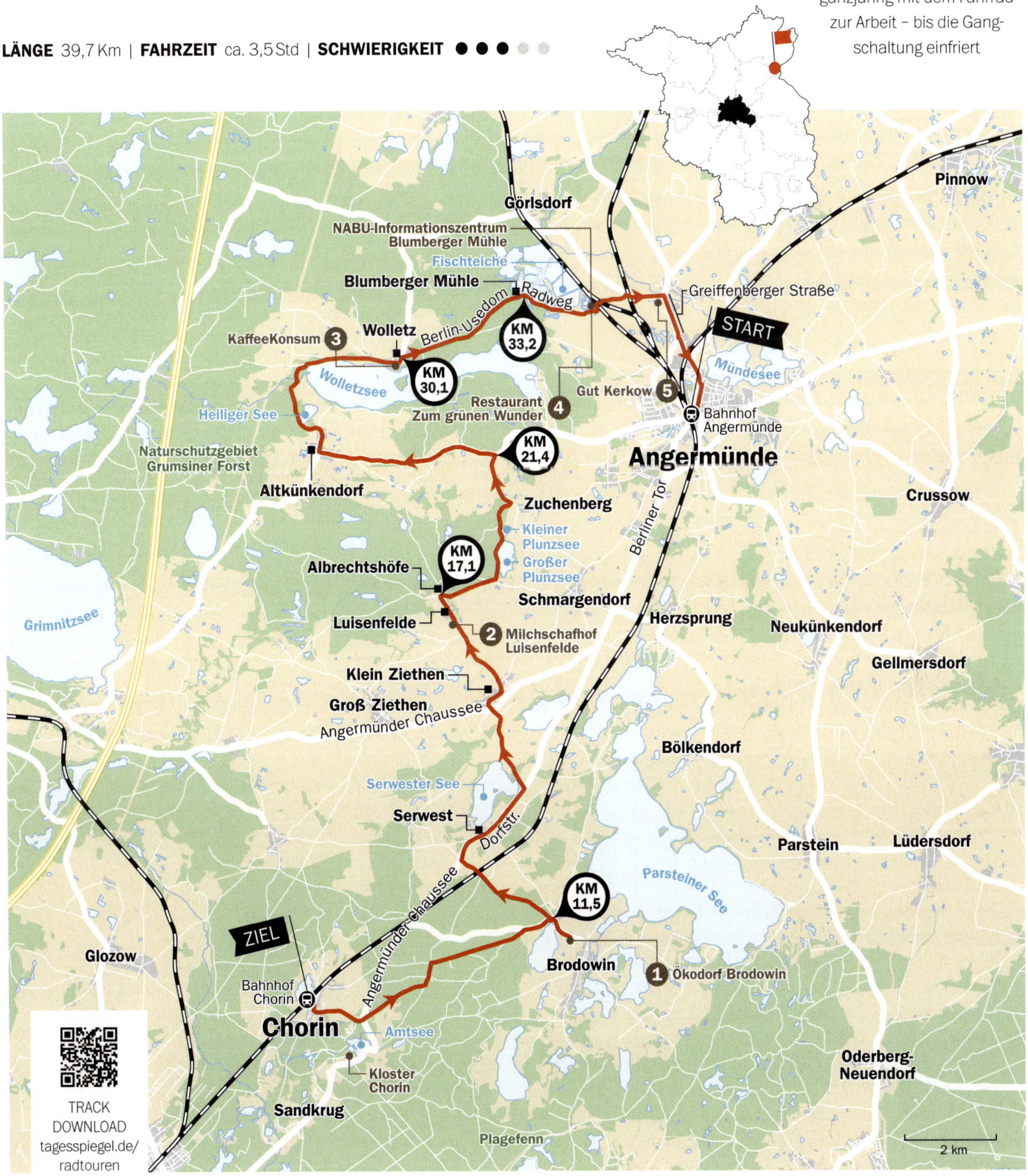

TRACK DOWNLOAD
tagesspiegel.de/radtouren

KaffeeKonsum in Wolletz, Fischteiche am NABU-Naturerlebniszentrum Blumberger Mühle

14 | Genusstour in die Uckermark

➤ **START** Die Tour beginnt am **Bahnhof Chorin**, wo es ein kleines Ladencafé gibt und einen Fahrradverleih, der auch e-Bikes, Kindersitze und Kinderanhänger verleiht. Das Kloster Chorin lassen wir bei dieser Tour ausnahmsweise rechts liegen und fahren stattdessen direkt zum **Ökodorf Brodowin**. Das ist – genau genommen – ein großer Bauernhof, der zum Demeter-Verband gehört. Die Meierei mit ihrer verglasten Fassade ist ein echter Blickfang und wir schauen gleich mal, was es im Hofladen so gibt: Bio-Milchprodukte aus eigener Herstellung – der Mozarella handgeschöpft –, Eier, Honig, Obst und Gemüse; im Café saisonal wechselnde Landküche.

➤ **KM 11,5** Von hier geht es weiter nach Serwest. Wir fahren entlang des Serwester Sees nach Klein Ziethen. Von der Dorfstraße biegen wir nördlich ab nach Luisenfelde, in Richtung des **Naturschutzgebiets Grumsiner Forst**, einen der ältesten Buchenwälder Deutschlands. Ein Teil davon ist sogar UNESCO-Weltnaturerbe – ein echtes Stück Urwald mitten in Brandenburg. Die Kernzone darf weder befahren noch betreten werden. Doch wir sind schon sehr nah dran, wenn wir den **Milchschafhof Milchmädels** in Luisenfelde erreichen (geöffnet Fr-So 15-18 Uhr). Der kleine Ökohof unterhält eine Käserei und verkauft Produkte aus eigener Herstellung im Hofladen.

➤ **KM 17,1** Die Strecke biegt nun kurz vor Albrechtshöfe rechts ab und führt am **Großen und am Kleinen Plunzsee** vorbei nach Zuchenberg, wo wir links auf die Lindenallee abbiegen.

➤ **KM 21,4** An der T-Kreuzung fahren wir links nach Altkünkendorf und biegen dort in nördlicher Richtung nach Wolletz ab. Wir passieren den Heiligen See und fahren ein gutes Stück am **Wolletzsee** entlang Richtung Wolletz.

➤ **KM 30,1** In Wolletz angekommen stoßen wir auf einen Flachbau, der zu DDR-Zeiten ein »Konsum« war (so hießen die genossenschaftlichen Supermärkte). 2009 wurde der Dorfladen geschlossen – und 2012 zu neuem Leben erweckt, diesmal als Café und Ausflugslokal mit dem passenden Namen **KaffeeKonsum** (geöffnet ab April Do-So 12-17 Uhr). An der hübsch renovierten Fassade leuchtet heute noch die Schrift: »Waren des täglichen Bedarfs«, den Gastraum zieren mehr oder weniger echte Geweihe. Das liegt nahe, schließlich befinden wir uns im traditionsreichen Jagdgebiet **Schorfheide**. In den 60er Jahren hatte Stasi-Chef Erich Mielke im Schloss Wolletz seinen Jagdsitz, heute befindet sich hier ein Rehazentrum für Herz- und Kreislaufkranke. So stehen im KaffeeKonsum neben allerlei selbst gemachtem Kuchen, Salaten und vegetarischen Gerichten auch regionale Wildgerichte auf der Karte – das Fleisch der Wildschweinwurst stammt aus den Wolletzer Wäldern. Im Wild-Burger landet nur Wildfleisch aus dem Revier Gut Wolletz und das Angus-Rind im Black-Angus-BBQ-Bacon-Burger graste einste auf dem Gut Kerkow, das wir später noch besuchen werden. Weiter geht es auf dem **Berlin-Usedom-Radweg** zum Ort Blumberger Mühle.

➤ **KM 33,2** Wir halten uns rechts und fahren entlang der großen Fischteiche – stattliche 140 Hektar – zum **Naturerlebniszentrum Blumberger Mühle**. Das Gebäude, das gar keine Mühle ist, sondern an einen großen, hohlen Baumstumpf erinnert, gehört dem NABU, es ist das Hauptinformationszentrum des Biosphärenreservats Schorfheide-Chorin. Hier bietet das Restaurant »Zum grünen Wunder« regional-ökologische Speisen und Getränke. Wir setzen unsere Tour Richtung Kerkow fort, fahren dort rechts in die Greiffenberger Straße und schauen – mit hoffentlich noch etwas Resthunger – im Café des Bio-Hofs **Gut Kerkow** vorbei. Der Hofladen (geöffnet Di/Mi 13-18 Uhr, Do-So 10-18 Uhr) bietet eine große Auswahl an derben Fleisch- und Wurstwaren. Von hier aus steuern wir das Ziel unserer Tour an, den **Bahnhof Angermünde**. Wer noch Zeit hat, sieht sich vor der Rückfahrt den historischen Stadtkern an oder hält seine Füße in den Mündsee.

ESSEN & TRINKEN

1 Hofladen Ökodorf Brodowin
16230 Chorin OT Brodowin, Weißensee 1,
Tel. (033362) 600 22, brodowin.de

2 Milchschafhof Luisenfelde
16247 Ziethen, Luisenfelde 11,
Tel. (033364) 349 87,
milchmaedels-luisenfelde.de

3 KaffeeKonsum
16278 Angemünde OT Wolletz,
Zur Welse 4, Tel. (033337) 519090,
kaffee-konsum.de

4 Restaurant »Zum grünen Wunder«
Im Naturerlebniszentrum Blumberger Mühle.
16278 Angermünde, Blumberger Mühle 2,
Tel. (03331) 2604, blumberger-muehle.de

5 Gut Kerkow
16278 Kerkow, Greiffenberger Straße 8,
Tel. (03331) 262 90, gut-kerkow.de

FOTOS KaffeeKonsum, NABU, Kitty Kleist-Heinrich

15 | Im Land der Seen

Diese E-Bike-Rundtour führt uns von Senftenberg durchs Lausitzer Seenland. In den kommenden Jahren entsteht hier durch die Flutung stillgelegter Tagebaue die größte künstliche Wasserlandschaft Europas – viel davon ist heute schon sichtbar

Tagesspiegel-Redakteur **Björn Seeling** radelte auf seiner Tour erstmals über eine Brücke aus Kunststoff

LÄNGE 59,8 km | **FAHRZEIT** ca. 3,5 Std. | **SCHWIERIGKEIT** ●●●●○

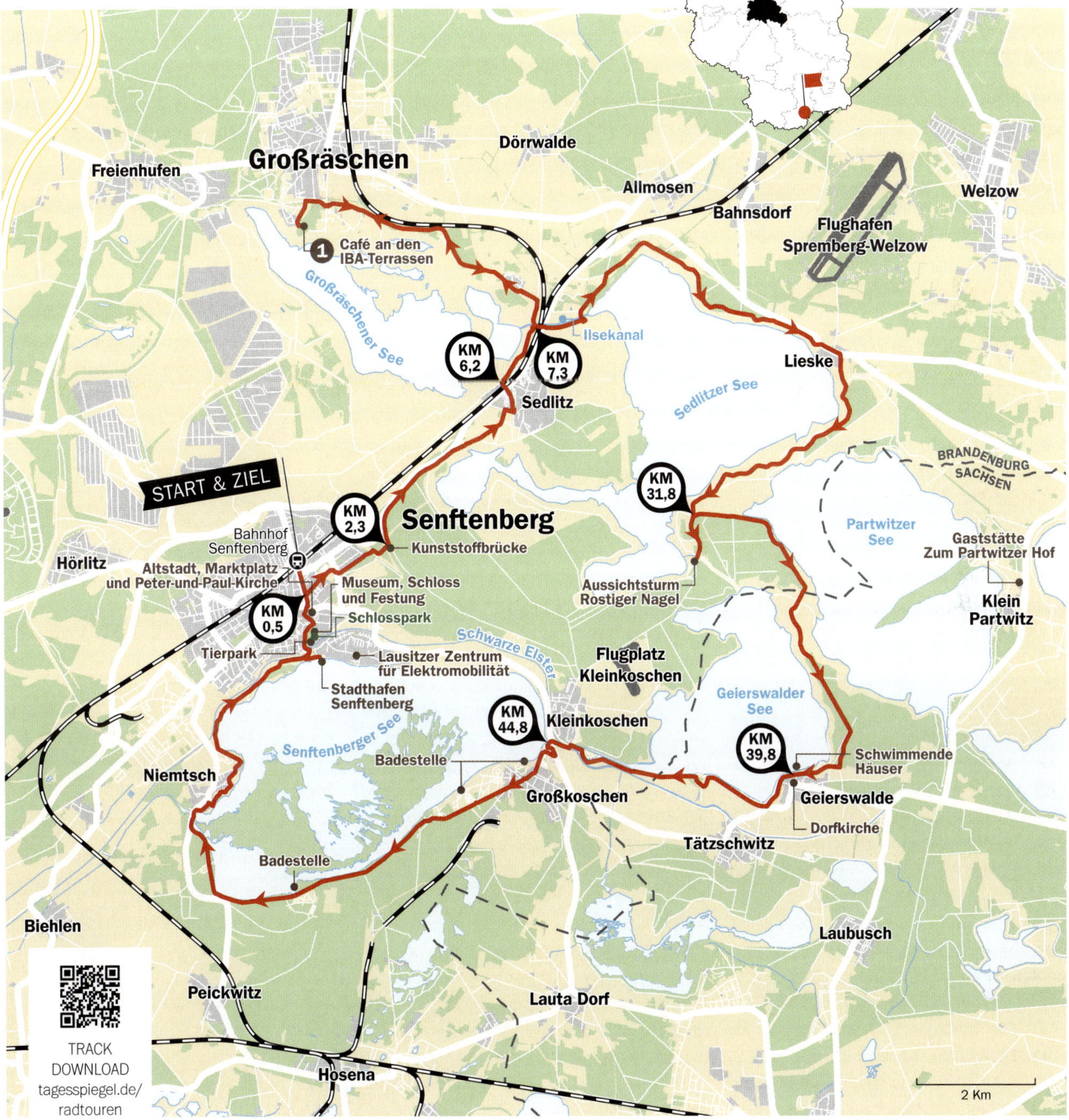

Rast am Großräschener See, zukünftige Seebrücke an den IBA-Terrassen, Markplatz Senftenberg

15 | Im Land der Seen

➤ **START** ist am **Bahnhof Senftenberg**. Wer für die Tour vor Ort ein E-Bike ausleihen möchte, wird zum Beispiel in der Nähe des Stadthafens fündig, beim »Lausitzer Zentrum für Elektromobilität« (Buchwalder Straße 28, Tel. 03573-79 32 25, lausitzer-elektromobile.de). Eine vorherige Reservierung ist besonders in der Saison empfehlenswert. Vom Bahnhof geht es kurz rechts und sogleich links in die Bahnhofstraße, die uns in Richtung der **Altstadt** bringt.

➤ **KM 0,5** Unsere reguläre Route führt uns links über die Laugkstraße durch ein hässliches Gewerbegebiet hinaus aus Senftenberg. Wer bereits zu Beginn der Tour einige Sehenswürdigkeiten erkunden möchte, folgt zunächst der Bahnhofstraße, durchquert die **Altstadt** mit Marktplatz und **Peter-und-Paul-Kirche** und gelangt zum **Schlosspark**. Hier liegt das »Museum Schloss und Festung Senftenberg«, wo unter anderem ein **Schaubergwerk** zu besichtigen ist. Die einstmals sächsische Festung sucht ihresgleichen in Deutschland, da der umgebende Erdwall vollständig erhalten ist. Unweit entfernt befindet sich auch der **Tierpark**. 1931 gegründet, leben hier heute 350 Tiere 60 verschiedener Arten.

➤ **KM 2,3** Hinter dem Gewerbegebiet gelangen wir zur sogenannten **Plastebrücke** (oder auch Kunststoffbrücke). Sie wurde im Jahr 2000 eröffnet und gehört zu den ersten aus Plastik gefertigten Brücken Deutschlands. Rechts von uns taucht jetzt der geflutete Sedlitzer See auf – das **ehemalige Tagebaugelände**. Nachdem Mitte des 19. Jahrhundert bei Senftenberg Braunkohle gefunden worden war, setzte ein Raubbau an der Landschaft ein, der erst 1999 mit dem Aus für den letzten Senftenberger Tagebau endete. Schilder am Wegesrand warnen vor dem Betreten des Geländes, denn abseits der befestigten Wege besteht Lebensgefahr.

➤ **KM 6,2** Wir passieren die Ortschaft Sedlitz und unterqueren die Bundesstraße und Eisenbahnstrecke. Danach weitet sich der Blick über den **Großräschener See**, der früher natürlich auch ein Tagebau war. Ein Gedenkstein erinnert an abgebaggerte Dörfer.

➤ **KM 7,3** Am künftigen **Ilsekanal** lässt sich erahnen, dass es eines Tages Spaß machen wird, mit dem Dampfer über die **Seenlandkette** zu schippern, die sich dann aus vollgelaufenen Tagebauen gebildet hat. Noch ist der nötige Wasserstand aber nicht erreicht. Doch einen Kanal (fast) ohne Wasser sieht man auch nicht alle Tage. Die Flutung der Tagebaue sollte ursprünglich 2015 abgeschlossen sein, wird aber augenscheinlich noch eine ganze Weile dauern. Weiter geht es zu den **IBA-Terrassen**, ein Höhepunkt der Tour. Das Besucherzentrum für das Lausitzer Seenland steht an der Kante eines alten Tagebaus, an dessen Hängen Weinreben wachsen. Ein Café lädt zur Rast ein, wer will, kann im nahe gelegen Seehotel auch logieren. Bizarr: ein Jachthafen und eine Seebrücke, die (auch hier noch) auf dem Trockenen stehen. Auf selber Strecke fahren wir zurück zum Ilsekanal, nehmen den Tunnel unter dem Bahngelände und fahren weiter am Ufer des **Sedlitzer Sees**, dem größten der Lausitzer Seenlandschaft, bis nach Lieske. Hier am Ortsausgang rechts halten und weiter am Ufer des Sedlitzer Sees.

➤ **KM 31,8** Links führt uns die Tour weiter entlang zum **Partwitzer See** und dann nach Geierswalde. Zuvor empfiehlt sich an dieser Stelle noch ein kurzer Abstecher geradeaus Richtung »Rostiger Nagel«. Der **Aussichtsturm** aus Stahl bietet aus 30 Metern Höhe noch mal den vollen Überblick.

➤ **KM 39,8** Am **Geierswalder See** schwimmen nicht nur Boote, sondern auch Häuser. Die spektakulären Ferienunterkünfte stehen im Wasser. Ihre Namen erinnern an abgebaggerte Orte. Hier gibt es auch einen schönen Badestrand. Im Dorf grüßt der **schiefe Turm der Dorfkirche**. Das gut 30 Meter hohe Bauwerk hat sich infolge des Kohleabbaus geneigt. Flott geht es weiter Richtung Kleinkoschen.

➤ **KM 44,8** In Kleinkoschen führt uns unsere reguläre Route linker Hand einmal um den **Senftenberger See**. Auf dem Weg zum Stadthafen Senftenberg passieren wir Großkoschen (mit Strandidyll samt Südseeflair auf gelbem Sand). Wer die Strecke in Kleinkoschen lieber abkürzen möchte, fährt stattdessen rechts und gelangt bereits nach rund vier Kilometern zum **Stadthafen**. Erst 2013 ist das Gelände eröffnet worden. Die moderne Architektur überrascht, es gibt Lokale, Geschäfte, Bademöglichkeiten und Angebote für Wassersportler. Vom Stadthafen geht es vorbei am Schlosspark, durch die Altstadt und zurück zum **Bahnhof Senftenberg**.

ESSEN & TRINKEN

1 Café an den IBA-Terrassen
Einfache Gerichte wie Pellkartoffeln mit Quark oder Schweineschnitzel mit Pommes stehen auf der Speisekarte dieses Café-Restaurants an den IBA-Terrassen. Schöner Blick auf den Großräschener See!
01983 Großräschen, Seestraße 100a,
Tel. (035753) 62 20 77,
cafe-an-den-iba-terrassen.de

FOTOS Björn Seeling (3), Mike Wolff

16 | Badeseen-Hopping

Kurz hinter der Berliner Stadtgrenze beginnt unsere Rundtour am Bahnhof Königs Wusterhausen. Auf dem Weg in den Naturpark Dahme-Heideseen erwarten uns unzählige Badestellen an Seen mit wunderbar sandigen, sacht abfallenden Ufern

Laura Stresing ist freie Journalistin und fährt auch bei Minusgraden Rad. Am liebsten aber unternimmt sie im Sommer Touren zu Badeseen

LÄNGE 52,7 km | **FAHRZEIT** ca. 4,5 Std. | **SCHWIERIGKEIT** ● ● ● ● ○

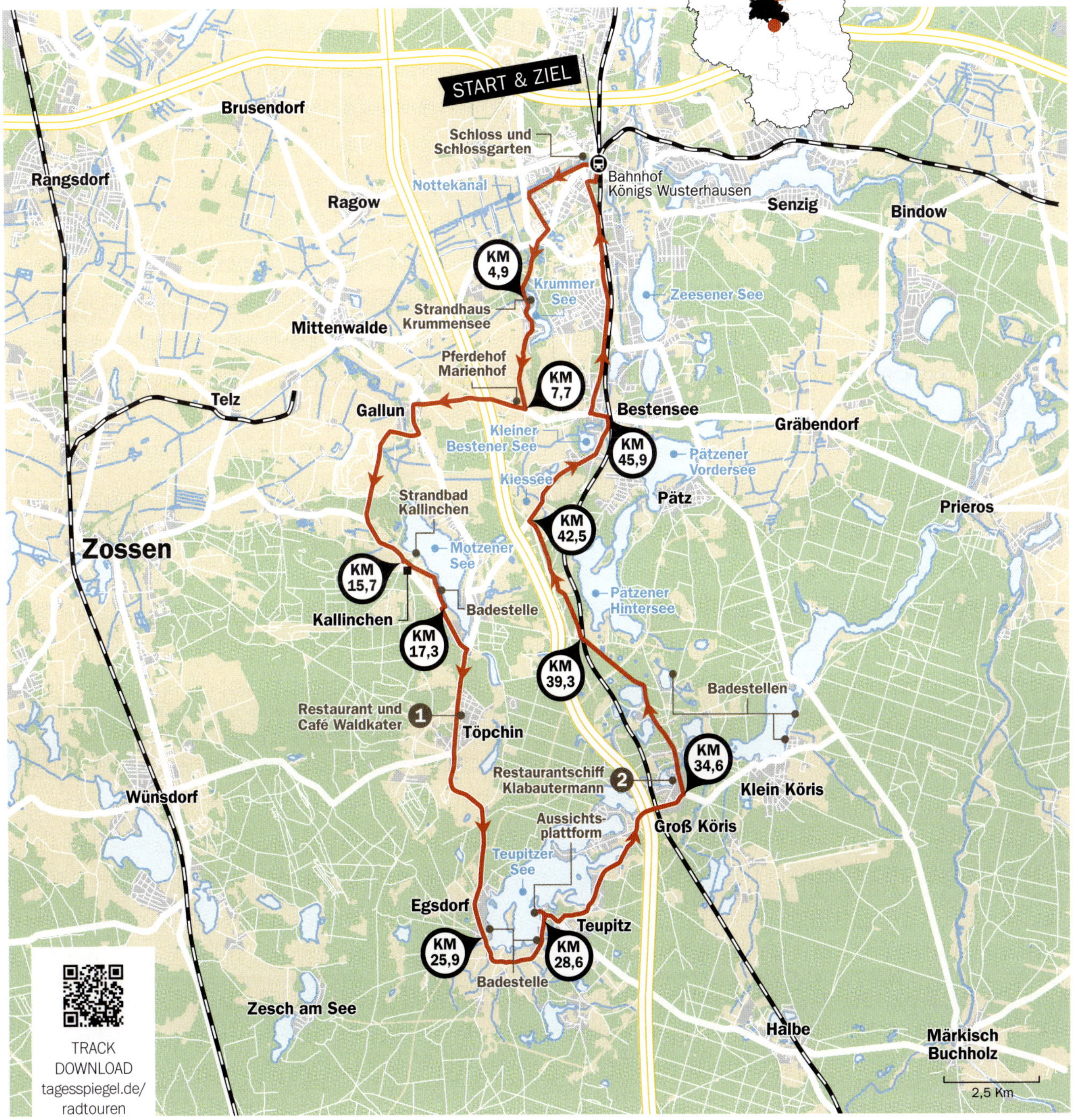

TRACK DOWNLOAD tagesspiegel.de/radtouren

Badestelle am Teupitzer See in Egsdorf, versteckte Badestelle in Klein Köris

16 | Badeseen-Hopping

➤ **START** Vom **Bahnhof Königs Wusterhausen** fahren wir geradeaus über die Bahnhofstraße Richtung Westen. Schon nach wenigen hundert Metern warten die ersten Sehenswürdigkeiten: An der Schleuse geht es rechts in Richtung **Schloss und Schlossgarten**. Das Anwesen diente früher dem preußischen Soldatenkönig Friedrich Wilhelm I. und seinen Nachfolgern als Sommersitz und Jagdschloss. Wir lassen das königliche Anwesen hinter uns und folgen dem **Weg am Nottekanal**. Kurz vor der B179-Brücke biegen wir links in den Feldweg ein, der uns rechts auf die Luckenwalder Straße bringt. Gleich hinter der Unterführung wechselt der Radweg die Straßenseite, wir folgen dem ausgeschilderten **Hofjagdradweg**, der von einer gekrönten Wildsau (!) markiert wird, durch den Wald nach Krummensee.

➤ **KM 4,9** Gleich hinter der Ortseinfahrt lockt schon die erste **Badestelle**. Der **Krumme See** macht seinem Namen alle Ehre und bietet mit seinen Windungen viele Stellen, um ungestört zu baden. Wir folgen der Hauptstraße und bringen beim Verlassen des Orts zugleich die schwierigste Strecke der ganzen Tour hinter uns: Die buckelige Kopfsteinpflasterpiste steigt hier ordentlich an. Doch danach geht es zum Glück schnell wieder entspannt weiter.

➤ **KM 7,7** Wir passieren den **Pferdehof Marienhof** und biegen rechts Richtung Mittenwalde ab. Auf der Landstraße überqueren wir die Autobahn, fahren geradeaus weiter nach Gallun, wo wir auf der Storkower Straße die Bahngleise kreuzen und dann links in die Mittenwalder Chaussee einbiegen. Nach 700 Metern geht es rechts über die wenig befahrene Landstraße Richtung Kallinchen.

➤ **KM 15,7** In **Kallinchen** biegen wir von der Hauptstraße links ab in Richtung des ausgeschilderten, oft überfüllten **Strandbads**. Der Seestraße folgend gelangt man auch zu ruhigeren Badestellen, nach 400 Metern zum Beispiel zu einer mit Kiefern bewachsenen Hügelfläche am Wasser, die gerne von Einheimischen genutzt wird. Wie fast alle Badeseen in der Gegend hat auch der **Motzener See** ein wunderbar sandiges und sacht abfallendes Ufer.

➤ **KM 17,3** Von der Seestraße, die in einer Sackgasse endet, kehren wir rechts zurück auf die Motzener Straße. Nach 1,2 Kilometern geht es rechts Richtung Töpchin. Wir passieren den Ziegelei-Wanderweg, verlassene Bahnschienen und das **Naturschutzgebiet Töpchiner See**. Auf der Märkischen Straße geht es durch Töpchin, wir folgen dem Straßenverlauf weiter nach Egsdorf.

➤ **KM 25,9** In **Egsdorf** liegt links ein kleiner **Rastplatz mit Badestelle**. Weiter geht es auf der Chausseestraße/L 74, die uns nach Teupitz bringt. Dicht hinter der Ortseinfahrt befindet sich links eine schattige und beliebte Stelle zum Baden.

➤ **KM 28,6** In **Teupitz** gelangen wir zum Markt und biegen links in die Kirchstraße ein. Nach rund 150 Metern liegt links ein Steg, der zu einer **Aussichtplattform** führt. Von hier aus hat man einen tollen Blick auf den **Teupitzer See** und kann wunderbar das Treiben auf dem Wasser beobachten. Wir kehren zurück zum Markt und fahren in die Poststraße. Nach 300 Metern beginnt links hinter dem Parkplatz ein straßenbegleitender, leider lückenhafter Radweg Richtung **Groß Köris**.

➤ **KM 34,6** In Groß Köris gelangen wir links zurück auf den **Hofjagdradweg**, dem wir nun rund acht Kilometer Richtung Norden folgen.

➤ **KM 39,3** Hinter den Bahnschienen halten wir uns schräg rechts, den Wegweisern folgend.

➤ **KM 42,5** Wir biegen rechts nach Bestensee ab, passieren den **Kiessee** mit Badestelle, dessen Campingplatz viele Naturfreunde anlockt, und den **Kleinen Bestener See** mit seinen zugewachsenen, verwilderten Ufern.

➤ **KM 45,9** Hinter dem Bahnhof Bestensee fahren wir links und biegen nach 400 Metern rechts Richtung Königs Wusterhausen ab. Nun geht es rund sechs Kilometer geradeaus, die meisten davon auf einem gut ausgebauten Radweg. In **Königs Wusterhausen** biegen wir hinter dem Stadion der Freundschaft rechts in die Jahnstraße und anschließend links in die Maxim-Gorki-Straße, die uns direkt zum **Bahnhof** bringt.

ESSEN & TRINKEN

❶ Restaurant und Café Waldkater
Bevor es auf die Berg- und Talfahrt nach Egsdorf geht, kann man in dieser winzig-kleinen Gaststätte auf eine Erfrischung einkehren.
15749 Mittenwalde, Märkische Straße 51,
Tel. (033769) 506 65, cafe-waldkater-toepchin.de

❷ Restaurantschiff Klabautermann
Frischen Fisch von Aal bis Zander bietet dieses Restaurantschiff an der Groß Köriser »Marina«.
Kleiner Biergarten für die schnelle Erfrischung.
15746 Groß Köris, Seebadstraße 24,
Tel. (0172) 399 04 79, zum-klabautermann.com

FOTOS Laura Stresing (2), iStock (2), Kai-Uwe Heinrich

17 | Türmen auf dem Elberadweg

Diese Flusstour führt uns von Lenzen nach Wittenberge. Wir machen eine Bootstour auf dem Rudower See, besuchen die Burg Lenzen, schauen von Aussichtstürmen in die Weite der Elblandschaft und türmen über die Elbe nach Niedersachsen

Lars Laute
hat dieses Magazin redaktionell betreut und ist privat mit Rennrad und Mountainbike unterwegs

LÄNGE 51,7 km | **FAHRZEIT** ca. 4 Std. | **SCHWIERIGKEIT** ●●●○○

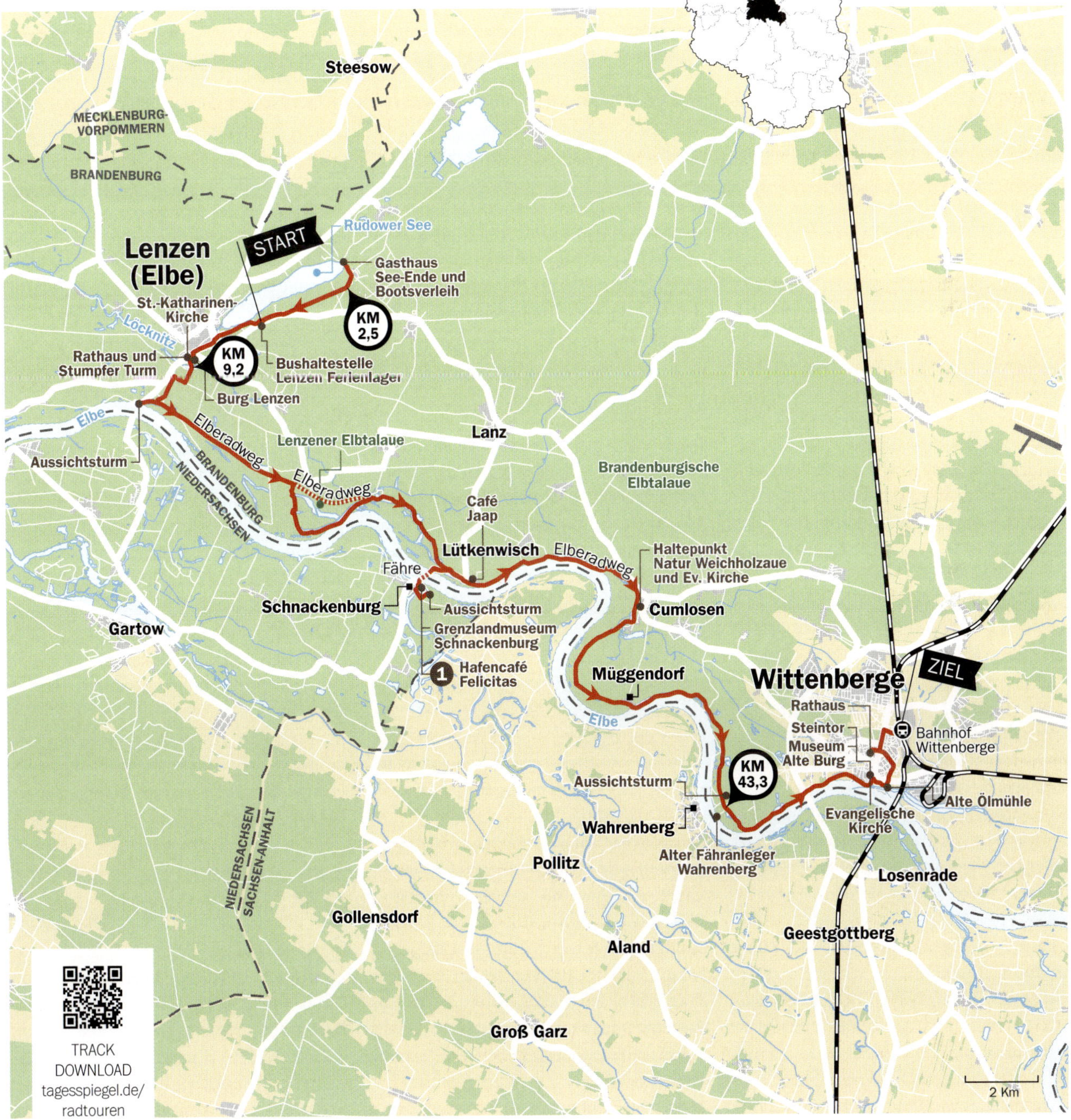

Burg Lenzen, Grenzlandmuseum Schnackenburg, Rathaus Wittenberge

17 | Türmen auf dem Elberadweg

➤ **START** Unsere Tour beginnt in **Lenzen (Elbe)**, das wir von Berlin mit Bus und Bahn erreichen. Der stündlich verkehrende RE 2 bringt uns zum Bahnhof Wittenberge, wo wir den 944er-Bus nach Lenzen (Elbe) nehmen, der unter der Woche stündlich fährt, am Wochenende alle zwei Stunden. Fahrräder können bequem am Heck des Busses transportiert werden, sollten aber am Tag zuvor telefonisch angemeldet werden, da nur begrenzte Kapazitäten zur Verfügung stehen (Tel. 03876-789940, prignitz-bus.de). Angekommen an der **Bushaltestelle Lenzen Ferienlager** steigen wir aufs Rad und fahren auf einem Wald- und Feldweg entgegen der Fahrtrichtung des Busses zum nordöstlichen Ende des Rudower Sees.

➤ **KM 2,5** Am Ende des Feldwegs links halten und nach 350 Metern beim Schild »Gasthaus See-Ende« links abbiegen. Der **Rudower See** ist mit seinen 180 Hektar der größte See des Landkreises Prignitz. An seinem Ufer wartet auf uns eine grüne Liegewiese mit Badestelle und Bootsverleih. Hier lohnt sich ein kurzer Ausflug aufs Wasser. Anschließend fahren wir auf gleichem Weg zurück und entlang des Seeufers nach Lenzen zur **St.-Katharinen-Kirche**. In der Nähe liegen auch das **Rathaus**, dessen Uhr nur einen Zeiger für die Stunden hat, sowie der **Stumpfe Turm**, der seinen Namen dem Einsturz des Kegeldachs im 18. Jahrhundert verdankt. Einst waren hier Gefangene eingesperrt, die durch die kleine Luke in der Gefängnistür von ihren Angehörigen versorgt werden mussten. Weiter geht's auf dem Radweg zur **Burg Lenzen**. Die Ursprünge der Anlage reichen bis zur Wende vom 12. ins 13. Jahrhundert. 1223 wurde im Burgturm der Dänenkönig Waldemar II. gefangen gehalten, im 15. Jahrhundert brachen von hier Ritter auf Raubzüge nach Mecklenburg und in die Altmark auf. Heute gehört die Burg dem BUND, der 2003 ein **Besucherzentrum mit Museum**, Restaurant und Hotel einrichtete. Ausstellungen informieren über die Natur- und Kulturgeschichte der Elbtalaue und die Historie der Stadt Lenzen. Teil der Ausstellungsfläche ist auch der **Burgturm**, von dessen umlaufendem Umgang man auf den Burgpark und in die Weite der Elbelandschaft blickt – und mit etwas Glück das Klappern der Prignitzer Störche hören kann. Die Aussicht reicht so weit, dass der Turm zu DDR-Zeiten nur eingeschränkt begehbar war – aus Angst, die nahe gelegenen Grenzanlagen könnten ausspioniert werden.

➤ **KM 9,2** Hinter der Burg überqueren wir die Löcknitz, folgen dem Radweg zum Elbdeich und biegen zunächst rechts ab, um auf einen weiteren **Aussichtsturm** zu klettern. Danach geht es wieder 400 Meter zurück und auf dem **Elberadweg** in Richtung Wittenberge. Nach gut vier Kilometern haben wir Gelegenheit, auf einem Rundweg das Naturschutzgroßprojekt **Lenzener Elbtalaue** zu erkunden. Hier wurde durch Verlegung der Elbdeiche um bis zu 1,3 Kilometer eine rund 420 Hektar umfassende Auwaldfläche wiederhergestellt, auf der auch Wildpferde leben. Wir genießen die Weite der Elblandschaft und fahren dann auf dem Radweg weiter bis kurz vor Lütkenwisch. Hier nehmen wir die **Fähre** und türmen über die Elbe ins niedersächsische Schnackenburg. Früher verlief hier die Grenze zwischen DDR und BRD und es gab immer wieder Fluchtversuche in der Region. 1976 etwa scheiterte das Ehepaar Augustin bei dem Versuch, mit einem selbst gebauten U-Boot in den Westen zu gelangen. An die Geschichte dieses und anderer Fluchtversuche erinnert das **Grenzlandmuseum Schnackenburg** (links vom Fähranleger gelegen). Auch hier lohnt sich wieder ein Abstecher zum **Aussichtsturm**, der einen tollen Panoramablick über die Elbe bietet. Im Anschluss an den Ausflug auf die andere Elbseite geht es weiter auf dem Elberadweg durch Cumlosen und Müggendorf. Hier unbedingt nach Störchen Ausschau halten, die auf den Leitungsmasten ihre Nester bauen!

➤ **KM 43,3** Rechter Hand liegt der **Alte Fähranleger Wahrenberg**, von dem aus bis 1985 Schiffe auf die andere Elbseite übersetzten. Man ahnt es bereits: Auch hier steht ein **Aussichtsturm**. Anschließend geht es weiter nach Wittenberge, die Brücke, die dazu führte, dass die Fährlinie Wahrenberg stillgelegt wurde, ist bereits aus weiter Ferne zu erkennen. In **Wittenberge** machen wir einen kurzen Abstecher links in die Steinstraße, um zur großen **Evangelischen Kirche** zu gelangen. In der Nähe finden wir auch das **Museum Alte Burg** mit einer Ausstellung zur Stadtgeschichte. Die Hafenstraße führt uns auf die 2015 eingeweihte **Elbuferpromenade**, an deren Ende die **Alte Ölmühle** liegt. Von hier fahren wir weiter zum 1914 fertiggestellten **Rathaus**, das sich mit seinem pompösen historistischen Stil deutlich von der Architektur der Altstadt abweicht. Noch einmal können wie einen Turm besteigen: den Rathausturm mit Rundumblick über die Altstadt. Danach endet unsere Tour am **Bahnhof Wittenberge**.

ESSEN & TRINKEN

1 Hafencafé Felicitas
Direkt neben dem Grenzlandmuseum Schnackenburg lässt es sich gemütlich bei Kaffee, Kuchen oder einfachen Gerichten im Hof des Hafencafés in der Sonne sitzen.
29493 Schnackenburg, Alandstraße 9,
Tel. (05840) 989 70 60, cafefelicitas.de

FOTOS Kitty Kleist-Heinrich, Lars Laute (2), Guido Schumann

18 | Wasserbüffel in der Mark

Unsere Strecke beginnt in Hönow und führt durch Felder und Weiden durch die Barnimer Feldmark. Unterwegs sehen wir Wasserbüffel, halten an versteckten Seen und Schlossgütern. Wer nicht mit dem Mountainbike unterwegs ist, wählt die Route über die B 168

Tagesspiegel-Leser **Guido Schumann** ist passionierter Radfahrer und erkundet gerne das Brandenburger Umland

LÄNGE 64,2 km | **FAHRZEIT** ca. 5 Std. | **SCHWIERIGKEIT** ● ● ● ● ●

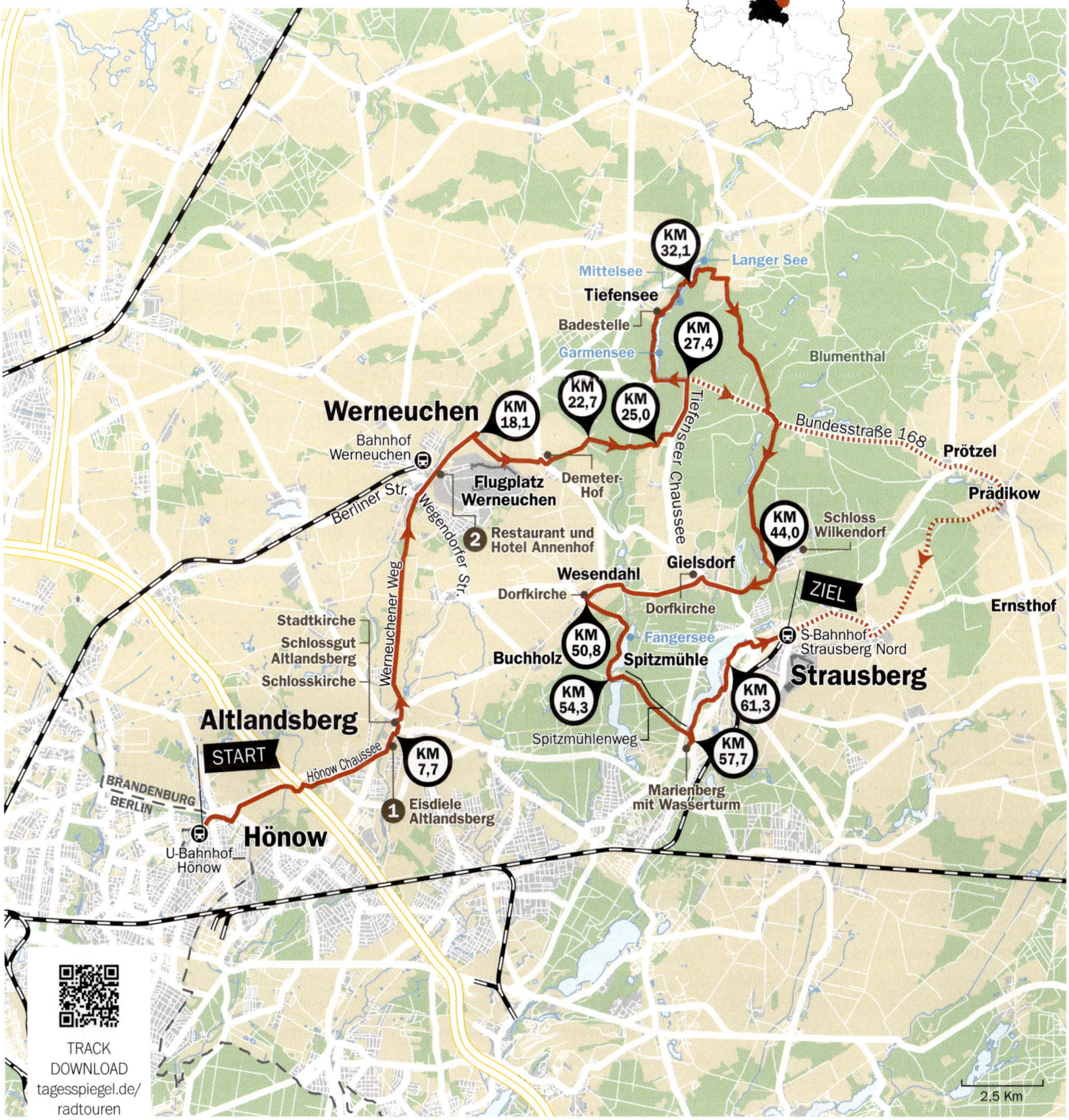

Wasserbüffel bei Werneuchen, Rapsfelder am Wegesrand

18 | Wasserbüffel in der Mark

➤ **START** ist am **U-Bahnhof Hönow (U5)**. Wir folgen der Mahlsdorfer Straße Richtung Norden und biegen nach 500 Metern rechts in den Park ab. Nach einem halben Kilometer geht es links in die Straße Am Grünzug, an der Kreuzung rechts in die Brandenburgische Straße und sogleich links in die Stienitzstraße, die hinter dem Kreisverkehr zur Verbindungsstraße nach Seeberg wird. Ihr folgen wir rund 2,5 Kilometer bis zur Dorfstraße, dort rechts abbiegen und weiter auf dem Radweg entlang der Hönower Chausee.

➤ **KM 7,7** In **Altlandsberg** geht es rechts in die Poststraße, nach 50 Metern links, vorbei am Markt und über die Kirchstraße in die Berliner Straße. Wir passieren die **Stadtkirche** und das **Schlossgut Altlandsberg**, wo es einen Lustgarten, ein Gutshaus und eine Schlosskirche gibt. Dann weiter rechts in die Krummenseestraße und links in die Buchholzer Allee, deren Verlauf wir 300 Meter folgen, bevor wir links auf den Werneuchener Weg einbiegen, der später zur Landsberger Straße wird. Am Wegesrand können wir **Wasserbüffelherden** sehen. In Werneuchen folgen wir der Freienwalder Chaussee nach Norden.

➤ **KM 18,1** Wir fahren am Flugplatz vorbei, biegen von der Freienwalder Chaussee rechts ab und fahren rechts, um dem Weg nach Hirschfelde zu folgen. Dort angekommen geht es rechts auf die Ernst-Thälmann-Straße zum **Demeter-Hof** von Sonja und Max Moor. Hier gibt es **Galloway-Rinder** und **Wasserbüffel**. Im Hofladen werden Fleisch und Wurst verkauft. Von der Ernst-Thälmann-Straße links in die Akazienallee, deren Verlauf wir rund 1,5 Kilometer folgen.

➤ **KM 22,7** Wir biegen rechts ins Grüne ab, die Fahrt geht mitten durch **Baumschluchten**.

➤ **KM 25,0** Hier geht es links, nach 400 Metern rechts und 300 Meter später links auf die Landstraße Tiefenseer Chaussee.

➤ **KM 27,4** Punkt der Entscheidung: Wer mit dem **Mountainbike** unterwegs ist, kann links auf eine holprige Strecke mit toller Landschaft abbiegen. Für normale **Tourenräder** empfiehlt sich die Abkürzung rechts über die Bundesstraße durch Prötzel und Prädikow, dann über den Radfernweg »Tour Brandenburg« nach Strausberg. Die Mountainbike-Strecke führt über die Bundesstraße und nach einem Kilometer rechts in den Wald. Wir folgen dem Weg nach links entlang des Gamensees und treffen nach gut zwei Kilometern auf eine **entlegene Badestelle**. Wir folgen dem Weg weiter und gelangen zum Mittelsee, an dessen nördlicher Spitze uns ein schöner Ausblick auf die Seelandschaft erwartet.

➤ **KM 32,1** Wir fahren links über die Schienen zum **Langen See** und nach 600 Metern rechts. Nach 600 Metern rechts halten, dann links entlang der Schienen, die wir nach 500 Metern rechts queren, um dann der Bahnhofstraße zu folgen. Nach 400 Metern halten wir uns links und fahren durch den Wald, bis wir nach vier Kilometern auf die Bundesstraße treffen, auf die wir links einbiegen. Nach 400 Metern geht es rechter Hand wieder in den Wald. Nach knapp 2,5 Kilometern halten wir uns links und folgen dem Feldweg, der uns nach gut einem Kilometer links auf den Radweg nach **Wilkendorf** bringt.

➤ **KM 44,0** In Wilkendorf schauen wir uns das weiß getünchte Schloss an, das einst das Gästehaus des DDR-Verteidigungsministeriums war. Danach folgen wir dem Radweg nach **Gielsdorf** und weiter nach **Wesendahl**.

➤ **KM 50,8** In Wesendahl biegen wir links in die Mühlenstraße, die uns nach zwei Kilometern zum **Fängersee** bringt. Dort rechts halten.

➤ **KM 54,3** Links durch **Spitzmühle**, dann rechts auf dem Spitzmühlenweg nach Strausberg.

➤ **KM 57,7** Links geht es in die **Strausseepromenade**. Zuvor bietet sich ein kurzer Abstecher auf den **Marienberg** an, wo ein **Wasserturm** steht, ein Strausberger Wahrzeichen. Von der Strausseepromenade geht es in die Karl-Liebknecht-Straße, dann links auf die Große Straße.

➤ **KM 61,3** Wir biegen ab in die Badstraße und nach einem Kilometer rechts zum Kreisel. Dort nehmen wir die dritte Ausfahrt in die Prötzeler Chaussee, der wir bis zum nächsten Kreisverkehr folgen. Dort die erste Ausfahrt Richtung **Flugplatz** nehmen und nach wenigen hundert Metern rechts abbiegen, um zum **S-Bahnhof Strausberg** zu gelangen.

ESSEN & TRINKEN

1 Eisdiele Altlandsberg
Mitten in Altlandsberg erwartet uns eine kleine, unschlagbar günstige Eisdiele, die ihre Spezialitäten in eigener Produktion herstellt.
15345 Altlandsberg, Berliner Allee 14,
eisdiele-altlandsberg.de

2 Restaurant und Hotel Annenhof
Auf der großen, recht fleischlastigen Speisekarte stehen neben diversen Hauptgerichten auch kleinere Snacks wie Toasts oder Suppen.
16356 Werneuchen, Freienwalderstraße 46,
Tel. (033398) 903 76, annenhof.de

19 | Große Rennrad-Schleife im Süden

Unsere Tour startet in Thyrow, keine halbe Stunde von Berlin entfernt. Auf perfekt asphaltierten Straßen geht es über Sperenberg, Baruth, Motzen und Mittenwalde nach Blankenfelde. Auf der Strecke passieren wir mehrere Badestellen – und die Dauerbaustelle BER

Jörn Hasselmann
ist Polizei-Reporter beim Tagesspiegel und fährt im Jahr rund 10 000 Kilometer mit dem Rennrad

LÄNGE 109 km | **FAHRZEIT** ca. 4 Std. | **SCHWIERIGKEIT** ● ● ● ● ●

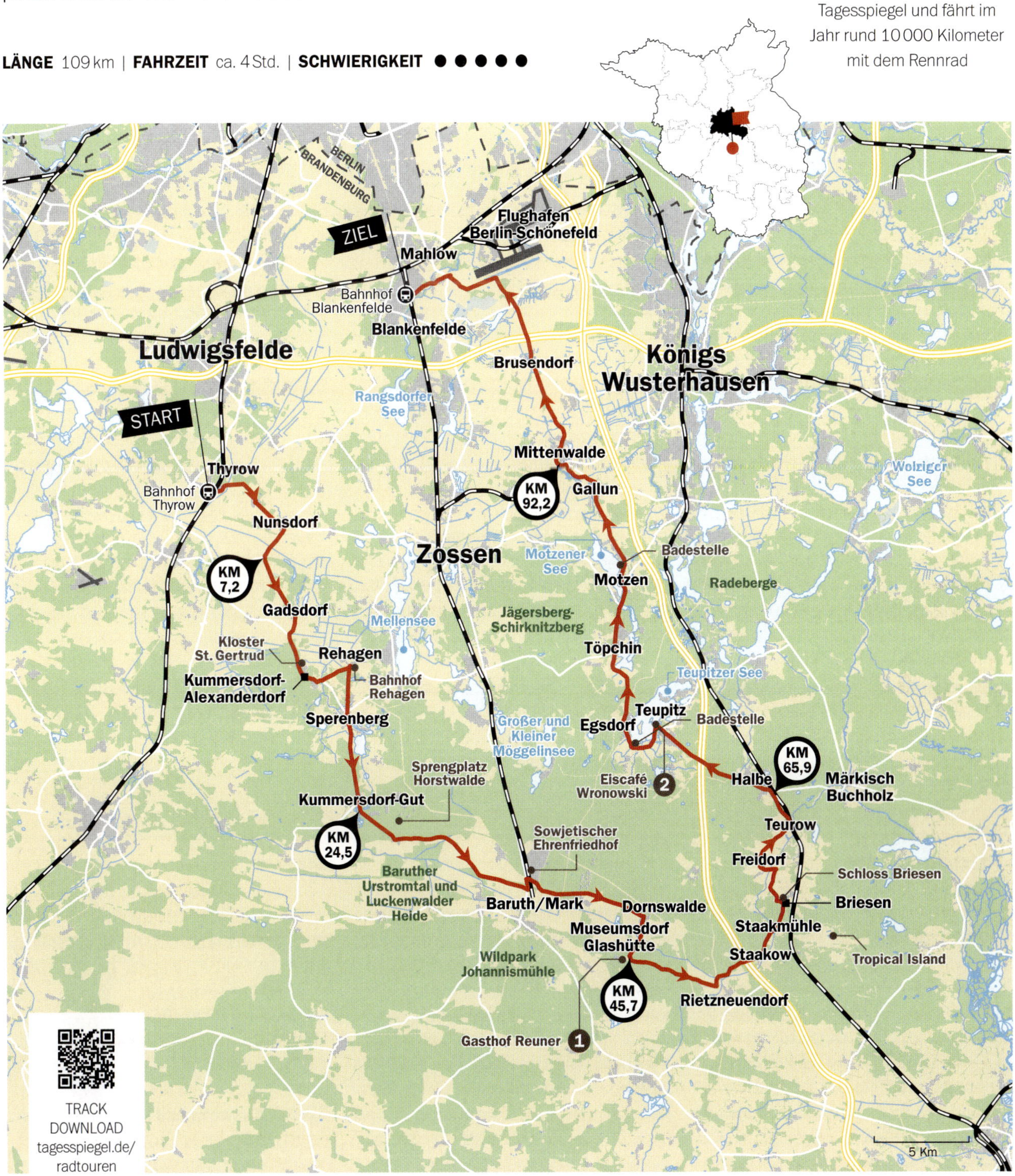

TRACK DOWNLOAD
tagesspiegel.de/radtouren

Sowjetischer Ehrenfriedhof Baruth, Museumsdorf Glashütte

19 | Große Rennrad-Schleife im Süden

➤ **START** ist am **Bahnhof Thyrow**, zu dem uns der RE 3 stündlich bringt. Schneller kommt man kaum aus Berlin raus, nur 18 Minuten Fahrzeit ab Südkreuz, der Einstieg ist auch in Gesundbrunnen oder am Hauptbahnhof möglich, ein ABC-Ticket reicht aus. Der Zug verfügt über einen großen Fahrradwagen. Vom Bahnhof Thyrow geht es direkt auf die Strecke: Wir nehmen die Brücke, um die Gleise zu queren, und ab geht's. Bis auf wenige hundert Meter Kopfsteinplaster sind die 109 Kilometer dieser Tour **sehr gut asphaltiert** – und nahezu ampelfrei. Im Nunsdorf geht es rechts ab und für einen guten Kilometer auf die kaum befahrene B 246.

➤ **KM 7,2** Von der Bundesstraße fahren wir links ab, ansteigend in den Wald Richtung Sperenberg. Hinter Gadsdorf fahren wir links Richtung Kummersdorf-Alexanderdorf, vorbei an der **Abtei St. Gertrud**. Von Kummersdorf-Alexanderdorf lohnt der kleine Dreieck-Umweg über **Rehagen**. Im **sehenswerten Bahnhof** hat George Clooney »Monument Men« gedreht, ein Teil der Filmkulisse steht noch. Für die Einkehr in das Restaurant dort ist es noch zu früh. Wir fahren im spitzen Winkel nach **Sperenberg** und überqueren die Gleise des einst vom sowjetischen Militär genutzten Bahnhofs. Dann weiter durch den Ort Richtung Süden am ehemaligen Militärgelände vorbei.

➤ **KM 24,5** Am Ortsausgang von Kummersdorf-Gut fahren wir geradeaus Richtung Baruth, passieren den **Sprengplatz Horstwalde** der Bundesanstalt für Materialforschung und erreichen **Baruth**. Hier für 700 Meter links auf die Bundesstraße, dann direkt vor dem **Sowjetischen Ehrenfriedhof** mit Obelisk und Panzern rechts in Richtung Dornswalde/Glashütte über die Gleise. Vom Kreisel bis zum Abzweig ins Dorf Dornswalde hat man für sechs Kilometer die Wahl zwischen einem desaströsen Radweg und einer Straße mit Schwerlastverkehr. Schneller geht es natürlich auf der Straße. In Dornswalde beginnt dann der **idyllischste Teil** der Tour, durch Wiesen geht es nach Glashütte.

➤ **KM 45,7** Kurz vor dem **Museumsdorf Glashütte** fahren wir links nach Rietzneuendorf. Die schmale, fast autofreie Straße ist Teil von Rundkurs 8 des **Fläming-Skate**. Kurz blitzt am Horizont die Halle des »Tropical Island« auf. In Rietzneuendorf biegen wir an der ersten Kreuzung nach links Richtung Staakow ab und queren die Autobahn A 13. Den Radwegweisern Richtung Märkisch Buchholz folgend geht es durch Staakmühle bis Briesen. Am **Schloss Briesen** nach links und weiter auf einer guten Fahrradstraße. Kurz vor Freidorf scharf links abbiegen. In Freidorf rechts, dann folgt das einzige kurze Stück übles Kopfsteinpflaster auf der Tour. In Teurow vor den Gleisen nach links abbiegen und weiter bis Halbe.

➤ **KM 65,9** Vor dem Bahnhof Halbe fahren wir links Richtung Teupitz, überqueren nach rund vier Kilometern erneut die Autobahn und kommen schließlich an im **Ausflugsort Teupitz**. Am Marktplatz (Kopfsteinpflaster) locken Café und Eisdiele. Weiter geht es nach Egsdorf. An der Dorfaue rechts liegt eine wunderbar **ruhige Badestelle** am Teupitzer See. Nun geht es nach Norden, über Töpchin erreichen wir **Motzen**. Die **große Badestelle** im Ort ist nur am Wochenende bei gutem Wetter voll. Weiter durch Gallun, hinter dem Dorf auf den Radweg links der B 246. Dieser wird schnell zu einer **Fahrradstraße**, auf der wir Mittenwalde erreichen.

➤ **KM 92,2** Wer bislang nicht eingekehrt ist, überquert am Ende der Fahrradstraße die B 246 und fährt geradeaus über die Straße Baruther Vorstadt links ins Zentrum von **Mittenwalde**. In der Yorckstraße gibt es Cafés und Eisdielen. Ansonsten umfahren wir den Ort, fahren 300 Meter links entlang der B 246 und dann weiter über die Umgehungsstraße. Die **erste echte Ampel** der Tour zeigt meist Rot. Vorbei am Pulverturm, an dem auch die Yorckstraße endet, verlassen wir Mittenwalde Richtung Norden. Kurz vor Brusendorf am Kreisel geradeaus halten, dann die A 10 überqueren. Vor uns liegt die **Flughafen-Baustelle BER**. Wir halten uns links und fahren drei Kilometer am Flughafenzaun entlang, bis wir die Brücke über die autobahnähnlich ausgebaute B 96 erreichen. Hier stehen die letzten beiden Ampeln der Tour. Über Selchower Weg, Glasower Damm und Blankenfelder Weg geht es geradeaus zum **Bahnhof Blankenfelde**. Die S 2 bringt uns von hier im 20-Minuten-Takt zurück in die Stadt.

ESSEN & TRINKEN

1 Gasthof Reuner
Restaurant mit Biergarten im Museumsdorf Glashütte. Auch Gästezimmer zur Übernachtung stehen zur Verfügung.
15837 Baruth/Mark OT Glashütte,
Hüttenweg 18, Tel. (033704) 670 65,
gasthof-reuner.de

2 Eiscafé Wronowski
Kleine Eisdiele bei Kilometer 73 der Tour.
15755 Teupitz, Markt 21

FOTOS Jörn Hasselmann (2), Kai-Uwe Heinrich

20 | Rennstrecke nach Stettin

Wir packen den Ausweis und genug Verpflegung ein und steigen in Eberswalde aufs Rennrad: Über den hervorragend ausgebauten Oder-Neiße-Radweg schnurren wir am Flussufer Richtung Polen. Nach der rasanten Fahrt bummeln wir entspannt durch die Altstadt

Lorenz Maroldt
ist Chefredakteur des Tagesspiegels und leidenschaftlicher Rennradfahrer

LÄNGE 110 km | **FAHRZEIT** ca. 4 Std. | **SCHWIERIGKEIT** ● ● ● ● ●

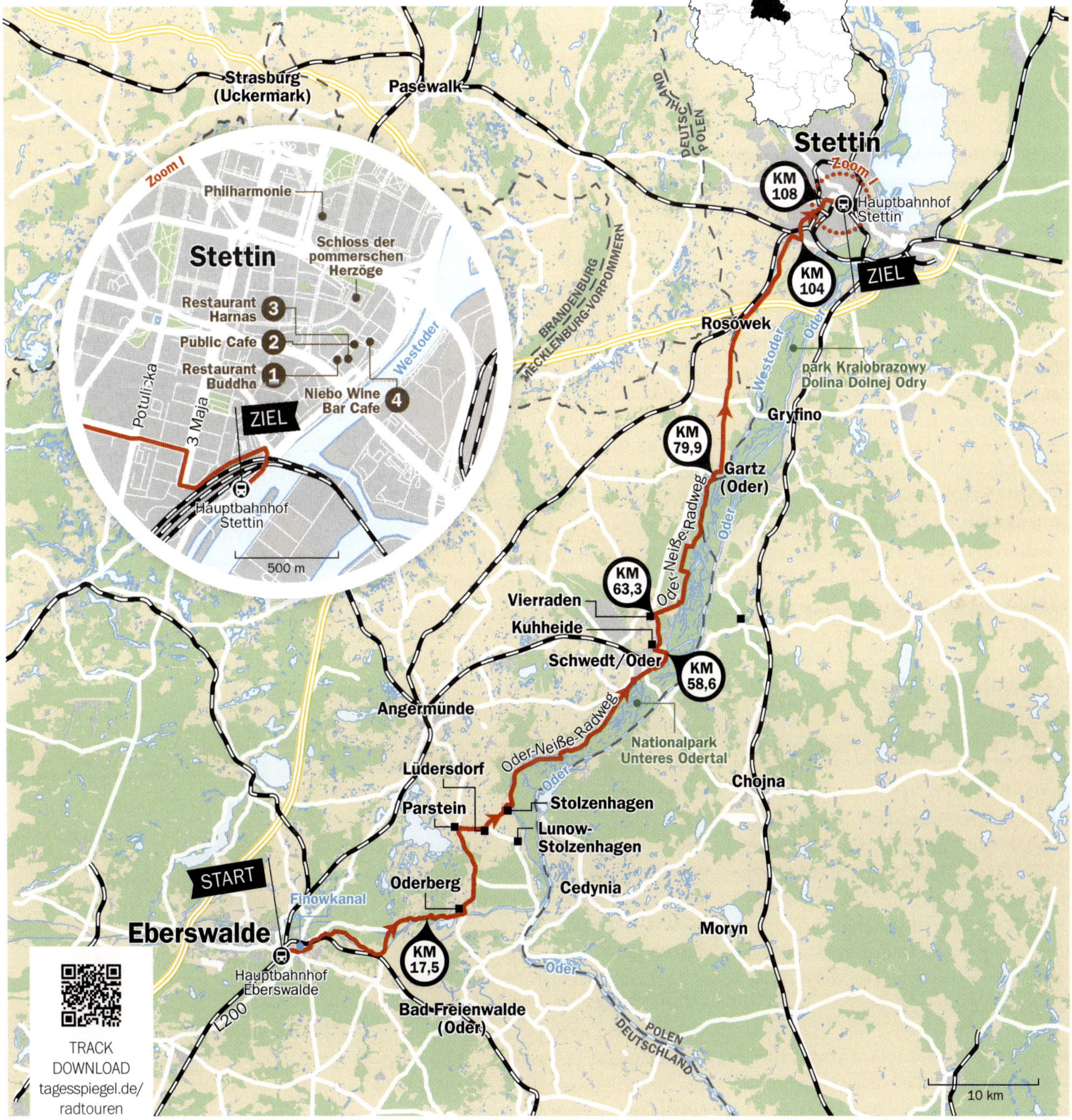

TRACK DOWNLOAD tagesspiegel.de/radtouren

Lorenz Maroldt und Maciej Lebedowicz am Ziel in Stettin, am Ufer hinter Eberswalde, Schloss der Pommerschen Herzöge

20 | Rennstrecke nach Stettin

➤ **START** Gleich die erste Entscheidung: Mit dem Rad oder per Bahn nach Eberswalde? Von Berlin aus ist der Weg bis hinter Weißensee ätzend, er führt über die Greifswalder Straße und die B 2, teils über Kopfsteinpflaster. Besser wird's hinter Malchow, schön ab Bernau über Biesenthal die L 200 entlang. Schneller geht es mit der Regionalbahn: Von Gesundbrunnen zum **Hauptbahnhof Eberswalde** sind es 30 Minuten. Wir nehmen mal den Zug, um möglichst schnell auf den **fantastischen Fahrradweg an der Oder** zu kommen. Wichtig: an den Ausweis denken. Und je nach Wochentag und Uhrzeit kann es etwas eng werden. Entlang der Strecke gibt es wenig Empfehlenswertes für eine Rast, also am besten selbst etwas mitnehmen und in den ohnehin sinnvollen kleinen Rucksack packen. Da gehört auch eine Jacke rein, und wer sich ein bisschen in Stettin umsehen will, sollte leichte Turnschuhe und ein gutes Schloss mitnehmen.

➤ **KM 0,0** Hauptbahnhof Eberswalde. Die beiden Polizisten, die wir nach dem Weg Richtung Stettin fragen, raten uns: »Nehmt den Zug, das ist zu weit!« Pah! Über den Bahnhofsring links und die Bergerstraße geht es auf der Wilhelmstraße über den **Finowkanal** und direkt rechts runter an den Kanal Richtung Oderberg. Achtung: In Stadtnähe lassen Badefreunde gerne ihre Flaschen, Klamotten und Fahrräder auf dem Weg liegen. Gelegentlich kreuzen auch Blindschleichen. Für Städter ein echter Naturschock. Und es wird immer besser, versprochen: Vor uns liegt eine tolle Tour.

➤ **KM 17,5** Bis hier verlief die Strecke flach, jetzt schalten wir runter und gehen aus dem Sattel: Die einzigen paar Höhenmeter liegen vor uns (schön geschwungen, durch waldiges Gebiet). In Oderberg links halten und weiter bis Parstein, dort rechts Richtung Lüdersdorf und weiter nach Stolzenhagen, wo wir auf den **Oder-Neiße-Radweg** gelangen. Es geht am Flusslauf der Oder entlang, wunderschön und ruhig (bis auf gelegentliche Partyboote), hier lässt sich richtig Tempo machen. Die Räder surren leise über den **astreinen Asphalt**. Wichtig: Wer keine Klingel hat, sollte die wenigen Sonntagsradler und Spaziergänger rechtzeitig warnen (Profitipp aus eigener, hautschürfender Erfahrung).

➤ **KM 58,6** Hinter Schwedt/Oder verlassen wir kurzzeitig den Oder-Neiße-Radweg nach Westen und fahren durch Kuhheide.

➤ **KM 63,3** In Vierraden geht's über den Schwedenweg rechts zurück auf den Oder-Neiße-Radweg.

➤ **KM 79,9** In **Gartz** beginnt die letzte Etappe, leider ist der gut ausgebaute Radweg hier erst mal zu Ende. Aber dafür fahren auch kaum Autos auf dieser Strecke (früher gab's hier oft lange Staus). Über die B 2 fahren wir Richtung polnische Grenze, schon kurz hinter **Rosówek** gibt's entlang der Straße wieder einen Radweg, und der führt bis hinein nach Stettin. Dennoch hier ein wichtiger Hinweis, vor allem an Kreuzungen: In Polen haben alle Autos eine eingebaute Vorfahrt (zumindest gehen die meisten Fahrer davon aus). Und fast noch tückischer: Die Bordsteinkanten sind an den Anschlussstellen nicht wie gewohnt abgesenkt. Also bloß rechtzeitig bremsen, sonst ist die Felge hin.

➤ **KM 104** Am Kreisverkehr Rondo Imienia Hermana Hakena links halten und entlang der Straße Południowa weiter Richtung Norden.

➤ **KM 108** Stettin! Am besten über die Straße Gabriela Narutowicza rechts Richtung **Altstadt** fahren, die hier Neue Altstadt (Nowe Stare Miasto) heißt, da 90 Prozent aller Häuser im Krieg zerstört und später wiederaufgebaut wurden. Für Spätankommer gibt's zahlreiche Kneipen, Restaurants und Hotels. Wer nach einem Kaffee gleich wieder nach Hause will: Um 19:51 fährt der letzte Zug vom **Stettiner Hauptbahnhof** direkt nach Berlin-Lichtenberg (elf Euro plus Fahrradkarte). Wer noch Zeit in der Stadt hat: Nach dem Essen lohnt sich ein Spaziergang zum **Schloss der Pommerschen Herzöge**, von dort weiter Richtung **Philharmonie** (bestes Bauwerk des Jahres 2014/Mies-van-der-Rohe-Preis). Und wer ein bisschen shoppen will: Gleich in der Nähe der Philharmonie liegt das Kaufhaus Kaskada.

ESSEN & TRINKEN

1 Restaurant Buddha
Thai & Fusion-Restaurant in der Altstadt.
Stettin, ul. Rynek Sienny 2,
buddharestaurant.pl/en

2 Public Cafe
Gut für Pizza und Salate.
Stettin, Wielka Odrzańska 18a

3 Restaurant Harnaś
Wer die deftige polnische Küche ausprobieren will, ist hier genau richtig.
Stettin, ul. Sienna 7, restauracjaharnas.pl

4 Niebo Wine Bar Cafe
Hier gibt es Wein und Kuchen. Niebo bedeutet übrigens Himmel.
Stettin, Rynek Nowy 5

FOTOS Aleksandra Lebedowicz, Marta Gładysz, Polska Organizacja Turystyczna

TOUREN

FAMILIE

Spielplatz Freizeitpark Marienfelde

Flugzeugwrack Tempelhofer Feld

Spielplatz Schlosspark Oranienburg

Café Kleines Schloss Potsdam

FOTOS Daniela Martens (2), Guido Schumann, Saara von Alten, Fotolia

Alle an Bord!

Unsere **FAMILIENTOUREN** sind für Kinder und Eltern spannend. Wir fahren zu Sonnenblumen, Kröten und zum Drachensteigen

Erwachsene und Kinder finden oft sehr unterschiedliche Dinge interessant. Bagger, Planschbecken und Spielplätze, auf denen man gut toben kann, stehen bei Kindern hoch im Kurs. Erwachsene kann man eher mit einer entspannten Sonntagstour in reizarmer Umgebung glücklich machen. Wenn ein Biergarten auf dem Weg liegt, umso besser. Auch das Durchhaltevermögen unterscheidet sich grundlegend: Kinder haben meist nur wenig Spaß an 40-plus-Kilometertouren.

Unsere Autoren – selbst begeisterte Radfahrer und nicht weniger begeisterte Eltern – haben Touren in und um Berlin ausgewählt, bei denen alle Altersklassen auf ihre Kosten kommen. Im Berliner Süden zum Beispiel laden wir Sie zu einer familienfreundlichen Tour ein, in deren Verlauf sich Sonnenblumen, Schafe, Ziegen und Spielplätze abwechseln. In den »Marienfelder Alpen« wartet auch eine Wiese, die sich perfekt zum Drachensteigenlassen eignet (Tour 21)! Auch mitten in der Stadt kann man Strecken so wählen, dass man aus dem Grünen kaum herauskommt: etwa bei unserer Tour vom Treptower Park über die Hasenheide zum Tempelhofer Feld – Tierpark und Flugzeugschrott inklusive (Tour 23).

Abwechslung finden Familien auch in Oranienburg: Der Schlossgarten bietet Wasserspiele, im Lehnitzsee lässt es sich gut baden, und wen das nicht auslastet, der unternimmt noch einen Abstecher zum Saurierpark Germendorf (Tour 22). Und Potsdam – große Unterhaltung! Dort besuchen wir den Park Babelsberg, gehen schwimmen und machen das wissenschaftliche Mitmachmuseum Extavium unsicher (Tour 24).

FOTOS Fotolia, Daniela Martens

21 | Schafe, Kröten, Drachen

Daniela Martens
betreut die Familien- und die Weiterbildungsseite des Tagesspiegels

Vorbei an Riesen-Sonnenblumen führt diese Familienstrecke vom S-Bahnhof Lichtenrade zum S-Bahnhof Buckower Chaussee in Marienfelde. Auf dem Weg warten Schafe, Ziegen, zahlreiche Spielplätze – und ein idealer Platz, um Drachen steigen zu lassen

LÄNGE 8,4 km | **FAHRZEIT** ca. 1 Std. | **SCHWIERIGKEIT** ● ● ● ● ●

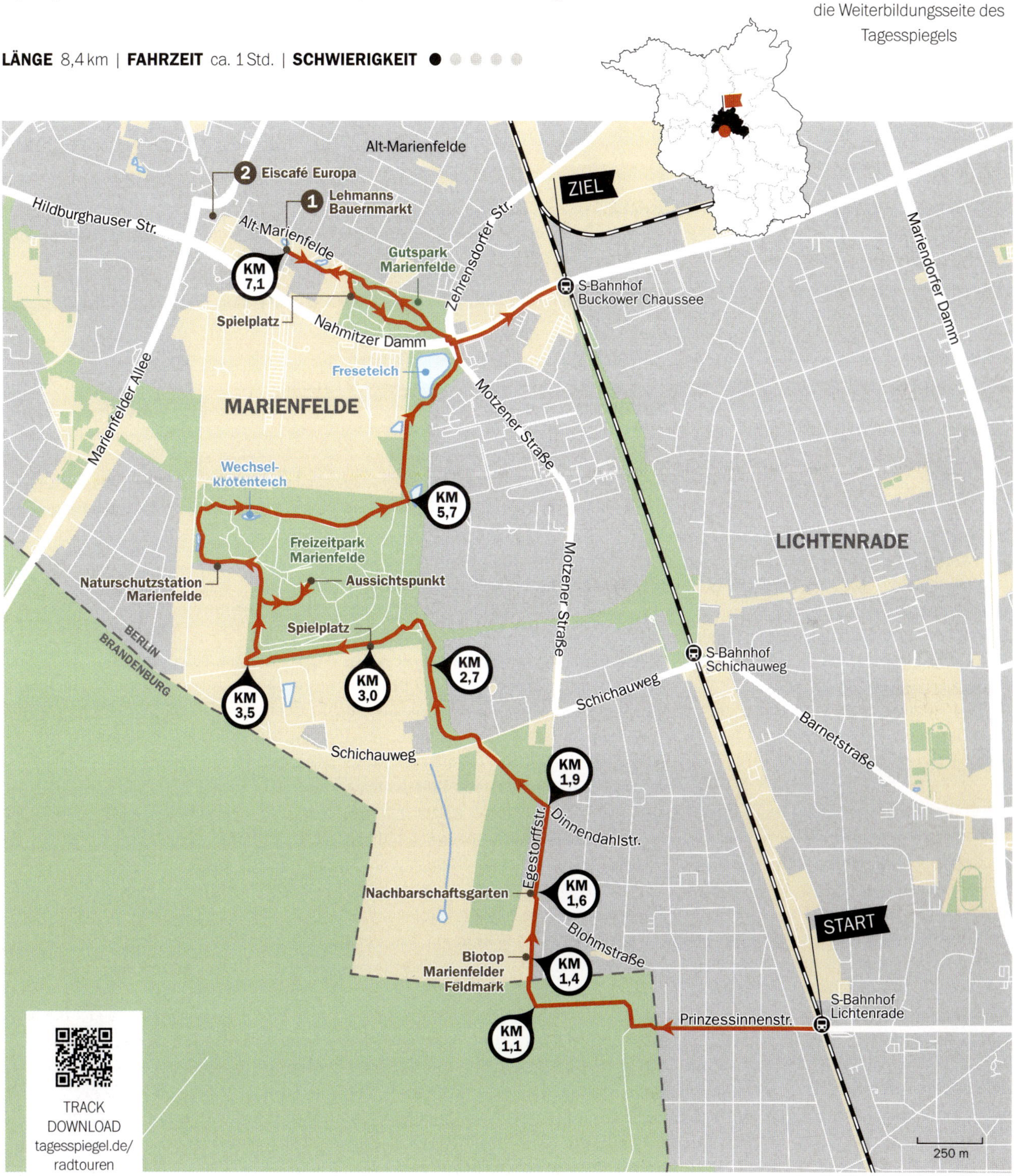

Nachbarschaftsgarten der Ufa-Fabrik Tempelhof, Gutspark Marienfelde, Spielplatz im Freizeitpark Marienfelde

21 | Schafe, Kröten, Drachen

➤ **START** ist am **S-Bahnhof Lichtenrade**. Zunächst fahren wir die Prinzessinnenstraße entlang, bis diese in einer Sackgasse endet. Dort biegen wir rechts auf den **Mauerweg** und folgen dem Radweg für kurze Zeit.

➤ **KM 1,1** Nach ein paar hundert Metern verlassen wir den Mauerweg und biegen nach rechts auf einen sehr schmalen und etwas abenteuerlichen Pfad ein, der uns aber schon nach wenigen Metern zur Egestorffstraße bringt.

➤ **KM 1,4** Die erste kleine Pause legen wir ein beim **Biotop Marienfelder Feldmark**, einer ehemaligen Kompostieranlage. Zum Picknicken stehen Tisch und Bänke zur Verfügung, in einem Gehege daneben grasen **Schafe und Ziegen**. Informationstafeln am Feuchtbiotop erklären, welche Pflanzen und Tiere hier vorkommen. Besonders spannend sind Amphibien und Schlangen: Zauneidechsen, Moorfrösche, Knoblauchkröten und Ringelnattern.

➤ **KM 1,6** Gleich neben dem Biotop an der Ecke Egestorffstraße/Blohmstraße liegt der Eingang zum **Nachbarschaftsgarten** der Ufa-Fabrik Tempelhof. Hier kann man die Pause noch etwas verlängern, um zum Beispiel Riesen-Sonnenblumen zu bestaunen und den Kindern zu zeigen, wie verschiedenes Gemüse wächst. Für kleinere Kinder stehen einige **Spielgeräte** bereit. Weiter geht es auf der Egestorffstraße.

➤ **KM 1,9** An der Kreuzung zur Dinnendahlstraße biegen wir links ab, überqueren nach 300 Metern den Schichauweg und folgen geradeaus dem Wegverlauf ins Grüne.

➤ **KM 2,7** Auf einer Brücke überqueren wir eine alte Bahnstrecke, den ehemaligen Güteraußenring, dahinter halten wir uns links.

➤ **KM 3,0** Ein kleiner, aber feiner **Spielplatz** lädt zu einer weiteren Pause ein: Hier kann man ganz besonders gut **balancieren üben**. Danach geht es weiter durch den **Freizeitpark Marienfelde**.

➤ **KM 3,5** Wir fahren rechts, biegen sogleich erneut rechts ab und fahren dann links Richtung Norden. Nach 200 Metern geht es rechts zum Aussichtspunkt in den »Marienfelder Alpen«: Besteigt man den auch »Müllberg« genannten Hügel über eine Treppe, hat man von einer Plattform aus eine **tolle Aussicht über die Stadt**. Unterhalb der Plattform liegt eine große Wiese, auf der Kinder gut umhertollen können. Außerdem kann man hier selbst dann gut **Drachen steigen** lassen, wenn anderswo in der Stadt zu wenig Wind weht. Anschließend geht es auf dem gleichen Weg wieder herunter und rechts weiter zur **Naturschutzstation Marienfelde** am Diedersdorfer Weg. Hier warten unter anderem ein **Lehrbienenstand** sowie Ziegen- und Schafsgehege (weitere Infos unter naturwacht-berlin.de). Hinter der Station biegen wir rechts ab und fahren am Wechselkrötenteich vorbei.

➤ **KM 5,7** Hier links abbiegen und nach 300 Metern rechts am Freseteich vorbei. Anschließend überqueren wir die Kreuzung Motzener Straße Ecke Nahmitzer Damm, um links in den **Gutspark Marienfelde** zu gelangen. Wir durchqueren den Park und fahren in die Straße Alt Marienfelde, die uns zu **Lehmanns Bauernmarkt** führt. Zu dem Markt gehört auch ein kleines **Café**, in dem wir uns stärken können. Und falls der Laden gerade geschlossen ist, gibt es Eier aus dem berühmten **Eierautomaten** zu kaufen.

➤ **KM 7,1** Vom Bauernmarkt fahren wir anschließend zurück in den Gutspark und halten uns direkt rechts. Dort ist ein schöner **Spielplatz**, auf dem es zusätzlich zu den üblichen Spielgeräten eine Art **Labyrinth** gibt, das aussieht wie eine Hausruine. Wenn die Kinder fertig gespielt haben, geht es zurück zum Nahmitzer Damm, der uns in nordöstlicher Richtung nach 500 Metern zum **S-Bahnhof Buckower Chaussee** bringt, dem Ziel unserer Tour.

ESSEN & TRINKEN

1 Lehmanns Bauernmarkt
Ein kleiner Laden mit regionalen Produkten, vor dem Haus stehen Tische und Stühle. Hier kann man auch etwas zu trinken und Kleinigkeiten zu essen bestellen.
12277 Berlin, Alt-Marienfelde 35,
Tel. (030) 72 01 41 50,
lehmanns-bauernmarkt.de

2 Eiscafé Europa
Fährt man die Straße Alt-Marienfelde hinter »Lehmanns Bauernmarkt« noch ein Stück weiter bis zum Ende des alten Marienfelder Dorfkerns, kommt man zu diesem sehr klassischen italienischen Eiscafé.
12279 Berlin,
Marienfelder Allee 146,
Tel. (030) 721 74 95,
ital-eis-europa.de

FOTOS Daniela Martens (3), iStock, Kai-Uwe Heinrich

22 | Spielplatz Oranienburg

Wasserspiele im Schlossgarten, Radeln entlang der Havel und Schwimmen im Lehnitzsee. Diese kurzweilige und leicht zu fahrende Tour hält Kinder bei Laune und bietet auch den erwachsenen Begleitern ausreichend Abwechslung

Saara von Alten
ist freie Mitarbeiterin beim Tagesspiegel und betreut die Familienseite – immer mittwochs im Berlin-Teil

LÄNGE 12 km | **FAHRZEIT** ca. 2 Std. | **SCHWIERIGKEIT** ● ○ ○ ○ ○

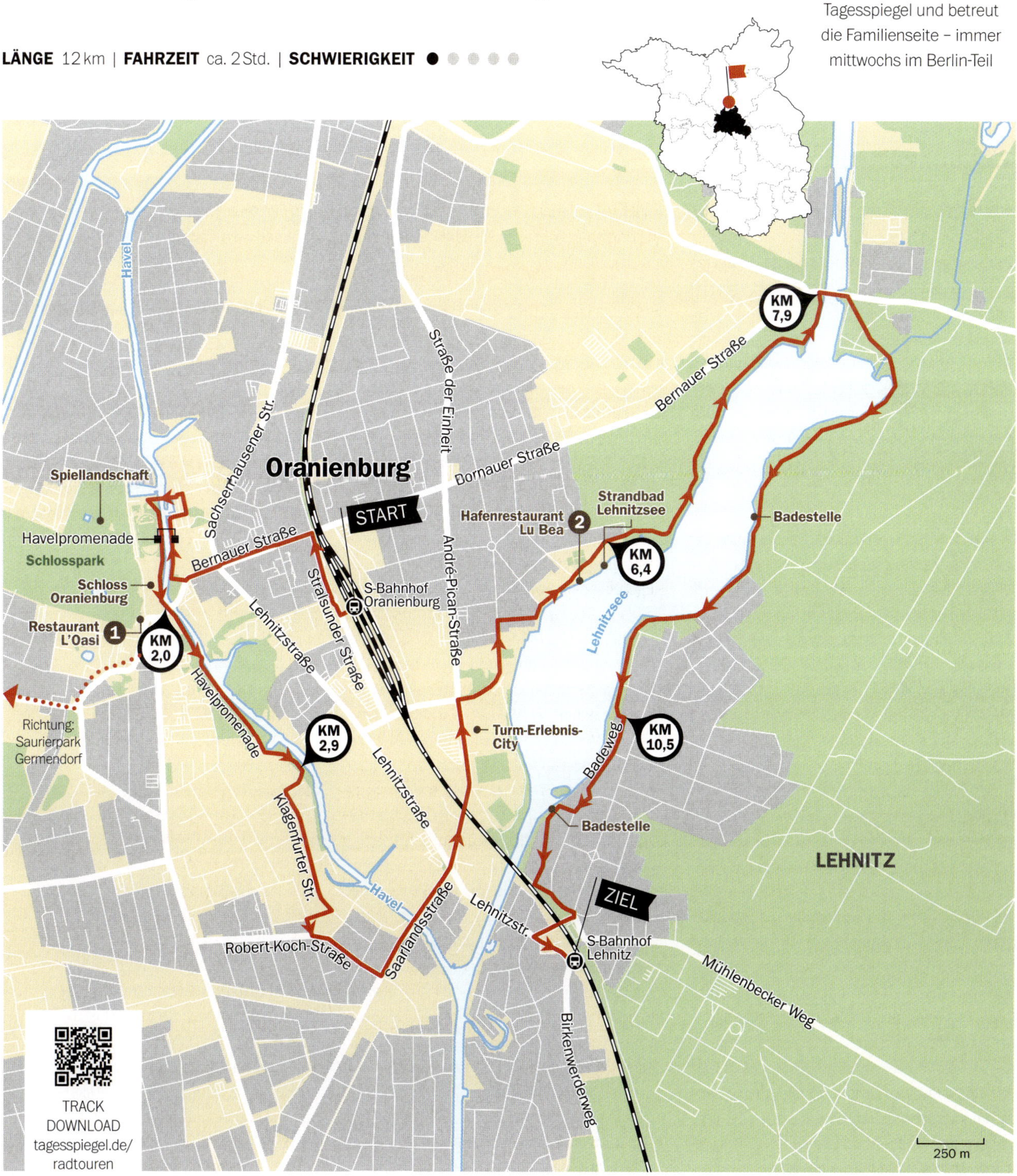

Schloss Oranienburg und Blick auf die Havel, Spiellandschaft im Schlosspark, Badestelle am Lehnitzsee

22 | Spielplatz Oranienburg

➤ **START** Wir starten am **S-Bahnhof Oranienburg**. Parallel zu den Bahngleisen fahren wir die Stralsunder Straße gen Norden und biegen links in die Bernauer Straße ein. Danach geht es einige Minuten geradeaus auf dem Radweg durch die Oranienburger Innenstadt, bis wir das **Schloss Oranienburg** sehen. Vor der Brücke fahren wir rechts hinunter zum Ufer und die **schöne Havelpromenade** entlang Richtung Norden. Danach zweimal links halten, auf dem August-Wilhelm-Steg über die Havel und auf der anderen Uferseite die Havelpromenade Richtung Schloss fahren.

➤ **KM 2,0** Am **Schlosspark Oranienburg** begeistert gleich der erste Stopp die Kinder: In dem Park finden wir eine **fantasievolle Spiellandschaft** mit Wasser speienden Vulkanen, sprudelnden Fontänen, Spielwiesen und Sandstrand. Neben dem Wasser- und Matschspielplatz stehen ein großes Hüpfkissen, Schaukeln und ein Spielhaus. Eltern können sich an Picknicktischen ausbreiten, die mit Sonnensegeln überdacht sind. Die Räder müssen allerdings vor dem Parkeingang angeschlossen werden. Wer viel zu transportieren hat (oder Kinder, die nicht laufen wollen), kann einen Bollerwagen mieten. Der Eintritt für den Park kostet zur Hauptsaison 2,50 Euro, Kinder unter sieben Jahren haben freien Zutritt. Wer mag, kann außerdem das **Schlossmuseum** besichtigen, das mit Gemälden, Porzellankabinett und opulent gestalteten Zimmern lockt – und das in einem der bedeutendsten Barockbauten Preußens. Anschließend fahren wir, vom Schloss kommend, weiter Richtung Süden auf der **Havelpromenade**, immer am Wasser entlang auf dem asphaltierten Radweg. Wer die Tour um insgesamt zwölf Kilometer verlängern möchte, kann vom Schloss rechts über die Breite Straße zum **Saurierpark Germendorf** fahren, dem »Jurassic Park Brandenburgs« (freizeitpark-germendorf.de). Von der Breiten Straße geht es rechts entlang der B 273 weiter auf dem Radweg, der allerdings nicht ganz bis zum Freizeitpark reicht. Zurück nach Oranienburg geht es auf dem gleichen Weg.

➤ **KM 2,9** Hier biegen wir von der Havelpromenade auf die Klagenfurter Straße ab und gelangen in ein Wohnviertel. Nach knapp 500 Metern geht es rechts in die Villacher Straße und an den nächsten beiden Straßenkreuzungen zweimal hintereinander links. Von der Robert-Koch-Straße fahren wir links auf die Saarlandstraße, hier gibt es wieder einen **Radweg**. Wir passieren erneut die Havel, überqueren nach 200 Metern die Lehnitzstraße und fahren weiter auf der André-Pican-Straße. Unter den Bahngleisen hindurch kommen wir an einem Fußballplatz und dem **Freizeit- und Erholungsbad** Turm-Erlebnis-City vorbei. Die Heidelberger Straße (rechts entlang) führt erneut durch ein Wohnviertel. Bei der ersten Gelegenheit biegen wir rechts ab in die Wörthstraße und gelangen so zum **Lehnitzsee**.

➤ **KM 6,4** Höhepunkt der Tour ist das **Strandbad Lehnitzsee**. Es kostet keinen Eintritt, da es – genau genommen – nur eine Liegewiese ist, mit sehr kleinem Sandstrand. Doch die Wiese bietet ausreichend Platz in der Sonne wie im Schatten, dazu einen sehr **kinderfreundlichen** Wassereinstieg, seicht und sandig. Nach dem Baden kann man prima auf der Wiese picknicken, im nebenan gelegenen Hafenrestaurant Lu Bea ein Eis essen oder ein **Tret- oder Ruderboot** mieten. Doch wir sind noch nicht fertig mit der Tour! Sie geht weiter: rund um den Lehnitzsee und durch den Wald.

➤ **KM 7,9** Auf dem Waldradweg entlang des Lehnitzsees gelangen wir zu einer Brücke, die uns über den **Oder-Havel-Kanal** bringt. Direkt dahinter fahren wir rechts ab durch den Wald. Entlang des Seeufers liegen weitere **Badestellen**. Zum Teil ist der Boden nun sandig, manchmal muss man absteigen und das Rad ein Stück schieben.

➤ **KM 10,5** Wir gelangen auf den Badeweg, der uns durch eine etwas gehobenere Wohngegend führt. Wir nehmen stets die Straßen zum See hin, bevor es rechts in die Florastraße geht. Anschließend direkt rechts in den Wasserweg und die Neptunstraße entlang, dann zurück auf die Florastraße und rechts über die Bahnschienen. Links bringt uns der Birkenwerderweg zum **S-Bahnhof Lehnitz**. Am hinteren Ende des Bahnhofs kann man die Fahrräder den rollstuhlgerechten Aufgang hinaufschieben. Die S 1 bringt uns schließlich zurück nach Berlin.

ESSEN & TRINKEN

1 Restaurant L'Oasi
Gutbürgerliches italienisches Restaurant direkt neben dem Schloss Oranienburg. Übersichtliche Karte mit wechselnden Gerichten, z. B. Pasta, Rumpsteak, Lamm- oder Zanderfilet. Auch zum Draußensitzen geeignet.
16515 Oranienburg, Schloßplatz 5,
Tel. (03301) 57 71 17, restaurant-loasi.com

2 Hafenrestaurant Lu Bea
Solide Hausmannskost zu nicht ganz günstigen Preisen, dafür mit direktem Blick von der Terrasse auf den Lehnitzsee. Bei kleinem Hunger lohnt der Eisbecher oder ein Eis to go. Mit Bootsverleih nebenan.
16515 Oranienburg, Rüdesheimer Straße 21,
Tel. (03301) 52 41 52, lubea-service.de

FOTOS Saara von Alten (3), Guido Schumann

23 | Runter von der Straße

Tagesspiegel-Leser **Guido Schumann** ist ständig mit Kind und Kegel in Berlin und Brandenburg unterwegs

Mitten durch den Großstadt-Dschungel und dennoch fern des Stadtverkehrs: Vom Treptower Park führt uns diese Tour zum Tierpark Neukölln in der Hasenheide und dann zum Tempelhofer Feld, wo wir ein altes Flugzeug besichtigen

LÄNGE 12,2 km | **FAHRZEIT** ca. 2 Std. | **SCHWIERIGKEIT** ●●○○○

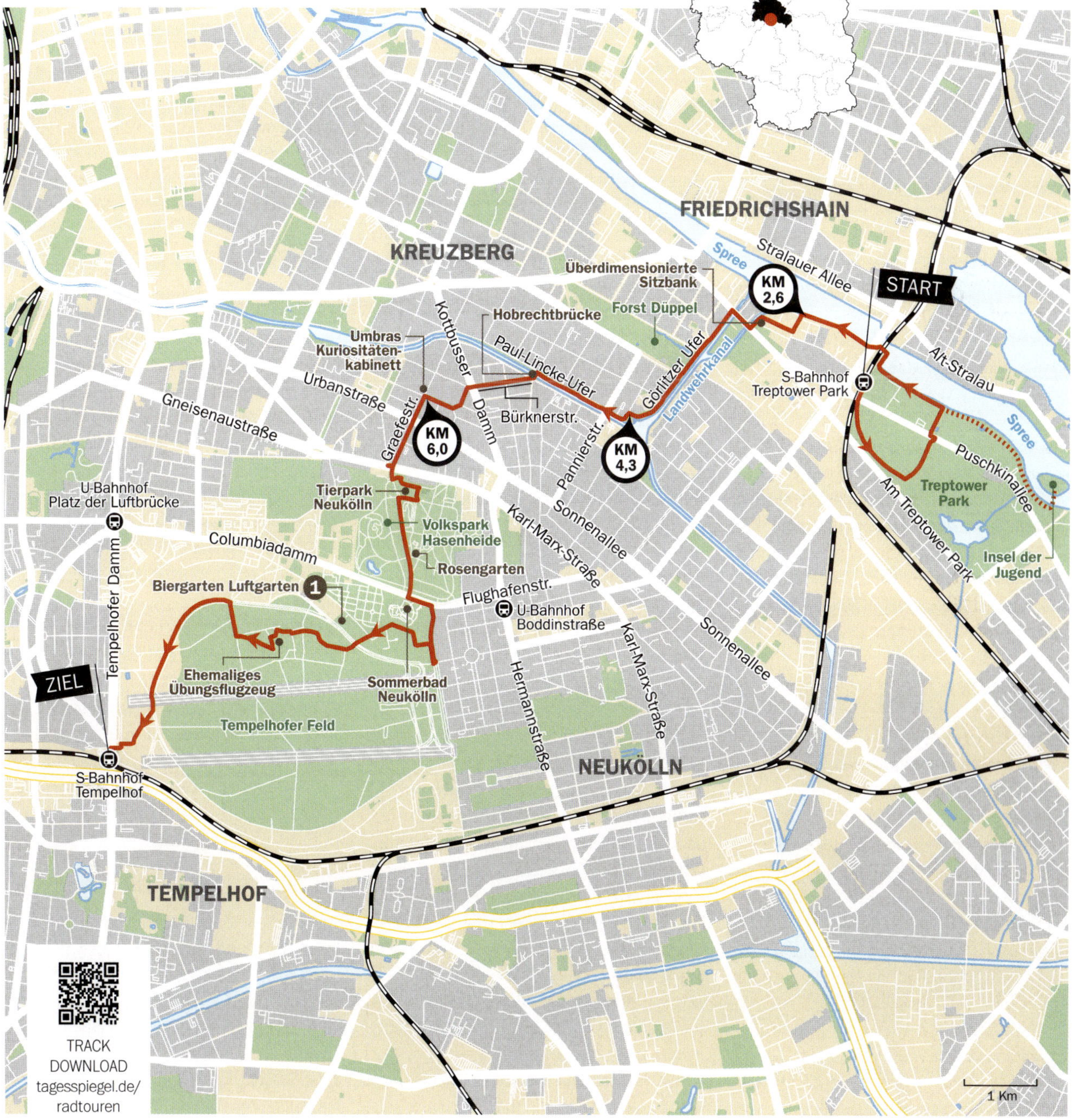

Aus Japan gespendete Kirschbäume am Görlitzer Ufer, altes Übungsflugzeug der Flughafenfeuerwehr auf dem Tempelhofer Feld

23 | Runter von der Straße

➤ **START** Wir beginnen unsere Familientour am **S-Bahnhof Treptower Park**. Wir verlassen den Bahnhof auf der Parkseite und fahren Richtung Süden. Wir überqueren die Puschkinallee und gelangen zum **Sowjetischen Ehrenmal**. Der Pavillon, auf dem sich das Denkmal erhebt, ist begehbar und bietet die erste Gelegenheit für einen Zwischenstopp. Anschließend überqueren wir erneut die Puschkinallee und fahren geradeaus in Richtung **Uferpromenade**, auf die wir links einbiegen. Optional lässt sich noch ein kurzer Abstecher nach rechts zur **Insel der Jugend** einlegen. Auf der Uferpromenade finden wir zahlreiche kleine Essensbuden und einige Sitzgelegenheiten, um bei schönem Wetter eine muntere Schar Spatzen zu beobachten. Direkt hinter den Bootsanlegestellen führt uns der Weg unter den Brücken hindurch. Vorbei geht es am Allianztower und an der 30 Meter hohen Skulpur **Molecule Man** des amerikanischen Künstlers Jonathan Borofsky aus dem Jahr 1999.

➤ **KM 2,6** Wir biegen links in die Eichenstraße ein und fahren nach gut 100 Metern rechts. Am Ende des Wegs fahren wir links und gelangen zu einem Platz für ein schönes **Erinnerungsfoto** mit der ganzen Familie: Eine **überdimensionierte Bank** lässt auch Erwachsene wieder wie Kinder wirken. Anschließend überqueren wir auf der Straße Vor dem Schlesischen Tor den Flutgraben, die Lohmühleninsel und den Landwehrkanal. Hinter der Brücke biegen wir sogleich links ab, um dem Verlauf des **Landwehrkanals** zu folgen. Am Görlitzer Ufer stehen – wie auch an vielen anderen Stellen Berlins – zahlreiche von japanischen Bürgern anlässlich der deutschen Wiedervereinigung gespendete **Kirschbäume**, die im Frühjahr hübsch blühen.

➤ **KM 4,3** Links geht es in die Ratiborstraße, die uns direkt auf den Uferweg entlang des **Paul-Lincke-Ufers** bringt, dessen Verlauf wir gut 700 Meter folgen, um dann links über die Hobrechtbrücke zu fahren. Hinter der Brücke gelangen wir rechts kurz aufs Maybachufer, fahren aber direkt links in die Bürknerstraße. Hinter der Kreuzung geht es links in die Schönleinstraße und anschließend rechts in die Dieffenbachstraße.

➤ **KM 6,0** Von der Dieffenbachstraße biegen wir links in die Graefestraße. In Hausnummer 18 befindet sich **Umbras Kuriositätenkabinett**, ein Laden mit eigenwilligem Antiquariatssortiment, liebevoll gemachtem Interieur und dem Charme eines gehobenen Trödelmarkts. Kinder und Eltern können hier auf Entdeckungsreise gehen. Über die Graefestraße Richtung Süden gelangen wir zur **Hasenheide** und biegen links in den **Tierpark Neukölln** ein. Achtung: Ab hier ist absteigen angesagt, denn im Tierpark darf man nicht radfahren. Doch das ist nicht weiter schlimm, denn es gibt viel zu sehen: Ponys, Esel, Lamas. Und ein **Spielplatz** lädt zu einer längeren Pause ein. Nach dem Rundweg durch den Tierpark gelangen wir zurück auf den Hauptweg, der uns mitten durch die Hasenheide Richtung Columbiadamm führt. Zuvor sehen wir linker Hand noch einen kleinen **Rosengarten**, den man hier gar nicht vermutet hätte. Wer die Tour schon an dieser Stelle beenden möchte, gelangt über den Columbiadamm rechts zum U-Bahnhof Platz der Luftbrücke oder links zur U-Bahn-Station Boddinstraße. Unsere reguläre Strecke führt uns links über den Columbiadamm, nach 200 Metern rechts und dann durch den Eingang an der Oderstraße aufs **Tempelhofer Feld**. 2008 wurde der Flugbetrieb hier eingestellt, 2010 öffnete das über 300 Hektar große Gelände als Park für die Öffentlichkeit. Wir folgen dem Weg bis zum **ehemaligen Übungsflugzeug** der Tempelhofer Flughafen-Feuerwehr. Von hier aus haben wir einen tollen **Ausblick über das Flugfeld**. Vom Flugzeug aus fahren wir entlang der Hangars zum südwestlichen Ausgang und verlassen das Tempelhofer Feld wieder, um über den Tempelhofer Damm zur Bahnstation **Tempelhof** zu gelangen. Neben Ringbahn und S45/46 fahren von hier auch die Züge der U-Bahn-Linie 6.

ESSEN & TRINKEN

1 Biergarten Luftgarten
Biergarten am nördlichen Rand des Tempelhofer Feldes. Er bietet Pizza aus dem Steinofen, Snacks vom Lavasteingrill, dazu Pommes und Salate.
10965 Berlin, Tempelhofer Feld,
luftgarten-berlin.de

24 | Baden, Spielen, Lernen

Vom Potsdamer S-Bahnhof Griebnitzsee fahren wir zum Park Babelsberg, besuchen das Stadtbad und anschließend das wissenschaftliche Mitmachmuseum Extavium. Über die idyllische Freundschaftsinsel geht es zum Potsdamer Hauptbahnhof

Daniela Martens
betreut die Familien- und die Weiterbildungsseite des Tagesspiegels

LÄNGE 7,9 km | **FAHRZEIT** ca. 1 Std. | **SCHWIERIGKEIT** ● ○ ○ ○ ○

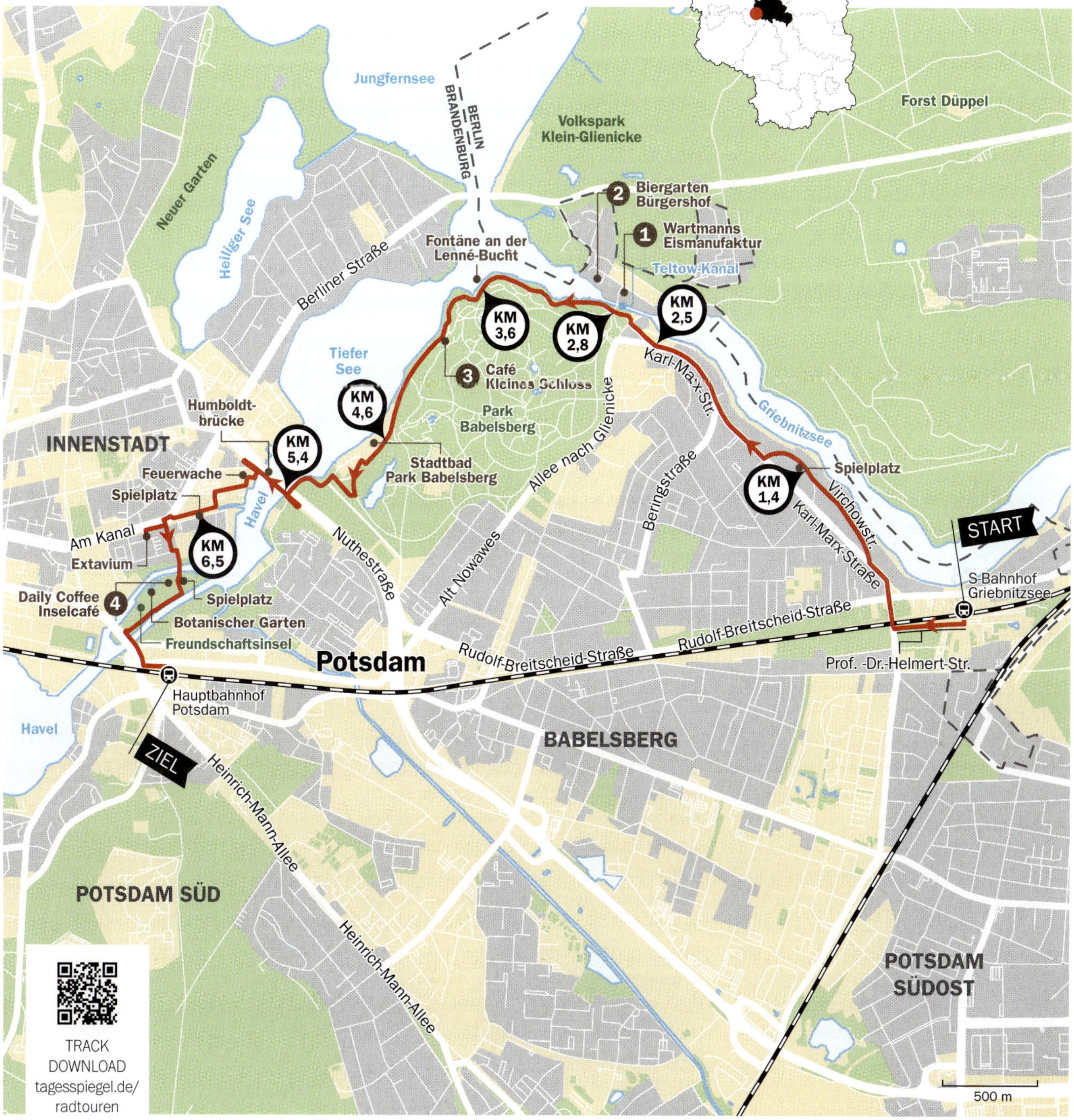

Blick von der Humboldtbrücke auf die Havel, Biergarten Bürgershof mit Spielplatz

24 | Baden, Spielen, Lernen

➤ **START** unserer Tour ist am Potsdamer **S-Bahnhof Griebnitzsee**, wo wir den Ausgang beim Fahrstuhl nehmen. Unsere Strecke führt uns rechter Hand die Prof.-Dr-Helmert-Straße entlang, dann rechts über die August-Bebel-Straße unter den Bahnschienen hindurch. Links geht es kurz in die Karl-Marx-Straße und sogleich rechts in die ruhige Virchowstraße, in der man die **Villen am Griebnitzsee** bestaunen kann. Den Zugang zum Uferweg verwehren einige Anlieger, deswegen führt die Tour hier nicht direkt am Wasser entlang. An einigen Stellen kann man die Räder aber kurz abstellen und zum See hinuntergehen.

➤ **KM 1,4** Wer gleich zu Beginn eine kurze Pause einlegen möchte, kann am kleinen **Spielplatz** auf der linken Straßenseite anhalten. Danach geht es weiter auf der Virchowstraße, bis wir wieder auf die Karl-Marx-Straße rechts zurückkehren.

➤ **KM 2,5** Hier fahren wir rechts über einen kurzen, relativ steilen Sandweg in die Wasserstraße, die dann zur Lankestraße wird und zum **Park Babelsberg** führt. Sollte der Sand nach Regenfällen aufgeweicht sein, kann man alternativ auch die Karl-Marx-Straße weiter geradeaus fahren und dann rechts über die Allee nach Glienicke auf die Lankestraße gelangen.

➤ **KM 2,8** Hier bietet sich ein kleiner Abstecher nach rechts über die Brücke Richtung Klein Glienicke an, zu **Wartmanns Eismanufaktur**. Wer schon richtig Hunger hat, fährt ein paar hundert Meter weiter zum **Biergarten Bürgershof**. Anschließend geht es zurück über die Brücke und rechts hinein in den **Park Babelsberg**. Nach einigen hundert Metern am Ufer entlang kommen wir an einen künstlichen Bach, der den Hügel hinabplätschert.

➤ **KM 3,6** In der kleinen **Lenné-Bucht** halten wir an, um die **Fontäne** zu bewundern, die hier aus dem See sprudelt. Es geht weiter am Ufer, vorbei am **Café Kleines Schloss**.

➤ **KM 4,6** Wer Badezeug eingepackt hat, kann eine Pause im **Stadtbad Park Babelsberg** einlegen, das einen schönen Strand und einen großen Spielplatz bietet. Anschließend geht es auf einem etwas merkwürdigen Bogen aus dem Park hinaus, da nur auf einem der Wege Radfahren erlaubt ist. Wir unterqueren die Humboldtbrücke und fahren direkt links über die Rampe hoch.

➤ **KM 5,4** Wir fahren auf der Nuthestraße über die **Havel**. Von der **Humboldtbrücke** aus hat man eine tolle Aussicht – auch auf ein **Feuerwehrboot** und die **große Feuerwache**, an der es im Anschluss vorbeigeht. Hinter der Brücke fahren wir links und auf einem kleinen Schleichweg bis zur Türkstraße. An der ersten Kreuzung links abbiegen und dann direkt rechts in die Straße Am Kanal.

➤ **KM 6,5** Es sind nur noch wenige Meter bis zum Extavium. Wer trotzdem vorher noch eine Pause machen möchte, hält beim **Spielplatz** auf dem Mittelstreifen. Auf den ersten Blick eher unspektakulär, aber er bietet einige schöne Spielmöglichkeiten. Über die Straße Am Kanal geht es anschließend weiter zum **wissenschaftlichen Mitmachmuseum Extavium**. In einem großen Raum können Kinder ab drei Jahren hier Experimente machen, zum Beispiel ein Labyrinth für echte Mäuse bauen. Die kleinen Geschwister ab sechs Monaten können in der »Wichtelwelt« spielen. Vom Extavium fahren wir knapp hundert Meter zurück über die Straße Am Kanal, biegen rechts in die Burgstraße und fahren über die Inselbrücke auf die **Freundschaftsinsel**. Auf die Kleinen wartet hier ein **wunderschöner großer Spielplatz**, die Eltern können sich nebenan ins »Daily Coffee – Inselcafé« setzen. Im Anschluss kann man die Räder durch den **Botanischen Garten** schieben – oder außen herum fahren. Über die Lange Brücke geht es schließlich links zum **Hauptbahnhof Potsdam**, dem Ziel unserer Tour.

ESSEN & TRINKEN

1 Wartmanns Eismanufaktur
In dem großen Gartencafé am Teltowkanal kann man gemütlich Kaffee trinken und schaukeln (besser nicht gleichzeitig, d. Red.).
14482 Potsdam, Waldmüllerstraße 8a,
Tel. (0331) 23 16 61 88, wartmanns.de

2 Biergarten Bürgershof
Perfekt für eine längere Pause: Kleiner Spielplatz und großer Biergarten direkt am Wasser.
14482 Potsdam, Waldmüllerstraße 4-5,
Tel. (0331) 237 88 89, buergershof.de

3 Café Kleines Schloß
Kuchen, Torten, Quiches und Suppen bietet dieses idyllische Café direkt am Tiefen See.
14482 Potsdam, Park Babelsberg 9,
Tel. (0331) 70 47 15 88, kleinesschloss.de

4 Daily Coffee – Inselcafé
Vom Strandkorb oder Liegestuhl aus kann man den Tretbooten zusehen – bei Erdbeer-Buttermilch-Torte, Streuselkuchen oder Soljanka.
14467 Potsdam, Freundschaftsinsel,
Tel. (0331) 200 04 66, insel-cafe.com

FOTOS Daniela Martens (2)